Jürgen Habermas zur Einführung

Mattias Iser / David Strecker

Jürgen Habermas zur Einführung

JUNIUS

Wissenschaftlicher Beirat
Michael Hagner, Zürich
Dieter Thomä, St. Gallen
Cornelia Vismann, Weimar †

Junius Verlag GmbH
Stresemannstraße 375
22761 Hamburg
www.junius-verlag.de

© 2010 by Junius Verlag GmbH
Alle Rechte vorbehalten
Umschlaggestaltung: Florian Zietz
Titelbild: © Privatarchiv Jürgen Habermas,
Starnberg / Suhrkamp Verlag
Satz: Junius Verlag GmbH
Printed in the EU 2016
ISBN 978-3-88506-668-2
2., ergänzte Auflage 2016

Bibliografische Information der Deutschen Nationalbibliothek
Die Deutsche Nationalbibliothek verzeichnet diese Publikation in der
Deutschen Nationalbibliografie; detaillierte bibliografische Daten
sind im Internet über <http://dnb.d-nb.de> abrufbar.

Zur Einführung ...

... hat diese Taschenbuchreihe seit ihrer Gründung 1978 gedient. Zunächst als sozialistische Initiative gestartet, die philosophisches Wissen allgemein zugänglich machen und so den Marsch durch die Institutionen theoretisch ausrüsten sollte, wurden die Bände in den achtziger Jahren zu einem verlässlichen Leitfaden durch das Labyrinth der neuen Unübersichtlichkeit. Mit der Kombination von Wissensvermittlung und kritischer Analyse haben die Junius-Bände stilbildend gewirkt.

Von Zeit zu Zeit müssen im ausufernden Gebiet der Wissenschaften neue Wegweiser aufgestellt werden. Teile der Geisteswissenschaften haben sich als Kulturwissenschaften reformiert und neue Fächer und Schwerpunkte wie Medienwissenschaften, Wissenschaftsgeschichte oder Bildwissenschaften hervorgebracht; auch im Verhältnis zu den Naturwissenschaften sind die traditionellen Kernfächer der Geistes- und Sozialwissenschaften neuen Herausforderungen ausgesetzt. Diese Veränderungen sind nicht bloß Rochaden auf dem Schachbrett der akademischen Disziplinen. Sie tragen vielmehr grundlegenden Transformationen in der Genealogie, Anordnung und Geltung des Wissens Rechnung. Angesichts dieser Prozesse besteht die Aufgabe der Einführungsreihe darin, regelmäßig, kompetent und anschaulich Inventur zu halten.

Zur Einführung ist für Leute geschrieben, denen daran gelegen ist, sich über bekannte und manchmal weniger bekannte Autor(inn)en und Themen zu orientieren. Sie wollen klassische

Fragen in neuem Licht und neue Forschungsfelder in gültiger Form dargestellt sehen.

Zur Einführung ist von Leuten geschrieben, die nicht nur einen souveränen Überblick geben, sondern ihren eigenen Standpunkt markieren. Vermittlung heißt nicht Verwässerung, Repräsentativität nicht Vollständigkeit. Die Autorinnen und Autoren der Reihe haben eine eigene Perspektive auf ihren Gegenstand, und ihre Handschrift ist in den einzelnen Bänden deutlich erkennbar.

Zur Einführung ist in verstärktem Maß ein Ort für Themen, die unter dem weiten Mantel der Kulturwissenschaften Platz haben und exemplarisch zeigen, was das Denken heute jenseits der Naturwissenschaften zu leisten vermag.

Zur Einführung bleibt seinem ursprünglichen Konzept treu, indem es die Zirkulation von Ideen, Erkenntnissen und Wissen befördert.

Michael Hagner
Dieter Thomä
Cornelia Vismann

Inhalt

Einleitung: Das Projekt der Moderne verteidigen

Jürgen Habermas ist der wohl bekannteste deutsche Philosoph und Gesellschaftstheoretiker der Gegenwart. Zudem hat er spätestens seit den 1960er Jahren als einer der führenden Intellektuellen die politische Kultur der Bundesrepublik Deutschland mit seinen kritischen Interventionen maßgeblich beeinflusst. Mit dieser Verbindung von Theorie und Praxis steht er in der Tradition jener ›Frankfurter Schule‹, die seit den 1930er Jahren eine kritische Gesellschaftstheorie begründen wollte. ›Kritisch‹ sollte diese Art der Theorie sein, weil sie sich ganz ausdrücklich dem Ziel verschrieb, zur Emanzipation des Menschen beizutragen, und Einfluss nehmen wollte auf die sozialen Kämpfe ihrer Zeit. Wer Wissenschaft in ›traditioneller‹ Weise als wertneutrale Erkenntnis des Seienden verstehe, also dessen, was ist und was sich beobachten lässt, der gebe sich der Illusion hin, die Wissenschaft spiele nicht selbst eine Rolle im sozialen Leben. Diese – eben auch politische – Rolle müsse stets mitreflektiert werden.

Die Vertreter der sogenannten ersten Generation dieses Ansatzes, allen voran Max Horkheimer und Theodor W. Adorno, aber auch Walter Benjamin sowie Herbert Marcuse, wollten den Marxismus zeitgemäß reformulieren und griffen dabei auch auf die Einsichten der Psychoanalyse und der Kultursoziologie zurück. Allerdings verloren Adorno und Horkheimer unter dem Eindruck des nationalsozialistischen Terrorregimes ihr Zutrauen in jene Kräfte der Vernunft, welche die Menschheit seit der Aufklärung von Vorurteilen und aus Verhältnissen der Unterdrückung befreien sollten. An deren Stelle trat in ihrem gemeinsamen Hauptwerk *Dialektik der Aufklärung* (Horkheimer/Adorno 1944) vielmehr das düstere Bild einer Rationalität, die nur die effektivsten Mittel für den Zweck bestimmt, die Herrschaft über die Natur und andere Menschen zu vergrößern. Die Blindheit gegenüber dem Wert jedes Einzelnen durchdringe nach und nach alle Lebensbereiche. Dabei sollten sich die Ursprünge dieser Fehlentwicklung bis weit in die Urgeschichte des Menschen zurückverfolgen lassen. Gegen diesen Pessimismus der frühen Kritischen Theorie wendet sich Habermas energisch, obgleich er viele der kritischen Motive aufnimmt und verändert fortführt.

So steht im Zentrum des Denkens von Jürgen Habermas *eine Idee*: Das Projekt der Moderne muss verteidigt werden. Was aber ist das Projekt der Moderne? Es besteht, grob vereinfacht, darin, dass die Menschen ihre Lebensumstände selbstbestimmt, also freiwillig und ungezwungen gestalten können. Weder sollen einige allen anderen ihre Vorstellungen vom guten (Zusammen-)Leben aufzwingen können, noch dürfen überkommene Traditionen, wie in der Vormoderne, unhinterfragt herrschen. Allzu oft spiegeln solch traditionelle Vorstellungen nämlich nur frühere Machtverhältnisse wider. Damit nimmt Habermas die Idee der Aufklärung auf, die – wie Immanuel Kant es formulierte – dem Menschen dabei helfen sollte, sich aus seiner »selbstverschuldeten Unmündigkeit« (Kant 1784: 20) zu befreien und seine Verhältnisse mit Willen und Bewusstsein zu gestalten. Das beinhaltet für Habermas auch, die Menschenrechte eines jeden gegen Vorurteile, etwa nationalistischer, rassistischer oder sexistischer Art, zu verteidigen – insbesondere das Recht, an demokratischen Entscheidungsprozessen als gleichberechtigter Autor der gemeinsamen Gesetze teilzunehmen.

Was diese grundlegende Idee genau bedeutet, soll dieses Buch ebenso verständlich machen wie jene drei Motive, die das Denken von Habermas nachhaltig prägen. Diese drei Motive sollen im Folgenden in ersten Umrissen skizziert werden. Es handelt sich hierbei erstens um das Motiv der herrschaftsfreien Kommunikation, zweitens das Motiv einer sich selbst gefährdenden Moderne und drittens das Motiv der Selbstkorrektur durch eine vitale demokratische Öffentlichkeit.

Zum *ersten Motiv* der herrschaftsfreien Kommunikation: Habermas geht von der Überzeugung aus, dass es die menschliche Sprache ist, die uns dazu bringt, Vorstellungen von geglückter Interaktion auszubilden. In der Sprache tauschen wir nämlich nicht nur Informationen aus, sondern wir sprechen miteinander, um gemeinsam unsere Angelegenheiten zu regeln. Dabei verpflichten wir uns, auf Nachfragen stets Gründe angeben zu können, die auch unser Gegenüber überzeugen sollen. Wir setzen also immer schon voraus, dass unsere Aussagen – und Handlungen – nur dann legitim sind, wenn auch die anderen sie akzeptieren können. Stets kann man auf eine Äußerung mit der Nachfrage »Warum eigentlich?« antworten. In dieser Möglichkeit des Infragestellens – und auch Abweichens vom Althergebrachten – besteht laut Habermas unsere Freiheit, unsere Autonomie. Wir müssen nur das akzeptieren, was wir uns selbst mit guten Gründen zu eigen machen können. Und indem wir uns dem anderen gegenüber zur Rechtfertigung verpflichtet wissen, erkennen wir auch seine Autonomie an. Insofern wohnt nach Habermas der Sprache das normative Ideal der Herrschaftsfreiheit inne, das sich gegen jede Form von Manipulation oder Zwang richtet. Habermas will hiermit zeigen, dass die Vorstellung von der Wünschbarkeit eines gleichberechtigten Zusammenlebens nicht nur eine beliebige ist, nicht nur eine, die ihn als Erben einer bestimmten, nämlich der abendländischen Kultur prägt. Vielmehr soll diese Idee der Weise eingeschrieben sein, wie Menschen schlechthin leben, weil alle unabhängig von ihrer besonderen Kultur auf Sprache angewiesen sind. ›Eingeschrieben‹ soll heißen, dass man die

Sprache nur sinnvoll verwenden kann, wenn man diese Idee zumindest stillschweigend voraussetzt. Das bedeutet aber auch, dass das Projekt der Moderne mit seinen Ideen von Menschenrechten und Demokratie einen historischen Fortschritt gegenüber früheren Formen der gesellschaftlichen und politischen Ordnung markiert. Umso stärker kritisiert Habermas all diejenigen, die sich auf die bloße Autorität von Traditionen berufen. Schließlich können Menschen nur in einer Kultur gedeihen, die alle Individuen in ihrer Andersheit als Gleichberechtigte anerkennt. Habermas geht nämlich davon aus, dass Menschen nur mittels der Reaktionen anderer Subjekte, die stets gesellschaftliche Vorstellungen widerspiegeln, eine Vorstellung davon gewinnen können, wer sie eigentlich sind und sein wollen. Daher sind sie in fundamentaler Weise von der Haltung anderer Subjekte (und letztlich der Gesellschaft als Ganzer) abhängig. Wer *An*erkennung erfährt, wird nicht nur als Person mit bestimmten Eigenschaften er*kannt, sondern hierin auch positiv bestätigt. Erst solche Anerkennung ermöglicht einen Zustand positiver Freiheit, in welchem man sich mit sich selbst und den eigenen Projekten zu identifizieren vermag. Je offener daher die Gesellschaft gegenüber abweichenden Vorstellungen ist, desto leichter wird es dem Einzelnen fallen, sich in seiner Individualität anerkannt zu fühlen. Dieses Motiv hat Habermas in einem Interview aus dem Jahre 1981 so formuliert: Es gehe um eine Weise des Zusammenlebens, »in der wirklich Autonomie und Abhängigkeit in ein befriedetes Verhältnis treten; daß man aufrecht gehen kann in einer Gemeinsamkeit, die nicht die Fragwürdigkeit rückwärtsgewandter substantieller Gemeinschaftlichkeiten an sich hat. Diese Intuition stammt aus dem Bereich des Umgangs mit anderen; sie zielt auf Erfahrungen einer unversehrten Intersubjektivität [...]. [E]s sind immer Vorstellungen von geglückter Interaktion.« (NU: 202) Hierum geht es im Kern beim Motiv der herrschaftsfreien Kommunikation, auf dem ein großer Teil der theoretischen Annahmen von Habermas beruht. Es wird im Einzelnen im *zweiten Kapitel* dieser Einführung erläutert.

Allerdings ist das Projekt der Moderne latent gefährdet. Die gesellschaftlichen Bedingungen, unter denen alle Menschen ihr Leben ungezwungen und solidarisch gestalten können, müssen nämlich stets (neu) geschaffen und gehütet werden. Ihre Gefährdung geht von bestimmten Entwicklungen innerhalb der Moderne selbst aus, kommt also von innen. Die Analyse dieser Gefährdungen ist das *zweite zentrale Motiv*, welches das Habermas'sche Werk antreibt. Die in der Sprache verkörperte Vernunft hat sich im historischen Prozess nämlich höchst einseitig entfaltet. Deshalb gibt es innerhalb der Moderne eine sich verstärkende Tendenz, nur das als vernünftig bzw. rational zu begreifen, was nach den geeigneten Mitteln für einen vorgegebenen Zweck fragt. Was aber, wenn der Zweck illegitim ist? Weil der moderne Mensch danach oft gar nicht mehr fragt und allzu häufig einem szientistischen, also an den Naturwissenschaften ausgerichteten Selbst(miss)verständnis aufsitzt, schlägt die angestrebte Aufklärung immer wieder in Barbarei um. Hiermit folgt Habermas seinen Vorgängern Max Horkheimer und Theodor W. Adorno. Auschwitz wäre ohne die moderne Technik und die modernen Formen der Organisation nicht möglich gewesen. Und zugleich wäre Auschwitz nicht möglich gewesen, wenn die Ideen der Französischen Revolution, nämlich Freiheit, Gleichheit und Brüderlichkeit bzw. Solidarität, im Sinne der Aufklärung für alle Menschen anerkannt worden wären. Dasselbe gilt für den Abwurf der Atombombe, den Kalten Krieg, aber auch den fundamentalistischen Terror der Gegenwart. Angesichts dieser barbarischen Seite der Moderne verteidigt Habermas die These, dass man durchaus von legitimen und illegitimen Zwecken sprechen kann. Praktische Fragen, also Fragen, die sich nicht nur auf die Wahl von Mitteln, sondern die Bestimmung von Zwecken beziehen, müssen von den Betroffenen in einer allgemein zustimmungsfähigen Weise gelöst werden. Nur dann können die Ergebnisse legitim sein. Und was allgemein zustimmungsfähig ist, lässt sich wiederum nur dann angemessen klären, wenn die Subjekte sich ihrer Bedürfnisse und Gefühle hinreichend bewusst sind. Das Motiv der sich selbst gefährdenden Moderne entfaltet Habermas im Rahmen einer kritischen Theorie, die die Ursachen gesellschaftlicher Selbstmissverständnisse und Ungerechtigkeiten aufspürt – und zwar vor allem in Form von Zwängen, die von Markt und Staat ausgehen. Die Moderne schöpft nicht das ganze Potenzial der bereits verfügbaren Vernunft aus, leidet also an einer einseitigen Rationalisierung. Dadurch aber droht, was längst schon überwunden sein könnte: der Rückfall in unhinterfragte Traditionen und das Verharren in ungerechten oder für uns alle schädlichen Zuständen. Das ist das Thema des *dritten Kapitels* dieses Buches, in dem wir die verschiedenen Arten von Gefährdungen analysieren, die Habermas diagnostiziert.

Darin, den Prozess der Modernisierung als ambivalent zu verstehen, unterscheidet sich Jürgen Habermas, der als führender Kopf der zweiten Generation der Kritischen Theorie gilt, also nicht von Horkheimer und Adorno. Allerdings glaubt Habermas – anders als diese – nicht, dass der Modernisierungsprozess notwendigerweise unheilvoll verlaufen muss. Denn die Moderne bringt zugleich Gefahren und Chancen hervor. Und die Gefahren sollen genau dann bewältigt werden können, wenn die Chancen, die die Moderne bereithält, ergriffen werden. Diese Chance, und das ist das *dritte Motiv*, liegt in der Belebung einer demokratischen Öffentlichkeit, die so institutionalisiert ist, dass die Frage nach den Zwecken politischen Handelns jederzeit auf die Tagesordnung gesetzt und auch befriedigend beantwortet werden kann. Diese Öffentlichkeit soll, auch informiert durch Theorien wie die von Habermas, in Diskursen jene Ideale zur Geltung bringen, die bereits in der Sprache angelegt sind. Zudem soll sie mögliche Gefährdungen der demokratischen Praxis erkennen und sich ihnen entgegenstellen. Habermas sieht deshalb, anders als die frühe Kritische Theorie, im demokratischen Rechtsstaat eine historische Errungenschaft. Zwar ist dieser stets bedroht; aber er bedeutet doch einen echten Gewinn an Freiheit, und zwar individuell wie kollektiv. Um das Motiv der demokratischen Öffentlichkeit geht es im *vierten Kapitel*.

Die drei Motive, die das Werk von Jürgen Habermas strukturieren, spiegeln sich somit auch im Aufbau der vorliegenden Einführung wider. Das *fünfte Kapitel* wird dann die wichtigsten Einwände diskutieren, die gegen Habermas' Einlösung dieser drei Motive ins Feld geführt wurden.

Zugleich hat Habermas diese drei Motive nicht nur in seinem akademischen Werk verfolgt. Vielmehr haben sie ihn immer wieder dazu bewegt, in öffentlichen Debatten Stellung zu beziehen und seine Theorie ganz konkret in die Praxis zu überführen. Dabei spielen sich die meisten seiner politischen Einflussnahmen vor dem spezifischen Hintergrund der deutschen Geschichte ab. Erst nach 1945 hat sich die Bundesrepublik dem Projekt der Moderne mit seinen Ideen von Demokratie und Menschenrechten geöffnet. Gegen alle tatsächlichen oder von Habermas für solche gehaltenen Versuche, diese historische Errungenschaft zu relativieren oder rückgängig zu machen, insbesondere von konservativer Seite, kämpft er energisch an. Diese Interventionen, die Habermas zu einem der, ja, vielleicht sogar zu dem einflussreichsten Intellektuellen der deutschen Nachkriegsgeschichte gemacht haben, stellen wir im *ersten Kapitel* dar. Zugleich spüren wir hier den biografischen Wurzeln nach, aus denen sich die drei skizzierten Motive speisen, um so in das komplexe Werk von Jürgen Habermas einzuführen.

1. Ein Spürsinn für Relevanzen – Habermas' Leben als öffentlicher Intellektueller

Habermas' Karriere als öffentlicher Intellektueller beginnt bereits im Alter von 24 Jahren. In einem Artikel in der *Frankfurter Allgemeinen Zeitung*, der bundesweit Aufsehen erregt, kritisiert er den damals bekanntesten deutschen Philosophen, Martin Heidegger, in scharfer Weise. Was war passiert? Heidegger hatte 1935 unter dem Titel *Einführung zur Metaphysik* eine Vorlesung gehalten, die er 1953 ohne weitere Erläuterung veröffentlicht. Habermas wird durch seinen älteren Freund Karl-Otto Apel darauf aufmerksam gemacht, dass sich in dieser Vorlesung ein äußerst problematischer Satz findet. Es ist nämlich von der »inneren Wahrheit und Größe dieser Bewegung« (zit. n. PPP: 66) die Rede, was für Apel, Habermas und viele andere unmissverständlich auf die nationalsozialistische Bewegung anspielt. Empört schreibt Habermas jenen denkwürdigen Artikel, in welchem er insbesondere Heideggers mangelnde Aufarbeitung der Vergangenheit kritisiert. Heidegger scheint mit seiner Veröffentlichung den Zivilisationsbruch des Nationalsozialismus schlicht zu ignorieren. Aber auch inhaltlich nimmt Habermas hier bereits Argumente voraus, die sein späteres Werk maßgeblich prägen sollen (vgl. auch NR: 24). So sieht er in Heideggers Text einen Beleg dafür, dass der Nationalsozialismus sich zwar nicht notwendig, aber doch keineswegs zufällig aus typisch deutschen Traditionen speisen konnte (PPP: 66). Es ist vor allem die Abwehr der universalistischen Ideen von Freiheit, Gleichheit und Brüderlichkeit, die für Habermas zu jenen überlieferten Einstellungen gehört, die ein für allemal überwunden werden müssen. Zwar erkennt Habermas durchaus an, dass sich in der Zeit zwischen 1935 und 1953 Heideggers Ansichten geändert haben, aber die elitäre Stoßrichtung gegen das Alltägliche und Durchschnittliche bleibe doch bestehen. Zudem würde der bloß aufrufende Charakter des Texts Argumente vermissen lassen. Das aber ist Habermas zufolge politisch gefährlich, weil sich darin die Überzeugung ausdrückt, es komme weder darauf an, Probleme klar zu benennen, noch darauf, andere zu überzeugen. Wenn aber die Ehrfurcht vor dem Unverstandenen innerhalb der Politik desaströse Folgen zeitige, dürfe auch die Philosophie nicht so verfahren (vgl. TK: 49 ff.).

Bereits hier deutet sich ein Schema an, das sich im Laufe von Habermas' Karriere als öffentlicher Intellektueller mit erstaunlicher Regelmäßigkeit wiederholen wird. Er sieht in bestimmten Äußerungen eine Gefährdung der demokratischen politischen Kultur, die auf den grundlegenden Werten von Freiheit und Gleichheit beruht. Die Gegenseite – die nicht immer, aber doch zumeist dem konservativen Lager zugehört – sieht sich hingegen vorschnell verdächtigt, sieht Moralismus und Alarmismus am Werk: Habermas wolle die freie Meinungsäußerung im Namen der *political correctness* unterbinden. Dieses Schema greift auch hier. In der damals noch konservativen Wochenzeitung *Die Zeit* erscheint prompt ein Kommentar, in dem Habermas' Lesart als einseitig kritisiert wird. Heidegger habe sich über den Nationalsozialismus lediglich mokieren wollen, und Habermas' Entlarvungsgeste zeuge von »Verfolgungssucht« (zit. n. Wiggershaus 2004: 30). Spätere Enthüllungen über Heideggers Text legen hingegen nahe, dass Habermas recht hatte (ebd.: 31). Solch angebliche »Verfolgungssucht« lässt sich – positiv gewendet – auch als eine besondere Sensibilität für Gefahren verstehen, die Habermas als »avantgardistischen Spürsinn für Relevanzen« bezeichnet (AE: 84). Der öffentliche Intellektuelle müsse »sich zu einem Zeitpunkt über kritische Entwicklungen aufregen können, wenn andere noch beim *business as usual* sind« (AE: 84).

In all den Debatten, die wir im Folgenden skizzieren werden und mit denen Habermas die wissenschaftliche und politische Landschaft der Bundesrepublik nachhaltig geprägt hat, war es ihm stets wichtig, die Rollen des akademischen Gelehrten und des politisch engagierten Intellektuellen klar voneinander zu trennen. Zu groß erscheint ihm die Gefahr, dass die fachliche Reputation des Wissenschaftlers – und noch stärker die des Moralphilosophen – dazu missbraucht wird, der Öffentlichkeit autoritative, nicht zu hinterfragende Antworten vorzugeben. Was innerhalb demokratischer Verfahren als legitim gelten kann, soll der Philosoph gerade nicht vorentscheiden.

Aber auch wenn Habermas gegenüber inhaltlichen Empfehlungen seitens der Philosophie skeptisch ist, will er doch sein philosophisches und sozialwissenschaftliches Wissen nutzen, um Gefährdungen der Verständigungspraxis auch dort aufzuspüren, wo sie der Alltagsverstand gar nicht vermuten würde. Insofern können und sollten sich Philosophen und Sozialwissenschaftler seines Erachtens als Intellektuelle dazu »provozieren« lassen, »ungefragt, also ohne Auftrag und Abstimmung, *von ihrem beruflichen Wissen* jenseits ihrer Profession *einen öffentlichen Gebrauch zu machen*« (AE: 79 f., Hervh. M.I./D.S.). Auch wenn man sich den »avantgardistischen Spürsinn für Relevanzen« nicht aneignen könne wie eine Theorie, bedürfe es doch innovativer theoretischer Sichtweisen, damit der Gesellschaftskritiker »wichtige Themen aufspürt, fruchtbare Thesen aufstellt und das Spektrum der einschlägigen Argumente erweitert, um das beklagenswerte Niveau öffentlicher Auseinandersetzungen zu verbessern« (AE: 81).

Allerdings lassen sich diese Rollen bei allem Bemühen nicht immer ganz trennen. Das wird bereits daran deutlich, dass sich Habermas auch als Wissenschaftler durch eine Tugend auszeichnet, die er eigentlich dem Intellektuellen zuschreibt, nämlich über »eine argwöhnische Sensibilität für Versehrungen der normativen Infrastruktur des Gemeinwesens« (AE: 79) zu verfügen. Gerade weil Habermas' Denken einen prinzipiell eingreifenden Charakter hat, scheinen sich mitunter verschiedene Rollen zu überlagern. Auch seine großen Werke sollen letztlich politische Auswirkungen zeitigen, ohne damit ihren wissenschaftlichen Anspruch aufzugeben. Und auch die eher polemischen Interventionen sind im Falle von Habermas unterfüttert durch seine theoretischen Ansichten. Dabei lassen sich natürlich Grade der Zuspitzung unterscheiden. Die Interventionen, vor allem veröffentlicht in den *Kleinen Politischen Schriften*, tendieren zu provokanteren und klarer politischen Thesen (ST: 7 f.). Aber obgleich im Einzelfall nicht immer ganz deutlich sein mag, welche dieser Rollen Habermas gerade einnimmt, ist ihm die Trennung von Staatsbürger, Intellektuellem, Sozialwissenschaftler und Philosoph äußerst wichtig. Zu sehr fürchtet Habermas, der Sozialwissenschaftler und insbesondere der Philosoph könnten eine Autorität reklamieren, die ihnen im demokratischen Prozess gar nicht zukommt.

Doch kehren wir zurück zu jenem ersten Ausrufezeichen, das der junge Habermas mit seiner Kritik an Heidegger setzt. Dieses speist sich – wie auch die drei Motive, die wir in der Einleitung in ersten Strichen umrissen haben – aus frühen biografischen Erfahrungen.

1.1 Habermas' Jugend und die Erfahrung des Zivilisationsbruchs

Am 16. Juni 1929 in Düsseldorf geboren, lebt Habermas bis zu seinem Abitur in Gummersbach, einem oberbergischen Städtchen etwa fünfzig Kilometer östlich von Köln. Sein Vater arbeitet dort als Geschäftsführer der Zweigstelle der Deutschen Industrie- und Handelskammer. Wie sehr unsere Identität abhängig ist von der Weise, wie die anderen sich uns gegenüber verhalten, erfährt der junge Habermas bereits früh. Aufgrund einer »verzerrten Artikulation« (NR: 19), die von einer Gaumenspalte herrührt, kann er sich gegenüber anderen Kindern nicht immer verständlich machen. Hieran können auch zwei Operationen, kurz nach der Geburt und im Alter von fünf Jahren, nichts Wesentliches ändern. Damit wird der Wechsel von der schützenden Privatsphäre der Familie in die Öffentlichkeit des Schulhofs zu einer Erfahrung des Andersseins und der Ausgrenzung (NR: 20). Habermas selbst glaubt im Rückblick, dies habe seine Sensibilität für die – insbesondere sprachliche – Abhängigkeit von den anderen geschärft, die sein ganzes Werk bestimmen wird (NR: 17 ff.).

Verstärkt wird diese Erfahrung durch ein Erlebnis kurz nach dem Krieg, als er wegen der Nahrungsmittelknappheit auf einem Bauernhof arbeitet. Erneut wird er Opfer einer verbalen Kränkung: »Da war meine Gaumenspalte auch nicht gerade ein Privileg [...] und dann machte wieder irgendeiner von den Jungen eine Bemerkung. Ich hatte diese Heugabel in der Hand, ich hab die in den Heuwagen gestoßen, hab mich wortlos umgedreht, bin in mein Zimmer, hab meine Sachen gepackt, ohne jedes weitere Wort, und bin abgehauen. Emanzipation, das hat für jeden von uns ja eine andere Konnotation in der eigenen Lebensgeschichte, aber das war eine Emanzipation.« (zit. n. Wiggershaus 2004: 13) Emanzipation bedeutet demzufolge die Befreiung von all jenen

Zuständen, in denen sich kein gelingendes Miteinander einstellt und man nicht aufrecht gehen kann.

Natürlich muss man sich davor hüten, ein Werk angesichts solch biografischer Anekdoten vorschnell zu psychologisieren. Aber hier dürfte doch zumindest ein Schlüssel zu dem ersten der in der Einleitung genannten drei Motive liegen, die Habermas zeitlebens antreiben: dem Ziel gelingender Kommunikation. Er selbst schreibt denn auch: »Mir schwebt das Bild einer Subjektivität vor, die man sich wie einen nach außen gestülpten Handschuh vorstellen muss, um die Struktur ihres aus Fäden der Intersubjektivität gesponnenen Gewebes zu erkennen.« (NR: 18) Die Identität des Einzelnen wird also geprägt durch die sozialen Beziehungen (und damit auch die an ihn gestellten Erwartungen), in denen er sich vorfindet. Menschen sind in fundamentaler Weise von anderen Menschen und der Gesellschaft abhängig, weil sie nur mittels des ›Blicks‹ bzw. der Reaktionen der anderen eine Vorstellung davon gewinnen können, wer sie sind. Umso wichtiger ist es dann aber, diese sozialen Beziehungen ebenso hinterfragen zu können wie die Erwartungen und Normen, die ihnen zugrunde liegen. Ansonsten wäre man diesen gesellschaftlichen Vorstellungen (und dem Bild, das sie einem vermitteln) schutzlos ausgeliefert. In besonderer Weise sind solche ›Kämpfe um Anerkennung‹ deshalb möglich innerhalb eines demokratischen Rechtsstaats mit einer Öffentlichkeit, in der Missachtungserfahrungen zur Sprache gebracht werden können.

Die Betonung von Demokratie und Öffentlichkeit, einem weiteren zentralen Motiv im Werk von Jürgen Habermas, ist eng mit der Erfahrung des Nationalsozialismus verbunden. Habermas erlebt diesen im Alter zwischen drei und fünfzehn Jahren. Das bürgerliche Elternhaus identifiziert sich zwar nicht mit den nationalsozialistischen Zielen, passt sich aber unkritisch an. Dementsprechend geht Habermas, wie die meisten seiner Mitschüler, in die Hitlerjugend, auch wenn er nicht besonders darauf erpicht ist, sich an den Militärübungen zu beteiligen. In der Absicht, später Arzt zu werden, leitet er Erste-Hilfe-Kurse. Kurz vor Kriegsende dient er noch als Sanitäter am Westwall. Die Kapitulation und die Besetzung durch die Alliierten nimmt er dann als sehr positiv wahr: »Zunächst mal war 1945 eine Befreiung, historisch und persönlich. Es war, in meiner Erinnerung, übrigens sehr schönes Wetter. Ich habe das alles naiv, intuitiv als schön empfunden.« (KPS: 512)

Wie viele seiner Altersgenossen sieht er dann im Kino die Dokumentationen über die Greueltaten und den Massenmord an den Juden in den Konzentrationslagern, verfolgt im Radio die Nürnberger Prozesse. »[N]atürlich bestand damals der Eindruck einer Normalität, die sich hinterher als Schein herausstellte. Daß man plötzlich sah, das waren Verbrecher: Das hat schon eine andere Qualität.« (KPS: 512) Die Skepsis gegenüber dem unkritischen Rückbezug auf überkommene Traditionen entspringt dieser prägenden Erfahrung. Das Gleiche gilt für Habermas' Ablehnung einer Politik, die statt auf Argumente auf Gefühle oder ästhetische Erfahrungen setzt – wie etwa die Inszenierung der nationalsozialistischen Parteitage. So wittert Habermas fortan immer dann eine Gefahr für die moderne Idee der Demokratie, wenn unkritisch auf die Idee der Nation und die Vorstellung eines Volkes rekurriert wird – ganz besonders innerhalb der deutschen Debatte.

Insofern erschreckt es den jungen Habermas, dass bei der Wahl zum ersten deutschen Bundestag im Jahre 1949 fast alle Parteien explizit auf die deutsche Nation Bezug nehmen und sich um eine Aufarbeitung der Vergangenheit gar nicht erst bemühen. Selbst bei der SPD fürchtet der Vorsitzende Kurt Schumacher, ohne nationale Rhetorik bei der Wahl allzu viele Stimmen zu verlieren. Habermas denkt hingegen schon damals dezidiert postnational, tritt also für ein politisches Gemeinwesen ein, das sich über seine demokratischen Prinzipien versteht und nicht als Ausdruck einer Nation, die auf den vorpolitischen Banden einer gemeinsamen, angeblich ›ursprünglichen‹ Kultur oder gar auf Abstammung und Blutsverwandtschaft beruht.

Die Idee der rechtsstaatlichen Demokratie, die sich aus dem Pro und Kontra öffentlicher Debatten speist, erscheint ihm als einzig gangbarer politischer Weg. In diesem Sinne hat er sich selbst als ein »Produkt der ›reeducation‹« (KPS: 513) bezeichnet. So prägt die ›Westbindung‹ an die Ideale der amerikanischen Verfassung und der Französischen Revolution auch sein gesamtes Denken. Zugleich glaubt Habermas jedoch, dass die Ideale von Demokratie und einem menschenwürdigen Leben immer noch ihrer Verwirklichung harren, nicht zuletzt deshalb, weil es eine unaufhebbare Spannung zwischen Demokratie und Kapitalismus gibt. Daher setzt er sich für einen demokratischen Sozialismus ein, der die gleichberechtigte Teilnahme eines jeden am gesellschaftlichen Leben gewährleisten kann (so auch noch Habermas in Funken 2008: 182f.).

Habermas wurde aus diesem Grund regelrecht zu einem roten Tuch für jene neokonservativen Kreise, mit denen er sich jahrzehntelang eine intellektuelle Schlacht lieferte. Er selbst meint denn auch: »Der Kampf um die mentale Ausrichtung der Bundesrepublik ist unter unfriedlichen Prämissen geführt worden. [...] Es gab so etwas wie eine *Front*. Diese verlief zwischen denen, die sich durch die stupende Uneinsichtigkeit der intellektuellen Vorreiter des NS-Regimes herausgefordert sahen, und denen, die das nicht kümmerte und [die sich] stattdessen dafür einsetzten, das nationale, insbesondere das jungkonservative Erbe trotz aller Schweinereien unbeschädigt in die Republik zu übernehmen.« (Habermas in Funken 2008: 184)

1.2 Der akademische Werdegang und erste Interventionen

Von der späteren Verbindung von theoretischer Beschäftigung und politischem Engagement in der Praxis ist in dieser ersten Phase allerdings noch nicht viel zu spüren. Von 1949 bis 1954 studiert Habermas Philosophie, Geschichte, Psychologie, deutsche Literatur und Ökonomie in Göttingen, Zürich und Bonn. In Bonn besucht er vor allem Lehrveranstaltungen bei Erich Rothacker, der ihn für Fragen der philosophischen Anthropologie interessiert. Wie unterscheidet sich der Mensch vom Tier? Welche Rolle spielt hierbei die Sprache? Wie müssen politische Institutionen beschaffen sein, die dem angemessen Rechnung tragen? Diese Fragen, wenn auch nicht Rothackers Antworten, werden für das weitere Werk wichtig bleiben. Erst zaghaft setzt nun Habermas' Bemühen um die Vermittlung seiner politischen und seiner philosophischen Überzeugungen ein. So stößt er in den frühen 1950er Jahren über Karl Löwith auf den jungen Marx, liest Georg Lukács, Karl Korsch, Ernst Bloch, bald Horkheimer und Adorno sowie Herbert Marcuse (NU: 168 f.). Habermas beginnt erst jetzt, sich intensiver mit dem Verhältnis von Theorie und Praxis auseinanderzusetzen.

Die Bonner Jahre sollten sich auch in anderer Hinsicht als prägend für Habermas' weitere Karriere als Wissenschaftler und Intellektueller erweisen. Habermas freundet sich nämlich in Bonn mit dem sieben Jahre älteren Karl-Otto Apel an. Dieser wird in den 1960er Jahren die Grundidee der Diskurstheorie formulieren, die Habermas dann modifiziert übernimmt und zur normativen Grundlage seiner Theorie macht. Zudem ist es Apel, der dem jungen Habermas den entscheidenden Hinweis auf Heideggers unkommentierte Veröffentlichung seiner Vorlesung aus dem Jahre 1935 gibt und damit jene Auseinandersetzung mit Heidegger auslöst, die ebenfalls aus den Bonner Jahren heraussticht.

Sein Studium schließt Habermas 1954 mit einer Dissertation über Schelling ab, in die er noch kurz vor der Fertigstellung Motive der Marx'schen Entfremdungskritik aufnimmt (AG: 79 ff.). Marx hatte neben der Ausbeutung durch das Lohnverhältnis vier Formen der Entfremdung diagnostiziert. Der Arbeiter entfremde sich nicht nur vom mechanischen Arbeitsprozess und dem übermächtigen Produkt, sondern auch von den anderen Subjekten und schließlich von sich selbst (Marx 1844: 510 ff.). Marx aktualisiert damit ein zentrales Motiv Schellings: dass nämlich die Welt verkehrt sei und einer radikalen Umkehrung bedürfe (Keulartz 1995). Auch für Habermas ist die Gesellschaft durch eine grundlegende »Verkehrtheit« im Marx'schen Sinne charakterisiert (etwa TP: 222): Denn nicht der Mensch gebietet über seine Erzeugnisse, sondern die Waren herrschen in Form eines naturwüchsigen Kapitalismus über den Menschen. Allerdings betont Habermas schon damals mit Schelling gegen Marx die Bedeutung des freien menschlichen Handelns, das keineswegs durch den Gang der Geschichte vollständig bestimmt sei. Vielmehr schaffe der Mensch selbst diese Geschichte, müsse sich dessen bewusst werden und sie sich erneut aneignen (AG: 239 ff.).

Nach der Promotion folgt Habermas seiner Neigung und arbeitet zunächst als Journalist. Er schreibt insbesondere kulturkritische Artikel. Diese beschäftigen sich vor allem mit den Auswirkungen der Industriearbeit auf Kultur und Konsum und handeln etwa von der »Konsumkritik – eigens zum Konsumieren« (AEF: 47 ff.) oder der »Illusion auf dem Heiratsmarkt« (AEF: 81 ff.). Einer dieser Artikel, der für das gesamte spätere Werk wegweisend werden sollte, trägt den Titel »Dialektik der Rationalisierung«. In diesem Aufsatz, der 1954 im *Merkur* erscheint, nimmt Habermas das Motiv der Verkehrung wieder auf. Zwar habe der Wohlstandszuwachs durch die Industrialisierung dazu geführt, dass das materielle Elend der Arbeiterklasse überwunden werden konnte. Gleichwohl bestehe ein subtilerer Pauperismus weiter, der dem Arbeiter angesichts sinnentleerter Arbeit jegliche Kreativität raubt. Das Problem wohne aber nicht der modernen Technik selbst inne, sondern der Art und Weise, wie wir mit ihr umgehen. Den fehlenden Sinn könne der Arbeiter auch nicht in seiner Freizeit wiedergewinnen. Denn hier konsumiere er aufgrund ›unechter‹ Bedürfnisse, die ihm die Reklamebranche nur eingeredet habe, um die kapitalistische Überproduktion absetzen zu können (AEF: 23). Der Mensch nehme die Dinge nur noch aus einer großen Distanz wahr und verfehle damit letztlich sich selbst.

Dieser Artikel schwankt noch zwischen einem durch Heidegger inspirierten Kulturkonservatismus, der die ›Seinsvergessenheit‹ der Moderne beklagt, und linker Kapitalismuskritik. Er wird aber von Theodor W. Adorno gelesen. Als der junge Habermas durch den Feuilletonchef beim *Handelsblatt*, für welches er auch schreibt, die Möglichkeit erhält, sich mit Adorno in Frankfurt am Main zu treffen, fährt er sofort dorthin (Wiggershaus 2004: 35 f.). Adorno erkennt sein Potenzial und macht ihn zu seinem Assistenten. So arbeitet Habermas zwischen 1956 und 1959 als Mitarbeiter am Frankfurter Institut für Sozialforschung (IfS).

Das IfS blickt auf eine bewegte Geschichte zurück. 1924 wurde es von dem reichen Unternehmersohn und Sozialwissenschaftler Felix Weil als unabhängiges marxistisches Forschungsinstitut, aber mit Anschluss an die junge Frankfurter Stiftungsuniversität, gegründet. Max Horkheimer, der ihm ab 1930 als Direktor vorstand, verfolgte das ambitionierte Ziel eines interdisziplinären Forschungsprojekts, das unter philosophischer Federführung, aber unter Einbeziehung weiterer Disziplinen wie Politischer Ökonomie, Psychoanalyse und Kultursoziologie der Frage nachgehen sollte, warum es, anders als von Marx prognostiziert, nicht zur proletarischen Revolution gekommen war. Nach der Machtergreifung der Nationalsozialisten wurde das Institut, das von 1932 bis 1941 die *Zeitschrift für Sozialforschung* herausgab, geschlossen. Die größtenteils jüdischen Mitarbeiter mussten 1933 in die USA emigrieren, wo das Institut 1934 an der Columbia University eine neue Heimstatt fand, bevor es 1951 dann in Form einer privaten Stiftung an die Frankfurter Universität zurückkehrte (umfassend Wiggershaus 1986).

Als Habermas seine Tätigkeit in Frankfurt aufnimmt, ist den meisten dort Arbeitenden die Vergangenheit des Instituts nur wenig bewusst – nicht zuletzt deshalb, weil Horkheimer seine früheren Auffassungen mittlerweile für zu radikal hält; wahrscheinlich auch, weil das Institut auf Mittel aus der Wirtschaft angewiesen ist: »Horkheimer hatte eine große Angst, das wir an die Kiste gehen, in der ein komplettes Exemplar der *Zeitschrift* im Keller des Instituts lag. Hätten wir allerdings das starke Bedürfnis gehabt, hätten wir das alles lesen können, denn die *Zeitschrift* wäre bei Carlo Schmid im Institut zugänglich gewesen.« (NU: 169)

In Frankfurt lernt Habermas empirische Sozialforschung kennen und praktizieren, und im Rahmen des großangelegten Institutsprojekts »Universität und Gesellschaft« entsteht die Studie *Student und Politik*. Habermas' viel beachtete Einleitung »Zum Begriff der politischen Beteiligung« entfaltet wichtige demokratietheoretische Motive. Schon damals meint er, dass die Gesellschaft und ihre Organisationen nur dann vernünftig handeln können, wenn die Meinungen und Argumente aller Betroffenen gehört und auch berücksichtigt werden. Nur so könne es zu kollektiven Lernprozessen kommen. Allerdings zeigt diese Studie auch, dass die Studenten erschreckend unpolitisch sind – ein Umstand, der sich Ende der 1960er Jahre schlagartig ändern sollte.

Weil Max Horkheimer angesichts der Bemühungen des Instituts um Forschungsaufträge aus der Wirtschaft Habermas' explizite Bezugnahme auf Marx suspekt ist, kann dieser jedoch nicht in Frankfurt habilitieren. Deswegen wendet er sich, mit Erfolg, an Wolfgang Abendroth, der in Marburg lehrt und einer der wenigen sozialistischen Professoren in der Bundesrepublik ist. Abendroths Idee einer sozialen Demokratie prägt Habermas stark. Die Kernthese lautet: Weil der Kapitalismus die Grundlagen der Demokratie zu unterhöhlen droht, muss die Sozialstaatsklausel in Art. 21 des Grundgesetzes nur offensiv genug ausgelegt werden, um den Sozialismus als grundgesetzkonform ausweisen zu können. Allerdings sollte dieser Sozialismus – anders als der ›real existierende‹ in der DDR – demokratisch verfasst sein.

1.3 Der junge Professor und die Studentenbewegung

In Marburg habilitiert Habermas sich 1961 in Politikwissenschaft mit einer Arbeit über den *Strukturwandel der Öffentlichkeit* und wird auf Betreiben Hans-Georg Gadamers noch vor Abschluss des Verfahrens als Professor für Philosophie nach Heidelberg berufen. Dieses Buch sollte Habermas auch in weiteren akademischen Kreisen bekannt machen. Für die Studentenbewegung der späten 1960er Jahre wurde es zu einem der maßgeblichen Bezugspunkte.

Zentral ist die Idee, die Demokratie benötige eine öffentliche Sphäre, in der alle Bürger nicht nur ihre Interessen, sondern vor allem ihre Argumente vorbringen können. Nur so lasse sich die staatliche Machtausübung kontrollieren oder sogar programmieren. In diesem Buch sind bereits alle drei Motive vorhanden, die Habermas' weiteres Werk prägen sollten. In der Sprache soll die Idee der Herrschaftsfreiheit bereits angelegt sein (erstes Motiv), zu deren Realisierung es einer vitalen politischen Öffentlichkeit bedarf (drittes Motiv). Habermas zeichnet im *Strukturwandel* das – bei aller Kritik an damaligen Ausschließungsmechanismen – durchaus positive Bild der frühen, in den literarischen Salons verankerten bürgerlichen Öffentlichkeit. Schließlich verändert sich die Öffentlichkeit in besorgniserregender Weise, weil der Staat mehr und mehr in die Gesellschaft eingreift, um ökonomische Krisen abzuwehren oder abzufedern; dadurch aber wird die Öffentlichkeit instrumentalisiert und verliert ihre kritische Funktion (zweites Motiv).

Als eine Lösung des Problems erscheint Habermas damals die Beteiligung der Betroffenen innerhalb der jeweiligen Organisationen, sei es in der Wirtschaft oder auch in der Universität. Habermas konzentriert sich auf diese Lösung, weil er gemäß dem damaligen Zeitgeist davon ausgeht, dass es zur ›Organisationsgesellschaft‹ keine wirkliche Alternative gibt – also zu einer Gesellschaft, in der die wichtigen politischen Entscheidungen nicht mehr im Parlament, sondern in hierarchischen Organisationen getroffen werden und in der der Einzelne nur mehr ein Rädchen im Getriebe darstellt. So engagiert er sich seit Ende der 1950er Jahre für eine Reform der Hochschulen. Die Studenten und wissenschaftlichen Assistenten sollen endlich ein Mitspracherecht in all jenen Angelegenheiten erhalten, in die sie als mündige Personen in Lehre und Forschung einbezogen sind. Dadurch könnten weitere relevante Gesichtspunkte in den inneruniversitären Diskurs einfließen; und auch dessen Ergebnisse würden dadurch vernünftiger werden.

Zudem ist es Habermas zufolge von zentraler Bedeutung, dass die Studenten von Anfang an verstehen, dass es in der Wissenschaft nicht nur um den Erwerb von Faktenwissen geht, sondern dass wissenschaftlicher Forschung stets eine bestimmte Funktion im gesellschaftlichen Zusammenhang zukommt. Deshalb muss eine kritische Theorie nicht nur reflektieren, welchen Interessen sie dient, sondern auch, warum sie bestimmte normative Grundannahmen macht. Diese Selbstbeschreibung der Theorie, die sich an Max Horkheimers Aufsatz »Traditionelle und kritische Theorie« (Horkheimer 1937) orientiert, setzt aber voraus, dass man diese ›außerwissenschaftlichen‹ Fragen angemessen beantworten kann, dass man also die sozialen Kämpfe nicht nur analysiert, sondern sich auch kritisch zu ihnen verhält – ebenso wie zu den Werten und Normen, um die in diesen Kämpfen gestritten wird.

Genau hierum, um das Verhältnis von Theorie und Praxis, von Wissenschaft und Theorie, geht es im Positivismusstreit, einer der meistbeachteten soziologischen Debatten im Nachkriegsdeutschland. Der Positivismusstreit war ursprünglich zwischen Karl R. Popper und Theodor W. Adorno entbrannt. Popper wollte die Sozialwissenschaften nach dem Modell der Naturwissenschaften darauf verpflichten, einzelne Hypothesen zu falsifizieren, also als falsch zu erweisen, um hierdurch einen schrittweisen Erkenntnisfortschritt zu erzielen. Wer etwa die Hypothese aufstellt, es gebe nur weiße Schwäne, wäre widerlegt (oder eben ›falsifiziert‹), wenn ein schwarzer Schwan gesichtet würde. In der Wissenschaft machen Popper zufolge daher nur Aussagen Sinn, die überhaupt falsifizierbar sind und von denen man angeben kann, wann genau dies der Fall ist. Popper war dementsprechend skeptisch gegenüber Thesen, die sich auf die Gesellschaft als Ganze beziehen, da sie sich nicht durch einfache Beobachtungen widerlegen ließen. Beobachtungen könnten sich immer nur auf Teilaspekte der Gesellschaft beziehen. Auch Wertaussagen hielt Popper nicht für wissenschaftsfähig.

Dagegen wehrte sich Adorno, weil er die eigentliche Aufgabe soziologischer Theoriebildung darin sah, die gesellschaftliche ›Totalität‹ zu erkennen, also den strukturellen Zusammenhang, der alle sozialen Einzelaspekte bestimmt. Adorno sah diesen strukturellen Zusammenhang vor allem als einen kapitalistischen an. Wer, wie Popper, nur das Falsifizierbare thematisiere, könne immer nur Einzelaspekte untersuchen, aber die grundlegende, eben kapitalistische Struktur als solche nicht erkennen – und damit auch nicht kritisieren und letztlich überwinden.

Habermas stellt sich zwar auf Adornos Seite, interpretiert Poppers Position jedoch als einen »positivistisch halbierten Rationalismus« (LSW: 45 ff.). Er meint damit, dass Poppers Herangehensweise zwar in bestimmten Fällen berechtigt sei, aber den technischen Aspekt der (wissenschaftlichen) Vernunft verabsolutiere.

Erneut zeigt sich hier das zentrale Motiv, dass die Moderne gefährdet ist, weil in ihr lediglich ein bestimmter Aspekt der Rationalität einseitig zur Geltung komme. Habermas, schon 1964 als Nachfolger Max Horkheimers auf dessen Lehrstuhl für Philosophie und Soziologie nach Frankfurt zurückgekehrt, führt diese Überlegungen in *Erkenntnis und Interesse* weiter aus. Dies wird sein zweites Buch mit durchschlagender Wirkung; es erscheint 1968, auf dem Höhepunkt der studentischen Proteste.

Die Wissenschaften seien, so die Kernthese, nicht nur um ihrer selbst willen da, sondern erfüllten eine gesellschaftliche Funktion. Ihnen lägen anthropologische Erkenntnisinteressen zugrunde, Interessen an der Erkenntnis der Welt, die sich aus den funktionalen Erfordernissen menschlichen Zusammenlebens ergeben. Deswegen dürfe es in den Wissenschaften nicht nur um instrumentell verfügbares Wissen gehen. Denn mit dem *technischen* Erkenntnisinteresse sei nur einer von insgesamt drei Wissensbereichen abgedeckt. Gesellschaften müssten zweitens einem *praktischen* Erkenntnisinteresse gerecht werden, das auf die Aufrechterhaltung des sozialen Lebens gerichtet sei, also auf die Weitergabe von Traditionen, die Erziehung der Gesellschaftsmitglieder sowie die Beilegung von Handlungskonflikten. Schließlich müsse drittens ein *emanzipatorisches* Erkenntnisinteresse an der Überwindung überflüssiger Herrschaft berücksichtigt werden, das für eine kritische Gesellschaftstheorie von besonderer Bedeutung sei (vgl. genauer Kap. 2.1).

Habermas' Gesellschaftskritik, seine Thesen zur Demokratisierung der Hochschulen sowie zu einer emanzipatorischen Wissenschaft treffen auf reges Interesse seitens der sich formierenden Studentenbewegung. Hierdurch gerät auch der junge Professor in den Fokus der Aufmerksamkeit. Und Habermas ist durchaus bereit, sich zu engagieren. Bereits in seiner Frankfurter Assistenzzeit hatte er 1958 auf der Abschlusskundgebung einer großen Demonstration in Frankfurt gegen die atomare Wiederaufrüstung der Bundeswehr eine Rede gehalten und einen Artikel über »Ungehorsam als erste Bürgerpflicht« veröffentlicht. Auch hier wollte er zu einer politischen Kultur beitragen, die mit obrigkeitsstaatlichem Denken bricht und alle Stimmen zu Wort kommen lässt. Wie viele andere erlebte der junge Habermas die Zeit unter dem ersten Bundeskanzler Konrad Adenauer als äußerst restaurativ. Eine kritische Öffentlichkeit, in der wichtige Themen kontrovers diskutiert werden und die Menschen sich engagieren, existierte nicht.

Erst im Gefolge der Demonstrationen gegen die Wiederbewaffnung und die Ausstattung der Bundeswehr mit Atomwaffen gelingt es der (außerparlamentarischen) Linken Ende der 1950er Jahre, Boden gutzumachen. Doch die neue Bedeutung hat Konsequenzen: Infolge des Godesberger Programms von 1959, mit dem sich die SPD vom Sozialismus verabschiedet, kommt es zu einer Spaltung zwischen der SPD und ihrer studentischen Organisation, dem SDS (Sozialistischer Deutscher Studentenbund). Mit Letzterem sympathisiert Habermas (Wiggershaus 2004: 65). Doch so sehr er die Demokratisierungsbestrebungen der Studenten gutheißt, so skeptisch ist er von Beginn an gegenüber den hochfliegenden Plänen und anvisierten Aktionsformen, die die radikaleren unter ihnen verfolgen.

Am 2. März 1965 beginnen die USA, Nordvietnam zu bombardieren. Im selben Jahr unternimmt Habermas seine erste Reise in die USA, wo er sich im weiteren Verlauf seiner Karriere noch oftmals aufhalten wird. Hier kommt er in Berkeley zum ersten Mal mit den neuen studentischen Arten des Protests in Berührung, die der schwarzen Bürgerrechtsbewegung entlehnt sind.

Auch in Deutschland mobilisiert sich die Studentenschaft angesichts des Vietnamkriegs, der sich abzeichnenden Großen Koalition und geplanter Reformen der Hochschulgesetze. 1967 kommt es dann zur Eskalation. Am 2. Juni findet anlässlich des Schahbesuchs in West-Berlin eine Demonstration statt, bei der die Leibwächter des persischen Herrschers – ungehindert von der Berliner Polizei – Demonstranten niederknüppeln. Am gleichen Abend wird der Student Benno Ohnesorg in einem Hinterhof von einem Polizisten in Zivil erschossen. Auf die sich formierende Studentenschaft wirkt dieses Ereignis wie ein Fanal, das die Empörung über das angeblich ungerechte System weiter anheizt. Am 9. Juni findet im Anschluss an die Trauerfeier für Benno Ohnesorg in Bielefeld ein Kongress des SDS statt, auf dem auch Habermas spricht. Er kritisiert die antistudentische Stimmung in der Presse und den Parteien und verurteilt die brutale, ja terroristische Vorgehensweise der Polizei, die von einer Qualität gewesen sei, »die wir seit den Tagen des Faschismus in Berlin und in der Bundesrepublik zum ersten Mal wieder kennenlernen« (KPS: 206).

Zugleich fordert er von den Studenten eine realistische Einschätzung der Situation. Habermas weist ihnen lediglich die Rolle eines besonders aktiven Teils der politischen Öffentlichkeit zu. Sie sollen die rechtsstaatliche Demokratie, wenn auch radikal, reformieren und eben nicht den Versuch unternehmen, diese abzuschaffen. Vor allem traut Habermas dieser Gruppe eine besondere Sensibilität für jene Gefährdungen zu, die ihn auch theoretisch von Beginn an beschäftigt haben. Damit die kapitalistische

Wirtschaft und die staatliche Bürokratie reibungslos funktionieren können, müssen die Menschen in einer Weise motiviert werden, die ihnen eigentlich fremd und unangemessen ist. Für diese Fehlentwicklung haben die Studenten Habermas zufolge ein besonders feines Gespür, weil sie bereits eine halbwegs liberale Erziehung genossen haben, unter weniger rigiden Zwängen leben und auch theoretisch besser geschult sind (KPS: 208 f.). Allerdings warnt Habermas eindringlich vor einer Selbstüberschätzung der eigenen Handlungsmöglichkeiten in einer immer komplexeren Welt, insbesondere vor blindem Aktionismus. So hält er zwar »demonstrative Gewalt« für sinnvoll, weil sie die Aufmerksamkeit auf die bereits vorgebrachten Argumente lenkt. »Eine Gewalt hingegen, die verwundet, kann diesem Ziel nicht dienen.« (KPS: 213)

Rudi Dutschke hält im Anschluss eine flammende Rede, in der er auf die befreiende Kraft der direkten Aktion setzt. Auf dem Weg zum Auto entscheidet Habermas sich dann um und kehrt zurück zu den verbliebenen Diskutanten. Obgleich Dutschke schon gar nicht mehr da ist, moniert Habermas die voluntaristische Ideologie, also die Vorstellung, dass man sich allein durch die Tat befreien könne – wie unreflektiert und blind sie auch sei. Unklar ist Habermas zufolge nämlich, ob mit den Aktionen nur Sitzstreiks gemeint seien oder eine provokative Gewalt, die das angeblich faschistische Wesen des Staates dadurch zum Vorschein bringen soll, dass sie ihn zu unverhältnismäßigen Reaktionen treibt. Eine solche Geisteshaltung müsse man »unter den heutigen Umständen [...] ›linken Faschismus‹ nennen« (KPS: 214). Habermas hat diese Worte später bereut (KPS: 215, 519), aber sie zeigen an, dass er überall dort äußerst sensibel und gereizt reagiert, wo er die liberale politische Kultur und die demokratische Öffentlichkeit gefährdet sieht. Wo die blinde, vielleicht gar gewaltsame Aktion im Mittelpunkt steht, treten die Argumente für oder wider eine Position in den Hintergrund. Stattdessen obwaltet ein bloßes Gefühl der Handlungsmächtigkeit, und der Inhalt wird beliebig.

Selbst in der ›heißen Phase‹ des Studentenprotests, in der nicht nur im Paris des Mai 1968 manchem die Revolution ganz nahe scheint, hält Habermas es für reine Phantasterei zu glauben, eine revolutionäre Situation sei bereits vorhanden oder lasse sich durch eine ›Philosophie der Tat‹, also durch politische Aktionen herbeiführen: »Jedes, aber auch jedes der bisher allgemein akzeptierten Anzeichen für eine revolutionäre Lage fehlt«, erklärt er im Juni 1968 auf einem Schüler- und Studentenkongress in der Frankfurter Mensa (KPS: 256). Und er fügt hinzu, einige Studentenführer verwechselten »den virtuellen Vorgang einer Universitätsbesetzung mit einer faktischen Machtübernahme. Eine so gravierende Verwechslung von Symbol und Wirklichkeit erfüllt im klinischen Bereich den Tatbestand der Wahnvorstellung.« (KPS: 257) Zwei Monate zuvor, am 3. April, hatten sich Habermas' Befürchtungen einer Eskalation der Gewalt bereits bestätigt. Gudrun Ensslin und Andreas Baader, die späteren Mitbegründer der RAF (Rote Armee Fraktion), hatten in zwei Frankfurter Kaufhäusern Sprengsätze detonieren lassen, womit sie auf die täglichen Greuel des Vietnamkriegs aufmerksam machen wollten. Noch kamen hier jedoch keine Menschen zu Schaden (vgl. von Lucke 2008: 22 ff.).

Bilder aus dieser Zeit zeigen Habermas oftmals im Gespräch mit den Studenten. Häufig sind das frustrierende Erlebnisse. So kommt es auch auf dem Frankfurter Campus zu studentischen Protestaktionen. In Seminarsitzungen finden keine inhaltlichen Diskussionen mehr statt, sondern es herrscht Agitation vor. Das Bekenntnis zum Sozialismus wird wichtiger als gute Argumente. Mehrfach ist auch Adorno mit provokativen Aktionen konfrontiert. Schließlich fühlt er sich gezwungen, angesichts der studentischen Besetzung des Instituts für Sozialforschung die Polizei zu rufen. In der Folge schlägt ihm massive Wut entgegen.

1.4 Die Zeit in Starnberg und der ›Deutsche Herbst‹

Die Auseinandersetzungen an der Universität haben auch Habermas ermüdet, der Tod Adornos im August 1969 und die Lehrbelastung tun ihr Übriges (Müller-Doohm 2008: 38 f.). Als er das Angebot erhält, an der Seite von Carl Friedrich von Weizsäcker als Kodirektor an das neu gegründete »Max-Planck-Institut zur Erforschung der Lebensbedingungen der wissenschaftlich-technischen Welt« am Starnberger See in Bayern zu gehen, nimmt er an. Nun ergibt sich für ihn die Möglichkeit, seine Version einer kritischen Theorie der Gesellschaft in enger Zusammenarbeit mit einem interdisziplinären Forscherstab auszuarbeiten. Die Starnberger Zeit dauert von 1971 bis 1981. Hier arbeitet er seine Grundidee, nämlich dass der normative Gehalt des Projekts der Moderne verteidigt werden muss, zu seinem Hauptwerk, der voluminösen *Theorie des kommunikativen Handelns*, aus. In diesem Buch entwickelt er eine Zeitdiagnose, die die Belange jener neuen Protestgruppen gesellschaftstheoretisch erläutern soll, die sich – von Ökofundamentalisten über ehemalige Hippies bis hin zur Frauenbewegung – zu jener Zeit herausbilden. Im Zentrum der Kritik steht dabei die scheinbar ungebremste Ausdehnung von Markt und Staat.

Letzterer zeigt damals trotz der sozialliberalen Koalition unter dem SPD-Kanzler Helmut Schmidt eine zunehmend harte Haltung gegenüber der Linken. Das lässt Habermas erneut befürchten, die Bundesrepublik könne ihre gerade errungene Liberalisierung wieder einbüßen. Den Hintergrund bilden die terroristischen Anschläge der RAF. Der sogenannte Radikalenerlass aus dem Jahr 1972 schließt kommunistisch gesinnte Personen vom öffentlichen Dienst aus. Für Lehrer kommt dies einem Berufsverbot gleich. Habermas schreibt in dieser Situation einen langen Leserbrief an Marion Gräfin Dönhoff, die Herausgeberin der *Zeit*. Darin entrüstet er sich über die Art und Weise, in der sie als Liberale in einem Leitartikel das Russell-Tribunal verspottet und als überflüssig kritisiert hatte. Im Russell-Tribunal hatten linke Intellektuelle öffentlichkeitswirksam zwölf Berufsverbotsfälle analysiert. Habermas fragt durchaus selbstkritisch, warum nicht liberale Intellektuelle viel stärker auf die Missstände hinweisen, und nutzt den Rest des Artikels, um die normenverletzende Praxis vieler Verwaltungen und Verwaltungsgerichte zu kritisieren. Oftmals würde bereits die Zugehörigkeit zur DKP (Deutsche Kommunistische Partei) als Ausschließungsgrund genannt, obgleich das Bundesverfassungsgericht am 22.5.1975 festgestellt hatte, dass gerade dieses Kriterium nicht ausreiche (KPS: 335).

Die feindselige Haltung gegenüber linken Ideen verhärtet sich mit dem Erstarken des RAF-Terrorismus noch weiter. Die von konservativen Intellektuellen ausgerufene »Tendenzwende« (KPS: 421) sucht einen Zusammenhang zu etablieren zwischen den kritischen Analysen linker Theorien und den Gewalttaten jener, die sich angeblich durch die düsteren Diagnosen zu diesen Taten verführen lassen. Im ›Deutschen Herbst‹ 1977, als der Arbeitgeberpräsident Hanns-Martin Schleyer von einem RAF-Kommando entführt wird, kommt es zu Verbalattacken gegen die Frankfurter Schule und auch gegen Habermas: Sie seien für den RAF-Terror mitverantwortlich, also gerade für jenen extremen Weg, vor dem Habermas von Beginn an gewarnt hatte. Erneut spricht er diese Warnung in einem langen, durchaus polemischen Briefwechsel mit Kurt Sontheimer aus: »Die Verselbständigung der ›direkten Aktion‹, nämlich die Ersetzung der Moral oder irgendwelcher annehmbaren Inhalte durch eine Art Ästhetik, einen Kult, der Gewalt in ihrer Schönheit und ihrem Schrecken, erscheint mir als ein geradezu archetypisches faschistisches Wesensmerkmal, das in unseren Tagen wiedergekehrt ist« (J. v. Alten, zustimmend zit. in KPS: 376). Im Gegensatz zu den konservativen Meinungsführern ruft Habermas jedoch zur Gelassenheit auf. Er befürchtet zu dieser Zeit Überreaktionen des Staates, die liberale Errungenschaften aufs Spiel setzen könnten. Nur wenn man den Terrorismus als gewöhnliches Verbrechen verstehe und nicht als Erscheinungsform eines neuen Bürgerkriegs, sei zu verhindern, dass die »Bekämpfung des Terrorismus selbst an der Bühne zimmer[t], auf der dieser sich erst entfalten und erhalten kann« (KPS: 379).

Zu dieser Zeit wird sogar der Entzug der Lehrerlaubnis für linke Professoren nach Art. 18 GG öffentlich in den Medien diskutiert (KPS: 379). Und wie schon 1973 weigert sich die Münchner Ludwig-Maximilians-Universität auch 1980, Habermas jene Honorarprofessur zuzuerkennen, die den Direktoren der Max-Planck-Institute üblicherweise verliehen wird (Wiggershaus 2004: 108). Als einen Akt der Wiedergutmachung empfindet Habermas es daher, als er 1980 ausgerechnet von dem CDU-Bürgermeister Frankfurts, Walter Wallmann, den Theodor-W.-Adorno-Preis erhält. Vielleicht auch deshalb lehnt Habermas 1983 einen Ruf an die US-amerikanische Universität Berkeley ab und kehrt an das Frankfurter Institut für Philosophie zurück, wo er von 1983 bis zu seiner Emeritierung 1994 erneut forscht und lehrt.

1.5 Rückkehr nach Frankfurt und der Historikerstreit

Aber auch die 1980er Jahre bleiben politisch eine bewegte Zeit. Eine wichtige Rolle spielt zunächst die Friedensbewegung. Als angesichts der drohenden Aufstellung von Pershing-II-Raketen durch die USA die Anwendung neuer Protestformen diskutiert wird, sieht Habermas erneut konservative Kräfte am Werk, die radikaldemokratische Bestrebungen zu delegitimieren, ja, zu kriminalisieren versuchen. Das Schreckgespenst, das das konservative Feuilleton diesmal umtreibt, heißt nicht Terrorismus, sondern ziviler Ungehorsam. Es handelt sich dabei um die bewusste Verletzung von Gesetzen in der Absicht, die Mehrheit darauf aufmerksam zu machen, dass diese nicht den Prinzipien einer demokratischen Verfassung entsprechen. Der zivile Ungehorsam erfüllt also primär eine kommunikative Funktion. Er appelliert eindringlich an den Gerechtigkeitssinn der demokratischen Bürgerschaft.

Konservative Rechtswissenschaftler und Publizisten sehen in einem solchen Vorgehen hingegen einen frontalen Angriff auf den Rechtsstaat, weil dieser auf den Gehorsam seiner Bürger angewiesen sei, um zu funktionieren. Wer in der Demokratie gegen Gesetze verstoße, maße sich offensichtlich an, sich im Namen einer Elite über Mehrheitsentscheidungen hinwegzusetzen. Umgekehrt hält Habermas den zivilen Ungehorsam im Anschluss an den US-amerikanischen Philosophen John Rawls für einen integralen Bestandteil einer reifen politischen Kultur. Dieser sei eben, selbst in Form der Nötigung, nicht als Gewalt zu verstehen (NU: 79 ff.). Der bewusste, aber gewaltlose Bruch von Gesetzen dürfe keinesfalls mit jenen wirklich gewalttätigen Aktionen kleiner militanter Gruppen oder gar dem Terrorismus der RAF gleichgesetzt werden (NU: 81). Vielmehr lobt Habermas an der Friedensbewegung, was er bei den Studenten noch vermisst hatte: Sie erkenne den rein symbolischen Charakter des zivilen Ungehorsams an. Dieser bestreitet punktuell, dass der Wille der Mehrheit der Wille aller sein kann, zweifelt aber – anders als etwa der linksradikale Terrorismus – nicht die Legitimität der Verfassung an. Indem der Protestierende zudem die Strafe freiwillig auf sich nimmt und sich auf gewaltfreie Aktionen beschränkt, gebührt ihm die Achtung der demokratischen Mehrheit. Und dies müsse sich, so Habermas, auch in einer geringeren Strafbemessung als bei ›normalen‹ Verbrechern niederschlagen. Angesichts der konkreten Frage, ob die Aufstellung US-amerikanischer Atomwaffen auf deutschem Boden zivilen Ungehorsam rechtfertigt, ist sich Habermas nicht sicher. Aber darum geht es auch gar nicht. Habermas will das Prinzip des zivilen Ungehorsams verteidigen. Wenn man auf die Grenzen der Mehrheitsregel reflektiere, sei es wohl kaum unplausibel, darauf zu drängen, dass die Aufstellung von Raketen, die Deutschland zum vorrangigen Ziel eines sowjetischen Erstschlags machen würden, noch einmal gründlich – und in Ansehung aller Argumente – diskutiert werde. Denn hierum geht es dem zivilen Ungehorsam nach Habermas: Er will eine Diskussion erneut eröffnen, die allzu schnell zum Erliegen gekommen ist.

Zwei weitere Kontroversen zeigen, wie kämpferisch Habermas auftritt, wenn er die Gehalte des Projekts der Moderne, das sich vor allem in einer reifen politischen Kultur verkörpert, auf dem Spiel stehen sieht. So veröffentlicht er 1985 eine Vorlesungsreihe unter dem Titel *Der Philosophische Diskurs der Moderne*. Hier wirft er jenen französischen Philosophen, die unter der Sammelbezeichnung ›Postmoderne‹ große Prominenz erlangt haben, vor, ihre Kritik der Vernunft maßlos zu übertreiben. Sicherlich sei es richtig, die Auswüchse einer vereinseitigten Rationalität zu kritisieren – dies ist ja genau das Habermas'sche Projekt. Aber in den Schriften von Denkern wie Jean-François Lyotard, Michel Foucault oder Jacques Derrida sieht er die Tendenz am Werk, die Vernunft als solche für die Katastrophen der Menschheitsgeschichte und insbesondere des 20. Jahrhunderts verantwortlich zu machen. Was aber soll an die Stelle der Vernunft treten? Was zeichnet die Postmoderne genau aus? Habermas' Kritik ist von vielen als unfair aufgefasst worden, weil es diesen Denkern nicht um die Ablehnung der Vernunft gegangen sei, sondern um den Nachweis, dass die Vernunft nie zu dem Ziel menschlicher Freiheit und Gerechtigkeit gelangen könne, das sie für sich selbst reklamiert. Insofern müsse man stets um mehr Gerechtigkeit kämpfen, könne diese aber niemals erreichen. Angetrieben wird Habermas hier aber erneut von der Furcht, eine (im Prinzip berechtigte) Vernunftkritik könne sich in eine Bejahung des Irrationalen, des Emotionalen, des irgendwie ganz Anderen verkehren. Damit aber verringerten sich die Chancen für jenes gelingende Miteinander, das auch die postmodernen Philosophen anstreben.

Richtet sich diese Kritik mit aller Vehemenz gegen einen neuen Zeitgeist von links, so lässt sich Habermas ein Jahr später auf einen erbitterten Streit mit konservativen Geschichtswissenschaftlern ein, den sogenannten ›Historikerstreit‹. Diese zweite Debatte kommt nicht unerwartet, sondern zeigt einen schleichenden Wandel im bundesdeutschen Selbstverständnis an. Schon 1979 schreibt Habermas, dass die Journalisten Johannes Gross und Joachim Fest den damaligen Bundeskanzler Helmut Schmidt »vor Fernsehzuschauern drängten, doch die ärgerlichen moralischen Hypotheken der Nazizeit, die die realpolitische Bewegungsfreiheit einer ökonomisch führenden Macht wie der Bundesrepublik einschränkten, abzuschütteln oder doch mindestens unauffällig beiseite zu schieben – übrigens vergeblich« (KPS: 424). Sieben Jahre später, Helmut Kohl, Vorsitzender der CDU und seit 1983 Bundeskanzler, hat mittlerweile eine ›geistig-moralische Wende‹ ausgerufen, schreibt Ernst Nolte einen provokativen Beitrag, aufgrund dessen er von den Frankfurter Römerberggesprächen ausgeladen wird. Mit der Publikation dieses Artikels in der *FAZ* beginnt dann am 6. Juni 1986 der Historikerstreit. Nolte vergleicht Auschwitz mit dem sowjetischen Gulag, also jenen Arbeitslagern, in denen unter Stalin Millionen von Menschen starben. Nolte glaubt, lediglich der »technisch[e] Vorgan[g] der Vergasung« (zit. n. AS: 120) sei im Falle von Auschwitz als neu zu begreifen, und fragt, ob nicht Hitler nur aus Angst vor der Sowjetunion und ihrem Terrorregime den Krieg begonnen habe. Vor dem Hintergrund eines umstrittenen politischen Ereignisses eskaliert der Streit: Kohl hatte trotz internationaler Proteste darauf bestanden, zusammen mit dem US-Präsidenten Ronald Reagan am 8. Mai 1985, dem 40. Jahrestag der Befreiung, zuerst das Konzentrationslager Bergen-Belsen und danach einen Soldatenfriedhof in Bitburg zu besuchen, auf dem sich auch Gräber von Angehörigen der Waffen-SS befinden.

Habermas interpretiert das Zusammentreffen beider Ereignisse als Zeichen eines neuen Selbstverständnisses: Einerseits wird implizit die Einzigartigkeit des Holocausts geleugnet und andererseits angezeigt, dass »wir im Kampf gegen den bolschewistischen Feind schon immer auf der richtigen Seite gestanden haben« (AS: 123). Die stete Beschäftigung mit Auschwitz, so der Tenor aller dieser politischen Interventionen durch konservative Historiker, verunmögliche ein gesundes Nationalbewusstsein. Darin sieht Habermas den Versuch, den Nationalsozialismus als zwölfjährigen Betriebsunfall in einer ansonsten glorreichen Nationalgeschichte zu verharmlosen, damit die Bundesrepublik auf der weltpolitischen Bühne selbstbewusst auftreten könne. Alsbald fühlt er sich durch den Historiker Michael Stürmer in seinem Verdacht bestätigt. Dieser schreibt kurz nach Noltes Artikel in der Zeitschrift *Das Parlament*: »In einem geschichtslosen Land (gewinnt) die Zukunft, wer die Erinnerung füllt, die Begriffe prägt und die Vergangenheit deutet.« (AS: 123) Diesen Kampf nimmt Habermas auf. Dabei gibt er zu Beginn der Debatte selbst zu: »[I]ch bin dafür bekannt, daß ich starke Urteile und vielleicht auch Vorurteile habe; aber selbst wenn ich das zu meinen Ungunsten in Betracht ziehe, muß ich als ein täglicher Leser der *FAZ* nach der Lektüre dieses Artikels doch einen ›qualitativen Sprung‹ in der Bearbeitung unseres Geschichtsbewußtseins registrieren.« (AS: 119)

Habermas entwirft demgegenüber das Konzept eines postnationalen Verfassungspatriotismus. Was ist damit gemeint? Der »Stolz darauf, daß es uns gelungen ist, den Faschismus auch auf Dauer zu überwinden, eine rechtsstaatliche Ordnung zu etablieren und diese in einer halbwegs liberalen politischen Kultur zu verankern« (DNR: 152), ist ihm zufolge die den Deutschen nach dem Zweiten Weltkrieg angemessene Selbstbeschreibung. Damit ist Auschwitz *das* Schlüsselerlebnis der deutschen Identität (vgl. NBR: 9 ff.). Zuvor konnte das westeuropäische Demokratie- und Verfassungsverständnis auf deutschem Boden nie so recht Fuß fassen. Vielmehr propagierten die deutschen Eliten einen ›deutschen Sonderweg‹, der insbesondere die deutsche Kultur und eine »alle Klassen einschmelzende, konfliktfreie, harmonische ›Volksgemeinschaft‹« betonte, die aus »der Feuerprobe des Krieges wie ein Phönix emporsteigen werde« (Wehler 2003: 17 f.). Dieser antidemokratische und militaristische ›Sonderweg‹ ist mit jener humanitären Katastrophe, in der er 1945 endet, gründlich diskreditiert. Mit dem Konzept des Verfassungspatriotismus, das er dem Politikwissenschaftler Dolf Sternberger entleiht, favorisiert Habermas vielmehr eine Form der Identifikation mit dem Gemeinwesen, die die spezifische Einbettung der universalistischen Prinzipien von Menschenrechten, Rechtsstaatlichkeit und Demokratie betont. Dies sei »die einzige verläßliche Basis unserer Bindung an den Westen« (AS: 135). Demnach müssen die »eigenen, identitätsstiftenden« (AS: 144) deutschen Traditionen kritisch daraufhin befragt werden, ob sie zum Zivilisationsbruch des Naziregimes beigetragen haben. Sie müssen erst durch den Filter einer moralischen Prüfung hindurch, bevor sie weitergeführt und wiederangeeignet werden können. »Erst die Sensibilität gegenüber den unschuldig Gemarterten, von deren Erbe wir leben, erzeugt auch eine reflexive Distanz zu eigenen Überlieferungen, eine Empfindlichkeit gegenüber den abgründigen Ambivalenzen der Überlieferungen, die unsere Identität geformt haben. Aber unsere Identität ist nicht nur etwas Vorgefundenes, sondern eben auch gleichzeitig unser eigenes Projekt. Wir können uns unsere Traditionen nicht aussuchen, aber wir können wissen, daß es an uns liegt, wie wir sie fortsetzen.« (DNR: 155)

Die Gegner werfen Habermas hingegen vor allem vor, wissenschaftliche Fragen zu politisieren und Denkverbote auszusprechen, die mit herrschaftsfreiem Diskurs wenig zu tun haben. Darauf erwidert er, dass Stellungnahmen, die nicht in einer Fachzeitschrift, sondern in der *FAZ* veröffentlicht werden, bereits politisch sind. Es gehe hier ja um den »öffentlichen Gebrauch der Historie« (AS: 145 f.). Hier schaltet sich Habermas nicht als Philosoph oder als Sozialwissenschaftler ein, sondern vor allem als streitbarer Intellektueller. Als solcher wittert er in einzelnen Artikeln sehr schnell den Ausdruck eines Neokonservatismus, der die liberalen Errungenschaften der Bundesrepublik zu unterminieren trachtet. So fern Habermas der Freund-Feind-Unterscheidung von Carl Schmitt in seiner eigenen Theorie auch steht, in öffentlichen Debatten denkt er durchaus im Sinne einander gegenüberstehender Lager. Hier geht es ihm stets ums Ganze.

1.6 Wiedervereinigung, Europa und die Frage nach einer neuen Weltordnung

Die Frage eines angemessenen Selbstverständnisses der Deutschen wird noch dringlicher vor dem Hintergrund des Mauerfalls am 9. November 1989. Zunächst stellte sich in dieser Situation die Frage, ob die DDR den Impuls der Massendemonstrationen nutzen sollte, um eine eigene, stärker partizipatorische Demokratie zu etablieren oder um sich im nationalistischen Freudentaumel mit der Bundesrepublik zu vereinigen. In diesen beiden Optionen erkennt Habermas die Alternative zwischen Republikanismus und Nationalismus wieder, die in Deutschland nur allzu oft zugunsten des Letzteren entschieden wurde (DNR: 158 f.). Grundsätzlich befürchtet er zu dieser Zeit das Wiedererstarken jenes Nationalismus, der nach 1945 erfolgreich gebannt wurde.

Bald schon wird Habermas in seiner Hoffnung auf einen eigenständigen, radikaldemokratischen Weg der DDR-Bürger enttäuscht. Aber auch das schnelle Ende der DDR lässt weiterhin zwei Wege offen. So könnte sich das vereinigte Volk nun jene Verfassung geben, die in der Präambel des Grundgesetzes für den Fall der Wiedervereinigung angekündigt worden war. Aber auch daraus wird nichts. Stattdessen setzt sich die CDU mit ihrem Vorschlag durch, die DDR solle nach Art. 23 GG der Bundesrepublik beitreten, also unter Bezug auf einen Artikel, der einst für das Saarland entworfen worden war und gerade nicht für die Wiedervereinigung. Damit aber hat man sich nach Habermas nicht nur der Möglichkeit begeben, einen radikaldemokratischen Gründungsakt zu initiieren, sondern auch der Chance, in der gemeinsamen Diskussion und Entscheidung über eine Verfassung ein geteiltes politisches Selbstverständnis auszubilden.

Für Habermas geht es in beiden Entscheidungen um die Wahl zwischen politischer Selbstbestimmung und dem bloßen Wunsch nach wirtschaftlichem Wohlstand. Letztlich habe sich jener ›D-Mark-Nationalismus‹ durchgesetzt, der gerade keinen Wert auf eine vitale und streitbare politische Kultur legt. In diesen spezifischen Entscheidungen drückt sich Habermas zufolge einerseits eine deutsche Tradition des obrigkeitsstaatlichen Denkens aus, andererseits aber auch ein defizitäres Verständnis der Moderne, das durch gesellschaftliche Strukturen befördert wird.

Geschürt werden Habermas' Befürchtungen in dieser Zeit durch die extreme Verschärfung des Asylrechts durch den Bundestag und fremdenfeindliche Anschläge, vor allem im Ostteil der vereinigten Bundesrepublik (VZ: 159 ff.). Er sieht einen partikularistischen Nationalismus heraufziehen und betont mit Nachdruck, dass ein jedes Subjekt das Recht habe, als vollwertiges Mitglied der Gesellschaft berücksichtigt zu werden und partizipieren zu können. Dieses Erbe des modernen Naturrechts, das in Deutschland erst infolge der Westbindung halbwegs feste Wurzeln geschlagen habe, dürfe nicht aufgegeben werden (NBR: 167 ff.).

Als Alternative zu einem neuen deutschen Sonderweg erscheint Habermas von dieser Zeit an die Integration in ein geeintes Europa. Doch nicht nur aus diesem Grund avanciert Europa zu einem der Themen, zu denen Habermas sich spätestens seit Beginn der 1990er Jahre verstärkt äußert. Europa soll eine zentrale Rolle bei der Etablierung einer demokratischen Weltinnenpolitik spielen, also bei der Durchsetzung globaler Gerechtigkeit. Aber warum gerade Europa? Angesichts der ökonomischen Globalisierung können weltweit operierende Konzerne die Nationalstaaten ›erpressen‹. Denn das frei verschiebbare Kapital vermag sich jenen Standort zu suchen, der ihm die günstigsten Bedingungen gewährt. Damit geraten die einzelnen Nationalstaaten in eine fatale Abwärtsspirale, weil die von allen praktizierte Senkung der Unternehmensbelastungen notwendigerweise die staatliche Fähigkeit verringert, gerechtigkeitsrelevante Umverteilungen vorzunehmen. Deshalb will Habermas in einem ersten Schritt erreichen, dass Europa sich auf eine »abgestufte Harmonisierung der Steuer- und Wirtschaftspolitiken« (AE: 101) einigt. Aber selbst mit diesen Maßnahmen kann ein kontinentales Regime wie die EU nur die Außengrenzen des Standortwettbewerbs verschieben, nicht aber das eigentliche Problem lösen. Die Konzerne könnten ja auch all ihre Produktionsstätten in einem geeinten Europa schließen und etwa nach Asien verlagern. Daher bedarf es Habermas zufolge einer globalen Politik, die sich die »politische Zähmung eines global entfesselten Kapitalismus« zur Aufgabe macht (ZÜ: 86).

Mit der Globalisierung droht also erneut – und mit besonderer Wucht – die Gefahr, dass die demokratische Politik, die auf zwanglose und herrschaftsfreie Diskussion zumindest verweist, durch den anonymen Markt verdrängt wird. Europa soll hier für andere Kontinente als Vorbild dienen, sich in gleicher Weise politisch zusammenzuschließen. Diese Thesen vertritt Habermas auch energisch in der politischen Öffentlichkeit. Schon 1985 hatte er die Erschöpfung der utopischen Energien auf zwei Gründe zurückgeführt (NU: 141 ff.). Erstens schütze der Wohlfahrtsstaat nicht hinreichend die gesellschaftlichen Sphären, in denen sich Menschen miteinander über ihre Lebensumstände und Ziele verständigen können. Zweitens werde er angesichts der Globalisierung auch immer handlungsunfähiger. Die Idee einer Weltinnenpolitik ist Habermas' Antwort auf dieses Problem.

Angesichts der Bedeutung, die der EU in diesem Zusammenhang zukommt, wiegt laut Habermas ihr Demokratiedefizit schwer. Der Rat sowie die Brüsseler Bürokratie seien zu indirekt legitimiert und das Europaparlament zu schwach. Nun verläuft in Europa eine tiefe Spaltung zwischen jenen, die die Hoffnung auf größere politische Handlungsfähigkeit – wie Habermas – mit einer vertieften Integration verbinden, und jenen, die sich vor einer aus den Fugen geratenen Brüsseler Bürokratie fürchten und daher die EU weiterhin als ein intergouvernementales, also lediglich zwischen Regierungen vereinbartes Projekt begreifen wollen (vgl. GW: 44, 73 ff.). Aber wie soll der erste Weg, der die Exekutivlastigkeit europäischer Politik überwindet, beschritten werden? Um die europäischen Institutionen wirksam demokratisieren zu können, bedarf es Habermas zufolge vor allem einer europaweiten Öffentlichkeit zumindest in dem Sinne, dass sich die jeweiligen nationalen Öffentlichkeiten füreinander öffnen. Dies soll vor allem für europäische Themen gelten, also Probleme, die Europa als politische Einheit betreffen, etwa Regelungen zu Unternehmenssteuersätzen, aber auch Fragen einer gemeinsamen Außen- und Sicherheitspolitik. Insofern hält Habermas das ›Nein‹ der Referenden in Frankreich und den Niederlanden zur europäischen Verfassung im Jahre 2005 einerseits für verständlich, andererseits aber auch für tragisch. Denn nur ein europäischer Verfassungspatriotismus, der sich auch aus dem Bewusstsein gemeinsamer politischer Herausforderungen speist, könnte die Bürgerinnen und Bürger dazu motivieren, sich stärker für europäische Themen einzusetzen.

Bezüglich der Chancen dafür äußert Habermas sich allerdings zunehmend skeptisch. Ohne geeignete institutionelle Grundlagen könne eine europäische Solidarität nicht gedeihen. Einen Ansatzpunkt hierfür erkennt er bereits in der bestehenden Ordnung. Würde diese in einer spezifischen Weise interpretiert, könne sie der Gefahr, dass die Bürgerinnen und Bürger durch eine Verselbständigung der europäischen Politik entmündigt werden, durchaus entgegenwirken. Entscheidend hierfür sei, dass die Übertragung politischer Kompetenzen auf die europäische Ebene das Ausmaß der in den Mitgliedsstaaten der EU jeweils realisierten politischen Freiheit nicht beschränke. Maßgeblich für die Interpretation der EU-Institutionen sei deswegen nicht die Alternative von intergouvernementalem Staatenverbund oder europäischem Bundesstaat, sondern der das EU-Vertragswerk bestimmende Legitimitätsmaßstab einer geteilten Souveränität der Bürger der Mitgliedsstaaten und der Unionsbürger (ZVE: 69 ff.). Weil die europäischen Bürgerinnen und Bürger sich ihre gemeinsamen Institutionen zugleich als Angehörige der verschiedenen europäischen Völker geben, haben sie einen Rechtsanspruch auf den Schutz ihrer gewohnten Freiheiten. In dieser Interpretation kommen dem Europäischen Rat und dem Ministerrat dann nicht die integrationshemmende Funktion der Verteidigung nationaler Eigenheiten als solche zu, sondern sie haben die integrationsstabilisierende Aufgabe wahrzunehmen, etablierte Freiheitsstandards zu gewährleisten.

Nötig ist nach Habermas darüber hinaus aber auch eine vertiefte Integration Europas: nicht der Rückbau der Währungsunion, der das europäische Projekt scheitern lassen würde, sondern deren Ergänzung durch eine Fiskal- und Sozialunion. Habermas meldet sich deswegen im Zuge der 2008 einsetzenden Banken- und Staatsschuldenkrise energisch als politischer Intellektueller zu Wort. So kritisiert er die Bundesrepublik für eine zu selbstzentrierte und lediglich reaktive Politik, die ihre starke Stellung in der EU dazu nutzt, Europa im Sinne deutscher Sparpolitik zu prägen. Anstelle im Lichte ihrer Geschichte wichtige Anstöße für eine vertiefte Integration zu geben, habe sie damit die Grundlagen europäischer Solidarität erodiert. Angesichts der ausgebliebenen Angleichung der volkswirtschaftlichen Leistungsfähigkeiten innerhalb Europas muss ihm zufolge entweder der Euro scheitern oder – und dies ist die Lösung, die Habermas klar bevorzugt – eine gemeinsame Finanz-, Wirtschafts- und Sozialpolitik innerhalb eines Kerneuropas realisiert werden (ST: 87,

120). Um diese jedoch genuin demokratisch – und nicht technokratisch – bewerkstelligen zu können, wäre nach Habermas die Änderung europäischen Primärrechts nötig, was einen Verfassungskonvent und damit die Überzeugungsarbeit politischer Parteien erfordern würde (ST: 93-97).

Europa soll Habermas zufolge auch eine führende Rolle bei der Reform der UNO spielen. Diese ist ihm zufolge primär für die Aufgaben der Friedenssicherung und der Menschenrechtspolitik zuständig. Allerdings treten diese beiden Ziele oftmals in ein Spannungsverhältnis zueinander. Genau dies ist 1999 der Fall. Angesichts serbischer Übergriffe auf die kosovarische Bevölkerung wird eine humanitäre Intervention mit militärischen Mitteln im UN-Sicherheitsrat erwogen. Dieser Vorschlag scheitert jedoch am Veto Russlands. Daraufhin entschließt sich die NATO, auch ohne UN-Mandat Luftangriffe auf Serbien zu fliegen, weil dies moralisch geboten sei. Die Kritiker fürchten, dass hierdurch die friedenssichernde Funktion des Völkerrechts unterminiert werde. Wer derart die Moral über das Recht stelle, würde den Mächtigen zu viel politischen Handlungsspielraum eröffnen: Diese könnten dann nach Gutdünken oder gemäß eigener Interessen mal humanitäre Interventionen durchführen – und mal nicht. In einem viel beachteten und heftig kritisierten Beitrag verteidigt Habermas 1999 hingegen das Vorgehen der NATO trotz aller Zweifel im Detail. Er glaubt, dass diese Intervention eine zukünftige globale Ordnung, in welcher der Menschenrechtspolitik ein Vorrang zukomme, gewissermaßen vorwegnimmt. Nur durch diesen Vorgriff sei das Vorhaben, die Moral außerhalb des geltenden Rechts zu befördern, zu rechtfertigen. »[S]olange die Menschenrechte auf globaler Ebene vergleichsweise schwach institutionalisiert sind, kann sich die Grenze zwischen Recht und Moral [...] verwischen.« (ZÜ: 35)

Welch problematische Auswirkungen die Umgehung des Völkerrechts haben kann, sollte spätestens im Gefolge jenes terroristischen Anschlags auf das New Yorker World Trade Center deutlich werden, der am 11. September 2001 die Weltöffentlichkeit schockierte. Ist der darauf folgende Angriff auf die in Afghanistan herrschenden Taliban zumindest nach Meinung einiger Experten durch die Resolutionen 1368 und 1373 des UNO-Sicherheitsrates gedeckt, so gilt dies sicherlich nicht mehr für den Angriff der USA auf den Irak im Jahr 2003. Nun sieht auch Habermas das multilaterale Projekt der UNO durch die – bis dahin auch moralische – Führungsmacht gefährdet. Die USA scheinen sich unter George W. Bush endgültig von der Idee einer globalen Friedensordnung zu verabschieden und vielmehr die Vorstellungswelt antiker Imperien wiederzubeleben.

Als sich am 15. Februar 2003 in den europäischen Großstädten die größten Demonstrationen seit dem Ende des Zweiten Weltkrieges formieren, wendet sich Habermas mit einem Brief an die Öffentlichkeit, den zwar er verfasst hat, der aber auch vom französischen Philosophen Jacques Derrida unterzeichnet wird. Beide setzen sich für eine vertiefte Integration der EU ein, damit diese sich durch eine gemeinsame Außen- und Sicherheitspolitik endlich als ›zivile‹ Gegenmacht zu den USA etablieren kann. Besonders umstritten ist in der Folge jedoch die Idee eines Kerneuropas bzw. eines Europas der ›zwei Geschwindigkeiten‹. Einige Länder sollen Habermas und Derrida zufolge eine vertiefte Integration praktizieren, um weiteren Staaten sodann zu ermöglichen, sich den bereits eingespielten Routinen hinzuzugesellen (GW: 45 f.). Mit heftiger Kritik reagieren daraufhin die osteuropäischen EU-Staaten, insbesondere Polen, das mit Soldaten am Irak-Krieg beteiligt ist. Habermas antwortet durchaus mit Verständnis dafür, dass die neuen Mitgliedsstaaten der EU ihre gerade erworbene Souveränität nicht wieder sogleich an Brüssel verlieren wollen. Und doch muss es ihm zufolge ein Voranschreiten der politischen Integration geben, wobei wie oben erläutert im Sinne der geteilten Souveränität der Bürger der Mitgliedsstaaten und der Unionsbürger (ZVE: 69 ff.) die auf einzelstaatlicher Ebene realisierten Freiheiten gewahrt bleiben sollen.

Wie vielen Kommentatoren aufgefallen ist, konzentrierte sich Habermas in diesem Zusammenhang ausschließlich auf Differenzen zwischen Europa und den USA unter George W. Bush. Diese Frontstellung war 2003 politisch gewollt und ist mittlerweile zurückgenommen; ohnehin ging es ihm darum, die liberalen Kräfte in den USA zu stärken. Heute sollen die USA und Europa gemeinsam eine Weltordnung zu etablieren suchen, die demokratische Strukturen auf globaler Ebene institutionalisiert. Auch auf der globalen Ebene gilt nämlich für Habermas, dass die Ergebnisse für *alle* Betroffenen zustimmungsfähig sein müssen und somit alle Stimmen Gehör finden müssen. Zugleich liefert Habermas aber auch noch einen Klugheitsgrund: Nur so können sich die USA jetzt davor schützen, später Opfer einer willkürlichen Politik der zukünftigen Supermächte China und Indien zu werden.

1.7 Neue Herausforderungen: Fundamentalismus, Naturalismus und die Rolle der Religion

Nicht nur die globale Sicherung des Friedens ist durch den Terroranschlag des 11. September 2001 und die darauf folgenden Kriege in den Fokus der öffentlichen Aufmerksamkeit gerückt, sondern auch die Rolle der Religion. Den Terrorismus versteht Habermas als sprachlose Antwort auf die durch und durch moderne Erfahrung, dass Traditionen entwertet werden, ohne dass die hierdurch aufbrechenden Probleme bereits in einer alternativen Weise, nämlich durch eine rationalisierte Lebenswelt und demokratische Institutionen gelöst werden können. Dieser gesellschaftliche und mentale Wandel, der für die notwendige Trennung von Staat und Religion verantwortlich sei, bleibe in den muslimisch geprägten Staaten durch tiefsitzende »Gefühle der Erniedrigung« blockiert (ZD: 250). Andererseits verweist das Aufbrechen religiöser Fundamentalismen auch auf die Notwendigkeit, erneut über die Rolle der Religion nachzudenken.

Drei Gründe lassen sich hierfür anführen. *Erstens* will Habermas angesichts des weltanschaulichen Pluralismus auch jene Menschen für das im Prinzip säkulare Projekt der Moderne gewinnen, die sich als religiös begreifen. *Zweitens* sucht Habermas in einer Zeit, da szientistische Einstellungen, also der Glaube an naturwissenschaftliche Methoden, immer einflussreicher werden, Bündnispartner, die normative Fragen ernst nehmen. Zumindest beschäftigt sich die Religion ja seit jeher mit evaluativen Fragen des Wertens und normativen Fragen des Sollens. Allerdings kann ein solches Bündnis auch problematisch sein. Das zeigt sich in Gestalt des deutschen Bischofs Josef Ratzinger, mit dem Habermas im Jahre 2004 eine viel beachtete Debatte führt und der alsbald zum Papst gewählt wird. In diesem Dialog bestimmt Ratzinger das Verhältnis von Glauben und Wissen noch als »Korrelationalität«, in der beide »zu gegenseitiger Reinigung und Heilung berufen sind« (Ratzinger 2005: 57). Bereits hier scheint das Wissen stärker vom (christlichen) Glauben abhängig zu sein, als Habermas dies zugestehen würde. Aber erst in seiner Regensburger Rede im September 2006 behauptet Ratzinger explizit, dass das Christentum in besonderer Weise vernünftig sei. Habermas wirft daraufhin den christlichen Konfessionen »ein Quentchen Zuviel an Vernunftstolz« (BE: 1456) vor, mit dem sie Gefahr laufen würden, den vernünftigen Pluralismus der Weltanschauungen zu leugnen, welcher Habermas am Herzen liegt. Die Vernunft bleibt allen Menschen zugänglich, nicht nur den Christen.

Gleichwohl, und das ist der *dritte* Grund, kann auch die moderne Gesellschaft von den religiösen Traditionen noch einiges lernen. Habermas stellt sich das Verhältnis zwischen Religion und Philosophie nämlich eher so vor: Die Religion hat die Menschheitsgeschichte seit jeher begleitet. Insofern haben sich in ihren Überlieferungen hinreichend viele menschliche Erfahrungen abgelagert. Viele von diesen mögen uns noch gar nicht hinreichend deutlich sein. Habermas spricht hier etwa von den Begriffen der Sünde und des Bösen, die sich von dem Konzept der moralischen Schuld unterscheiden lassen, ohne dass die Philosophie bislang eine angemessene Erklärung für diese Begriffsdifferenz anbieten könnte (ZD: 258). Deshalb müsse man die Religionen als Reservoir an interessanten Intuitionen ernst nehmen. Politisch folgert Habermas hieraus, dass auch jene ›religiös Unmusikalischen‹, zu denen er sich selbst zählt, den religiösen Menschen zuhören sollten, um zusammen mit ihnen zu ergründen, was man hiervon in eine nicht-religiöse Sprache ›übersetzen‹ kann. Erst diese Sprache könne dann alle Menschen überzeugen. Deshalb dürfen Gesetze keinesfalls auf religiösen Argumenten beruhen. Weil diese mit Zwang durchgesetzt werden, dürfen hier keine Argumente entscheidend sein, von denen von vornherein klar ist, dass sie nicht von allen Betroffenen akzeptiert werden könnten. Im Parlament etwa dürfen keine religiösen Gründe vorgebracht werden. Diese müssen zuvor in eine weltliche Sprache übersetzt worden sein.

Habermas gesteht der Religion also eine wichtige, aber klar begrenzte Rolle zu. So räumt er mitunter ein, dass auch jene Grundintuition eines friedlichen und ungezwungenen Zusammenlebens, die im Zentrum seines Denkens steht, in den religiösen Traditionen wirkmächtig formuliert wurde. Diese Intuition gehe nämlich »auf religiöse Traditionen, etwa der protestantischen oder der jüdischen Mystiker zurück, auch auf Schelling. [...] [A]ll diese Bilder von Schutz, Exponiertheit und Mitleid, von Hingabe und Widerstand steigen aus einem Erfahrungshorizont des [...] freundlichen Zusammenlebens auf.« (NU: 202 f.)

Die Faszination eines ursprünglich religiösen Motivs dürfte auch die Initialzündung für jene Intervention gewesen sein, die in den letzten Jahren wohl zu den am meisten beachteten Einlassungen von Habermas gezählt werden kann. Angesichts der Möglichkeit, nicht nur Schafe, sondern auch Menschen könnten in naher Zukunft geklont werden, irritiert ihn nicht nur die rein naturwissenschaftliche Weise, in der das Problem beschrieben wird. Er versucht zudem, jene Intuition verständlich zu machen, die im Versuch des Klonens eine Hybris des Menschen erblickt. Aber was kann ›religiös unmusikalische‹ Intellektuelle wie Habermas daran stören, dass sich der Mensch angeblich anmaßt, die Rolle Gottes zu übernehmen? Der provokante Titel seines ersten Zeit-Aufsatzes zu dieser neuen Gefahr gibt bereits die Übersetzung an, die Habermas diesem religiösen Motiv geben wird: »Genetische Sklavenherrschaft« (PN: 243 ff.). Mit dem Klonen, so seine umstrittene These, verletzt der Mensch jene fundamentale Reziprozität, die darin besteht, dass ein jeder im gleichen Maße als Objekt der natürlichen Lotterie geboren wird. Gott, der über den Menschen thront, steht laut Habermas stellvertretend für die normative Ordnung, die jenseits menschlicher Willkür dafür sorgt, dass alle Subjekte sich als gleichberechtigt wahrnehmen. Habermas selbst gesteht zu, dass sein Vorschlag nicht das letzte Wort in dieser Debatte ist. Und doch zeigt dieser Text, wie er sich die Übersetzung von Glauben in Wissen in etwa vorstellt: Er hofft auf die »rettende Formulierung« (ZD: 261).

Das wird für ihn umso dringlicher, je größer die Gefahr eines instrumentellen, rein auf Naturbearbeitung abzielenden Gebrauchs der Vernunft ist. Solch ein ›Naturalismus‹ droht Habermas zufolge auch durch die neuere Hirnforschung. Diese meint, in Experimenten herausgefunden zu haben, dass der Impuls eines Subjekts, seinen Arm zu heben, bereits vorhanden ist, bevor es sich bewusst dazu entscheidet, den Arm zu heben. Wendet man diesen Befund unreflektiert auf kompliziertere Handlungen an, scheint das nahezulegen, dass Gründe gar nicht zu Ursachen von Handlungen werden können, sondern lediglich nachträgliche Rationalisierungen darstellen. Habermas sieht auch hierin einen Angriff auf unser modernes Selbstverständnis, der fatale Konsequenzen in den Bereichen der Moral und des Rechts zeitigen könnte. Wenn wir alle immer schon durch unsere Impulse vorbestimmt wären, erübrigten sich normative Fragen von selbst. Und auch unsere Praxis, anderen Menschen Verantwortung zuzusprechen, würde sich als bloße Illusion erweisen (anders Roth in Funken 2008: 146 ff.). Hierin manifestiert sich Habermas zufolge aber keine fruchtbare Erkenntnis, sondern das vereinseitigte Verständnis von Rationalität, das uns ganze Bereiche des menschlichen Daseins verkennen lässt. Und gegen die verdinglichenden Effekte der instrumentellen und funktionalistischen Vernunft hat er zeit seines Lebens argumentiert.

In diesem produktiven Spannungsverhältnis zwischen Theorie und Praxis wird sich Habermas, dem vor allem in den letzten Jahren zahllose nationale und internationale Preise verliehen wurden, wohl auch weiterhin an öffentlichen Debatten beteiligen. Und obgleich diese politischen Interventionen oftmals leichter zu verstehen sind, stehen sie doch – das sollten die letzten Überlegungen deutlich gemacht haben – in engem Zusammenhang mit seiner Theorie als Ganzer. Diese in größerem Detail zu erläutern ist Ziel der nächsten drei Kapitel, bevor wir im fünften und letzten Kapitel die wichtigsten Einwände diskutieren werden, die gegen die Theorie von Jürgen Habermas vorgebracht worden sind.

2. Das Versprechen der Moderne – die theoretischen Grundlagen

Das gesamte Denken von Jürgen Habermas ist durch die Vorstellung bestimmt, dass das Projekt der Moderne gefährdet ist und verteidigt werden muss. Diese Vorstellung erklärt sein Engagement als Intellektueller und die Art und Weise, wie er diese Rolle in der Öffentlichkeit ausfüllt (vgl. Kap. 1). Zugleich ist sie auch der Schlüssel zu seinem gesamten Werk. Aber was genau muss eigentlich verteidigt werden? Fundamental ist hier das Motiv der herrschaftsfreien Verständigung. Im Folgenden erläutern wir, was damit genau gemeint ist und wie Habermas begründet, dass sich Menschen überhaupt an diesem Ideal orientieren sollten. Dafür skizzieren wir knapp Habermas' erste Versuche zu begründen, dass in der Sprache das Ideal der Herrschaftsfreiheit bereits enthalten ist (2.1). Sodann gehen wir ausführlicher auf die reife Form seiner Theorie ein. Hier wollen wir genauer erläutern, wie die Analyse der Sprache einen internen Zusammenhang von Rationalitätstheorie (2.2), Handlungstheorie (2.3) und Gesellschaftstheorie (2.4) in Habermas' Schriften stiftet.

2.1 Die Begründung des Projekts der Moderne: Drei Modelle

Die Frage, wie sich die Idee der herrschaftsfreien Kommunikation begründen lässt, bleibt anfänglich noch diffus und tritt erst im Laufe der 1960er Jahre in das Zentrum der Habermas'schen

Theoriebildung. Dabei wird aus der frühen Ahnung, Kommunikation habe etwas Befreiendes, zunehmend die Überzeugung, dass die Grundlage für die Theorie der Moderne in der Sprache zu finden ist. Die drei Ansätze, mit denen Habermas versucht, seine Intuitionen angemessen zu fassen, bezeichnen wir im Folgenden als das ideologiekritische (a), das erkenntnisanthropologische (b) und das kommunikationstheoretische Modell (c). Erst mit dem letzten Modell glaubt Habermas zeigen zu können, dass der Anspruch aller Menschen auf ein selbstbestimmtes Leben und die gerechte Teilhabe an einer Gesellschaft, über deren Entwicklung sie als Gleiche demokratisch entscheiden, in der Sprache bereits ›angelegt‹ ist.

(a) *Das ideologiekritische Modell*: Zu Beginn seiner Bemühungen, das normative Fundament der Kritischen Theorie zu begründen, geht Habermas noch weitgehend traditionell vor. Das erste Modell ist ein ideologiekritischer und zugleich geschichtsphilosophischer Ansatz. *Ideologiekritisch* sind diese frühen Überlegungen von Habermas im folgenden Sinn: Zunächst zeigt er auf, dass bestimmte Ideen das Selbstverständnis moderner Gesellschaften prägen, etwa Freiheit und Gleichheit. Aber was heißt es, frei und gleich zu sein? Habermas betont – und hier macht sich die Bedeutung der Verständigung schon bemerkbar – das Prinzip, dass Menschen als Freie nur solchen Gesetzen unterworfen sein sollten, die aus einem Meinungs- und Willensbildungsprozess in einer demokratischen Öffentlichkeit hervorgegangen sind. Und an dieser Öffentlichkeit sollten sie als Gleiche in fairer Weise beteiligt sein. Das Selbstverständnis moderner Gesellschaften – und damit auch ihrer Mitglieder – ist durch den Glauben geprägt, die sozialen und politischen Institutionen würden sich an diesen Leitbildern tatsächlich orientieren. Zumindest an offiziellen Dokumenten, an Selbstdarstellungen, vor allem zu feierlichen Anlässen, lässt sich das deutlich erkennen.

Auf dieser Folie dient das ideologiekritische Modell sodann dem Nachweis, dass die derart akzeptierten Ideen bislang noch gar nicht oder zumindest in viel geringerem Umfang verwirklicht sind, als es eigentlich möglich wäre. Hiermit orientiert sich Habermas unter anderem am klassischen ideologiekritischen Ansatz von Karl Marx. Dieser geht von der liberalen Legitimationsfigur aus, der zufolge Arbeiter und Kapitalisten auf dem anonym operierenden Markt in gerechter Weise Arbeit gegen Lohn tauschen. Diese Vorstellung wird von Marx in dem Maße als Ideologie demaskiert, wie er zeigen kann, dass es sich in Wirklichkeit gar nicht um einen fairen Tausch zwischen gleichen und autonomen Individuen, sondern um ein Herrschaftsverhältnis handelt: Das materielle Elend zwingt die Arbeiter faktisch dazu, ihre Arbeitskraft als Ware zu verkaufen, aus welcher der Kapitalist dann seinen Mehrwert gewinnt.

Diese Analyse *erschließt* ein kritikwürdiges Phänomen, weil sich in ihrem Licht die bislang als anonym und damit als neutral angesehene Instanz des Marktes als soziale, damit aber auch veränderbare Institution erweist. Zudem *problematisiert*, ja entwertet die Analyse die kapitalistische Praxis des warenförmigen Tausches, weil sie zeigt, dass diese Praxis die von ihr in Anspruch genommenen Werte von Freiheit und Gleichheit keineswegs erfüllt, sondern strukturell verletzt. Schließlich soll die angemessene Diagnose dafür sorgen, dass die kritisierten Missstände durch die angestrebte Praxis auch wirklich effektiv *therapiert* werden können: So war für Marx stets klar, dass es nicht nur – wie damals von der Sozialdemokratie vorgeschlagen – um eine gerechte(re) nachträgliche Verteilung der erwirtschafteten Güter gehen könne. Da das zentrale Übel im Privateigentum an Produktionsmitteln und der Warenform der Arbeitskraft erblickt wurde, konnte nur deren Aufhebung die Lösung sein.

Innovativ sind die ideologiekritischen Überlegungen von Habermas, weil er nicht bloß einen Mangel oder Verfall der zentralen politischen Institutionen beklagt, der zu beheben oder rückgängig zu machen ist. Weil sich ihm zufolge die gesellschaftlichen Strukturen grundlegend geändert haben, bedarf es vielmehr ganz neuer institutioneller Formen, um die gesellschaftlich grundlegenden Ideen zu realisieren. Aber worin besteht der gesellschaftliche Strukturwandel?

Habermas entwickelt diesen Ansatz besonders eindringlich in seiner Habilitationsschrift *Strukturwandel der Öffentlichkeit* (SÖ). Demnach beruhte die liberale Demokratie ursprünglich auf der Vorstellung, dass die autonomen Individuen ihre Bedürfnisse und Interessen öffentlich formulieren und das Parlament als zentraler Ort einer vernünftigen Meinungs- und Willensbildung fungiert. Das war auch damals schon Ideologie, weil vor allem Frauen und Arbeiter vom Bürgerschaftsstatus ausgeschlossen waren. Die notwendige Ausweitung des Wahlrechts hat aber ebenfalls problematische Konsequenzen: So greift nun der Staat, um die neuen Wähler aus den unteren Schichten zu befrieden, in immer weitere Bereiche der Gesellschaft ein, etwa mittels Infrastrukturpolitik, staatlicher Investitionsförderung oder sozialstaatlicher Regelungen. Habermas zufolge haben sich Staat und Gesellschaft also zunehmend ›verschränkt‹. Diese Interventionen unterminieren die frühere Konzeption einer unabhängigen Gesellschaft, welche die staatliche Politik programmiert. Nun versammeln sich im Parlament nicht mehr allein Vertreter des besitzenden Bürgertums, die in ihren Interessen ohnehin weitgehend einig sind. Vielmehr bilden sich Massenparteien, die gemeinsam mit weiteren Großorganisationen wie den Gewerkschaften entgegengesetzte Interessen formulieren. Das stellt zwar einen Fortschritt dar, aber sie stützen sich hierfür auf bürokratische Organisationsformen. In diesen agieren die Mitglieder nicht als autonome Subjekte, die an

Willensbildungsprozessen gleichberechtigt beteiligt sind, sondern lediglich als mobilisierbare Gefolgschaft politischer Eliten. Die politische »Apparatur« verselbständigt sich »autoritär und abstrakt« (KK: 51), ohne dass die Bürger noch »an effektiven Entscheidungen beteiligt oder der Beteiligung auch nur fähig« wären (SÖ: 325). Damit *erschließt* diese Diagnose nicht nur ein Demokratiedefizit, sondern *problematisiert* auch das Selbstverständnis moderner Massendemokratien. Die *Therapie* besteht Habermas zufolge nicht darin, schlicht zu früheren institutionellen Formen zurückzukehren. Politische Massenorganisationen sind durchaus notwendig. Vielmehr besteht die Lösung in einer internen Demokratisierung aller Organisationen, indem »das Öffentlichkeitsgebot [...] von den Staatsorganen auf alle staatsbezogen agierenden Organisationen ausgedehnet« (SÖ: 337) wird. Dadurch sollen »ungehinderte Kommunikation und öffentliches Räsonnement« (SÖ: 310) ermöglicht werden.

Dass die zentralen normativen Ideen nur unzureichend realisiert sind, liegt Habermas zufolge aber nicht am gesellschaftlichen Strukturwandel. Vielmehr führt er dies auf den ideologischen Glauben zurück, dass die Dinge so sein müssen, wie sie nun einmal sind. Gemeint ist hier etwa die Auffassung, eine freie Gesellschaft könne nur kapitalistisch organisiert sein, auch wenn dies Ungerechtigkeiten produziert: daran lasse sich nun einmal nichts ändern.

Gegen diese resignative Annahme richten sich die geschichtsphilosophischen Überlegungen des jungen Habermas. Als *Geschichtsphilosophie* bezeichnet man generell Deutungen, die dem historischen Verlauf einen Sinn beimessen, indem sie ihn als Entwicklung in eine bestimmte Richtung interpretieren. In der Regel wird dabei eine Fortschrittsgeschichte erzählt. Die Welt wird demnach zunehmend vernünftiger, gerechter oder in anderer Weise besser. Solche Erzählungen sind üblicherweise in hohem Maße spekulativ. Dagegen versteht Habermas seinen Ansatz als empirisch, behauptet also, seine Theorie beruhe auf beobachtbaren Tatsachen. In Gestalt einer »empirischen Geschichtsphilosophie in praktischer Absicht« (TP: 244) vertritt Habermas zu dieser Zeit noch recht unbefangen die These, dass die Menschheit zunehmend die Fähigkeit erlange, ihre Lebensumstände mit Willen und Bewusstsein zu gestalten. Im Zuge der globalen Vernetzung und der technischen Entwicklung, so glaubt Habermas in den frühen 1960er Jahren, sind die Menschen sich ihrer gegenseitigen Abhängigkeiten und gemeinsamen Fähigkeiten bewusst geworden. Damit soll die Menschheit nun in der Lage sein, als kollektiver Akteur zum Wohle aller zu handeln, indem sie die Gesellschaft im Sinne der zentralen normativen Gehalte der Moderne umgestaltet. Damals strebt er noch einen demokratischen Sozialismus an, weil ihm zufolge die Gesellschaft durch eine grundlegende »Verkehrtheit« charakterisiert ist (TP: 222; vgl. Keulartz 1995). Bislang gebietet nicht der Mensch über seine Erzeugnisse, sondern die Waren herrschen in Form eines naturwüchsigen Kapitalismus über den Menschen. Erst durch die Überwindung des bisherigen gesellschaftlichen »Unsinns« (TP: 426) kann und muss der Sinn der Geschichte in praktischer Tat verwirklicht werden.

Dieses erste Modell, mit dem das Projekt der Moderne verteidigt werden soll, gibt Habermas allerdings bald auf. Ausschlaggebend dafür ist ein grundlegendes Problem. Es besteht darin, dass eine jede Ideologiekritik davon ausgehen muss, dass die normativen Gehalte, auf die sie sich bezieht, tatsächlich wirksam sind, also von den Gesellschaftsmitgliedern akzeptiert werden. Der ideologiekritische Hinweis, dass Werte wie Freiheit, Gleichheit und Solidarität unzureichend realisiert sind, macht ja nur Sinn, wenn die Betroffenen diese Diskrepanz als Problem ansehen. Sie müssen dadurch aufgeschreckt werden, dass die von ihnen hochgehaltenen Werte besser, umfassender oder angemessener institutionalisiert und verwirklicht werden können, als sie es jeweils sind. Begründet und wirksam ist diese Form der Kritik also nur, weil unterstellt wird, dass es sich dabei um die Werte der Gesellschaftsmitglieder handelt; um Werte, hinter die es zudem kein Zurück gibt, weil die Gesellschaftsmitglieder an ihnen festhalten werden, wenn sie sich erst einmal, in wie verzerrter Form auch immer, durchgesetzt haben.

Genau diese Voraussetzung lässt Habermas mit Blick auf den nationalsozialistischen Zivilisationsbruch fallen. Es ist sinnlos, an die Werte der Moderne zu appellieren, wenn eine Gesellschaft diese Werte aus ihrer Kultur und ihren Institutionen getilgt hat, sie nicht einmal mehr zum Schein aufrechterhält. Das NS-Regime hatte in purer Machtpolitik »die bürgerlichen Ideale eingezogen«, und »das Bewußtsein« war »zynisch geworden« (SÖ: 34). Ideologiekritik ist unter diesen Bedingungen nicht mehr anwendbar. Habermas zufolge müssen die normativen Gehalte daher viel grundlegender aus der sozialen Wirklichkeit gewonnen werden.

(b) *Das erkenntnisanthropologische Modell*: Deshalb sucht Habermas die Grundlage des Projekts der Moderne in der Folge nicht mehr im Selbstverständnis moderner Gesellschaften. An die Stelle einer *bestimmten politischen Kultur* rücken bei den Begründungsbemühungen von Habermas nun unhintergehbare Aspekte der *menschlichen Lebensform*. Doch ist das nicht ein auswegloses Unterfangen? Unterscheiden sich Menschen, Kulturen und Gesellschaften nicht viel zu sehr, als dass man etwas auffinden könnte, das sie alle teilen und das dennoch etwas so Umstrittenes wie das Projekt der Moderne begründen könnte? Was sollte das sein?

Die erste Antwort von Habermas lautet: Erkenntnisinteressen. Darunter versteht er Interessen an der (Erkenntnis zur) Lösung von Problemen, die jede Gesellschaft bewältigen muss, um sich selbst zu erhalten. Das erkenntnisanthropologische Begründungsmodell macht allgemeine Annahmen über den Menschen und seine Interessen. Habermas entwickelt dieses Modell im Rahmen der damaligen wissenschaftstheoretischen Auseinandersetzung, die als Positivismusstreit bekannt geworden ist (vgl. Kap. 1.3). Umstritten war dabei, welche Probleme wissenschaftlich erörtert werden können und sollen. Insbesondere ging es um die Frage, wodurch die Wissenschaften ideologisch verzerrt würden: durch die Thematisierung oder durch die Ausklammerung von Wertfragen. Habermas formuliert in dieser Debatte die Auffassung, dass Wissenschaft gar nicht auf Aussagen über beobachtbare Tatsachen beschränkt werden kann, sondern sich notwendigerweise auch auf Wertungen erstreckt. Diese Auffassung stützt er auf eine Analyse der Funktionen, die die Wissenschaften für die Gesellschaft erfüllen.

Vor allem in seinem 1968 veröffentlichten Werk *Erkenntnis und Interesse* (EI) unterscheidet er drei Erkenntnisinteressen: das technische, das praktische und das emanzipatorische. Wenn sie wie die Naturwissenschaften einen Beitrag zur materiellen Reproduktion der Gesellschaft leisten, also auf die Bearbeitung der Natur bezogen sind, liegt ihnen nach Habermas ein *technisches* Erkenntnisinteresse zugrunde. Analog dazu identifiziert er ein *praktisches* Erkenntnisinteresse, das auf die ›symbolische Reproduktion‹ der Gesellschaft bezogen ist. Damit sind vor allem drei Dinge gemeint, nämlich die Weitergabe von Wissensbeständen in Traditionen, die Erziehung oder Sozialisation der Gesellschaftsmitglieder sowie die einvernehmliche Beilegung von Handlungskonflikten im Lichte geteilter Überzeugungen. Die symbolische Reproduktion bezieht sich also auf die Weise, wie die Gesellschaftsmitglieder ihr Zusammenleben regeln. Nach Habermas kommt dieses praktische Interesse in den Geisteswissenschaften zum Ausdruck. Der Clou des ganzen Modells besteht jedoch darin, dass noch ein drittes, und zwar *emanzipatorisches* Erkenntnisinteresse an der Befreiung von unbegründeter Herrschaft existieren soll. Das emanzipatorische Erkenntnisinteresse dient als Grundlage für die Annahme, dass Menschen über alle kulturellen Grenzen hinweg ein gemeinsames Interesse an einer Gesellschaft haben, die nur so restriktiv wie unbedingt nötig, also so liberal wie möglich ist. Ansonsten würde Herrschaft irrational, da sie nicht auf allgemeine Zustimmungsfähigkeit rechnen könnte.

Als empirische Bestätigung dafür, dass ein solches emanzipatorisches Erkenntnisinteresse tatsächlich existiert, führt Habermas an, dass sich auch für dieses ein Wissenschaftstyp identifizieren lässt, in dem es sich manifestiert, nämlich die kritischen Wissenschaften. Für diese steht exemplarisch die Psychoanalyse, die auf Individuen bezogen ist. Und so wie sich das Individuum in der Therapie von unverstandenen Zwängen zu befreien sucht, so ist es das Ziel der Gesellschaftskritik, all jene gesellschaftlichen Repressionen zu durchschauen, die in Anbetracht der gegenwärtigen Produktivkraftentwicklung unnötig, d.h. irrational sind. Für Habermas bemisst sich bereits hier die Rationalität der gesellschaftlichen Verhältnisse an dem Ideal eines ungezwungenen Konsenses, der sich nach der Thematisierung verkrusteter und somit zu Ideologien verkommener Zustände einstellt (EI: 344; vgl. McCarthy 1989: 92 ff.). Freuds Theorie interessiert Habermas somit weniger inhaltlich als vielmehr methodologisch. Aus diesem Grund interpretiert er sie in kontroverser Weise als Theorie verzerrter Kommunikation. Diskrepanzen zwischen dem Selbstverständnis des Patienten und seinem Verhalten »können nicht als Zufälle bagatellisiert, aber auch nicht in ihrem Symbolcharakter, der sie als abgespaltene Teile eines symbolischen Zusammenhangs ausweist, auf die Dauer verleugnet werden: sie sind die Narben eines verderbten Textes, dem der Autor als einem für ihn unverständlichen Text gegenübertritt.« (EI: 269)

Aber was entspricht den »abgespaltene[n] Teile[n] eines symbolischen Zusammenhangs« im Kontext einer ganzen Gesellschaft? Ersetzt man die Transparenz einer intrasubjektiven Verständigung, also des Subjekts mit sich selbst, durch die einer intersubjektiven Verständigung, also zwischen Subjekten, so müssen als abgespaltene Symbole all diejenigen Interessen gelten, die durch das herrschende Normensystem unterdrückt werden. Das Interesse der Vernunft an der Befreiung von undurchschauten Zwängen soll daher mit der Idee eines herrschaftsfreien Diskurses zusammenfallen. Parallel dazu soll die kritische Gesellschaftstheorie die Emanzipation der Gesamtgesellschaft befördern, indem sie deren unverstandene Zwänge bewusst macht. So wie die Psychoanalyse Individuen hilft, sich von den eigenen Neurosen zu befreien, emanzipiere sich die Gesellschaft, die durch die Kritische Theorie belehrt worden ist, von überflüssiger Herrschaft.

Folglich erläutert Habermas dieses emanzipatorische Erkenntnisinteresse so, dass er das vormals noch vage Motiv herrschaftsfreier Kommunikation, also die Intuition, der Verständigung wohne etwas Befreiendes inne, nun explizit mit der Struktur der Sprache begründet: »Das Interesse an Mündigkeit schwebt nicht bloß vor, es kann a priori eingesehen werden. Das, was uns aus der Natur heraushebt, ist nämlich der einzige Sachverhalt, den wir seiner Natur nach kennen können: *die Sprache*. Mit ihrer Struktur ist Mündigkeit *für uns* gesetzt. Mit dem ersten Satz ist die Intention eines allgemeinen und ungezwungenen Konsensus unmißverständlich ausgesprochen.« (TWI: 163) Allerdings bleiben die Gründe für diese These vorerst noch unklar. Zudem geht die Übertragung vom Einzelnen auf die Menschheit als Ganze von der problematischen Annahme aus, dass die Menschheit wie ein Subjekt im Großformat ist – ein Subjekt mit einheitlicher Meinung und einheitlichem Interesse. Weil Habermas bald zu der Auffassung gelangt, dass dies mit der Individualität und Pluralität von Menschen unvereinbar ist, gibt er auch das erkenntnisanthropologische Begründungsmodell auf.

Allerdings meint Habermas weiterhin, die normativen Grundlagen des Projekts der Moderne seien nur dann hinreichend begründet, wenn sich zeigen lässt, dass sie in unhintergehbaren Aspekten der menschlichen Lebensform verankert sind – und nicht etwa, wie im ideologiekritischen Modell, lediglich in der politischen Kultur einer bestimmten Gesellschaft. Erst jetzt wendet er sich einer grundlegenden Analyse der Sprache zu.

(c) *Das kommunikationstheoretische Modell*: Fortan unterscheidet Habermas deutlicher zwischen der rationalen Rekonstruktion von Regelsystemen einerseits und der Selbstreflexion im Sinne therapeutischer Kritik andererseits (EI: 411; nochmals differenzierter WR: 187, 214). Im ersten Fall geht es darum, jene impliziten Regeln explizit zu machen, die Menschen in ihrer Interaktion unabhängig von ihrer konkreten Kultur notwendigerweise befolgen. Im zweiten Fall handelt es sich um einen Aufklärungsprozess, in dem ein Subjekt (oder eben eine Gesellschaft) sich durch Selbsterkenntnis von Illusionen und unnötigen Versagungen befreit. Dieser kritischen Selbstreflexion kommt nunmehr die nachgeordnete Aufgabe zu, *auf der Folie der Rekonstruktion* die Defizite realer Verständigungsprozesse bloßzulegen und damit anzuklagen: »[D]ie Struktur der verzerrten Kommunikation ist kein Letztes, fundiert ist sie in der Logik unverzerrter sprachlicher Kommunikation.« (TP: 23)

Damit rückt die frühe Intuition, dass der Sprache etwas Befreiendes innewohnt, endgültig in das Zentrum der Überlegungen von Habermas, der mit diesem Schritt den sogenannten *linguistic turn* vollzieht, also die sprachliche Wende der Kritischen Theorie. Eine Wissenschaft, die an allgemeingültigen Aussagen interessiert ist, kann Kompetenz nur dafür beanspruchen, grundlegende Strukturen – hier der Sprache – zu rekonstruieren. Die normativen Grundlagen des Projekts der Moderne sollen also nicht mehr in unhintergehbaren Interessen gesucht werden, welche die Struktur der menschlichen Erkenntnis prägen, sondern in gattungsspezifischen Regeln der menschlichen Interaktion.

Diesen neuen Ansatz arbeitet Habermas ab etwa 1970 in seiner Zeit in Starnberg aus. Das Ergebnis dieses etwa zehnjährigen Prozesses ist sein Hauptwerk, die zweibändige, fast 1200 Seiten starke *Theorie des kommunikativen Handelns*. Häufig heißt es, von der dort entwickelten Auffassung habe Habermas sich später ebenfalls wieder entfernt. Diese Einführung will dagegen verdeutlichen, dass dem nicht so ist. Im Folgenden wenden wir uns zunächst den theoretischen Grundlagen des reifen Habermas'schen Werks zu, die mit Ausnahme einiger weniger Modifikationen seit der Veröffentlichung der *Theorie des kommunikativen Handelns* unverändert geblieben sind. Diese Grundlagen bestehen aus drei Teiltheorien, die aufeinander aufbauen, und zwar erstens einer Rationalitäts-, zweitens einer Handlungs- und drittens einer Gesellschaftstheorie. Dabei werden die Grundbegriffe erstens der kommunikativen Rationalität (2.2), zweitens des kommunikativen Handelns (2.3) und drittens von Lebenswelt und System (2.4) entwickelt.

2.2 Die Rationalitätstheorie: Der Begriff der kommunikativen Vernunft

Schon früh bildet sich bei Habermas die Überzeugung heraus, dass problematische Entwicklungen der modernen Gesellschaft als Folge eines Prozesses einseitiger Rationalisierung zu verstehen sind (vgl. Kap. 1). Den Maßstab der Gesellschaftskritik bzw. das Kriterium, anhand dessen soziale Missstände identifiziert und bewertet werden können, bildet für ihn mithin ein komplexer

Rationalitätsbegriff. Mithilfe dieses Begriffs soll erklärt werden, warum die Verabsolutierung ökonomischer Maßstäbe für die gesellschaftliche Entwicklung nicht nur unter einem bestimmten Gesichtspunkt kritikwürdig, sondern selbst irrational ist. Zugleich soll die entgegengesetzte, romantisch inspirierte Position vermieden werden, der die Entwicklung der Moderne im Ganzen als unvernünftig gilt.

Dieser mehrdimensionale Rationalitätsbegriff soll nicht nur den Aspekt der instrumentellen bzw. der Zweckrationalität beinhalten. Diese bestimmt ja lediglich das am besten geeignete Mittel für feststehende Zwecke. Auch die jeweiligen Zwecke selbst können mehr oder weniger rational bzw. vernünftig sein. Diese Position ist im modernen Wissenschaftssystem keineswegs selbstverständlich. Im 20. Jahrhundert dominierte lange Zeit die Auffassung, dass die Bewertung bestimmter Handlungsziele als besser oder schlechter nur Ausdruck subjektiver Vorlieben oder kultureller Prägungen und Vorurteile sei. Das sollte erst recht für die Beurteilung ganzer gesellschaftlicher Ordnungen als gerecht oder ungerecht gelten. Solche sogenannten ›nonkognitivistischen‹ Moralauffassungen sind seit etwa 1970 zurückgedrängt worden, weil die praktische Philosophie (die im Unterschied zur theoretischen Philosophie Handlungszusammenhänge thematisiert) eine Renaissance erfahren hat. Mittlerweile halten nicht wenige es wieder für möglich, allgemein teilbare Gründe dafür anzugeben, was moralisch richtig oder falsch ist und welchen Bedingungen eine gerechte Gesellschaft genügen muss. Zu Beginn der 1970er Jahre sah das aber noch anders aus.

Um zu zeigen, dass neben der Mittelwahl auch Handlungszwecke mehr oder weniger rational sein können, die Vernunft also mehr umfasst als nur die Dimension der Zweckrationalität, analysiert Habermas, wie wir Sprache verwenden. Aber warum gerade die *Verwendung* der Sprache? Im Folgenden werden wir zunächst ausführen, warum Habermas Rationalität vor allem Äußerungen zuschreibt (a), um dann die drei Dimensionen oder ›Weltbezüge‹ der Rationalität zu diskutieren (b). Schließlich erläutern wir, was es bedeutet, dass Habermas einen ›rekonstruktiven‹ Ansatz verfolgt – und was er sich davon verspricht (c).

(a) *Rationalität und Äußerungen*: Äußerungen gelten als rational, insofern sie Wissen zum Ausdruck bringen. Doch woran erkennen wir, dass es sich wirklich um ›Wissen‹ handelt und nicht nur um ›bloße Meinungen‹? Äußerungen können bezweifelt werden und gelten dann nur unter der Bedingung weiterhin als rational, dass sich Gründe für ihre Verteidigung vorbringen lassen. Deswegen, so Habermas in einer ersten Näherung, ist »die Rationalität einer Äußerung auf Kritisierbarkeit und Begründungsfähigkeit zurückzuführen« (TKH I: 27).

Was aber heißt es, dass sprachliche Äußerungen kritisier- und begründbar sind? Habermas teilt die verbreitete Auffassung, dass man die Bedeutung eines Satzes versteht, wenn man weiß, was ihn wahr macht, also wenn man seine Geltungsbedingungen kennt. So verstehen wir den Satz »Es regnet« erst dann, wenn wir wissen, dass in diesem Fall die Straßen nass werden müssen – und zwar nicht durch die Straßenreinigung, sondern durch einen Wolkenbruch. Dieser Überlegung zum Zusammenhang von Bedeutung und Geltung gibt Habermas nun eine besondere, nämlich ›pragmatische‹ Wendung. Er argumentiert, dass das Wissen darum, unter welchen Bedingungen ein Satz wahr ist, beinhaltet, dass man weiß, wie sich die fragliche Behauptung begründen lässt – und mit welcher Art von Gründen sie kritisiert werden kann. Die semantische Ebene der Satz*bedeutung* verweist dieser Auffassung zufolge direkt auf die ›pragmatische‹ oder ›performative‹ Dimension der Satz*verwendung*.

Die Sprache ist für Habermas nämlich dadurch charakterisiert, dass wir in ihr nicht nur Intentionen ausdrücken und Sachverhalte darstellen, sondern uns mit ihrer Hilfe vor allem *miteinander über etwas* verständigen. Dieses gemeinsame Einverständnis hat Habermas sogar als das immanente *telos* (griechisch für ›Ziel‹, ›Zweck‹) aller Sprachverwendung bezeichnet (TKH I: 387). Mit einer Sprechhandlung sagen wir nicht nur etwas aus, sondern wir *tun* auch etwas: Wir *behaupten* oder *versprechen* etwas gegenüber jemandem. Der formalpragmatischen Analyse von Habermas zufolge beruht sprachliche Verständigung darauf, dass Sprechakte mit Geltungsansprüchen verknüpft sind. Jeder *Sprecher*, der *etwas* gegenüber *jemandem* äußert, erhebt gleichzeitig einen Geltungsanspruch. Das bedeutet: Wenn wir einen Satz äußern, unterstellen wir (erheben implizit den Geltungsanspruch), dass die Äußerung tatsächlich gültig ist, dass wir also mit guten Gründen für sie argumentieren könnten. Es sind diese Ansprüche, die Aussagen mit intersubjektiven, also zwischen Personen beurteilbaren Gründen verknüpfen. Deshalb kann man Äußerungen Rationalität zuschreiben.

Wir wollen uns mit Äußerungen also über etwas verständigen. Natürlich kann ein Sprecher einen Hörer auch täuschen wollen. So mag ein Betrüger uns nur vorgaukeln, er würde unser Geld benötigen, um seine kranke Frau ins Hospital zu bringen. Er handelt dann erfolgsorientiert: Er will mit der (falschen) Aussage etwas erreichen, nämlich unser Geld bekommen. Dabei ist es dem Betrüger egal, ob wir zustimmen können. Er benutzt die Sprache nur als Mittel: Er will erstens unser Geld, weiß zweitens, dass er es nur bekommt, wenn er uns etwas vorlügt, und – drittens – lügt deshalb. Aber solche (und weitere) Fälle eines erfolgsorientierten Sprachgebrauchs bleiben nach Habermas stets abhängig vom verständigungsorientierten Sprachgebrauch; in diesem Fall davon, dass wir unterstellen, der Sprecher äußere die Wahrheit. Der Betrüger nutzt ja gerade dies aus. Die Möglichkeit erfolgsorientierter Sprechhandlungen löst somit den Zusammenhang von Äußerungen und Geltungsansprüchen keineswegs auf (vgl. genauer Kap. 5.1).

Vernunft identifiziert Habermas deshalb in erster Linie in der menschlichen Redepraxis. Daneben sieht er weitere Formen der Rationalität in den Strukturen der menschlichen Erkenntnis (epistemische Rationalität) und des Handelns (teleologische Rationalität) verkörpert. Vorrangig aber sei die kommunikative Rationalität der menschlichen Rede (WR: 102 ff.). In ihr sind die Akteure unweigerlich in den Austausch von Gründen, in Kritik und Rechtfertigungsverpflichtungen verstrickt. Dabei ergibt sich die Rationalität von Äußerungen dieser Argumentation zufolge letztlich aus der intersubjektiven Beurteilbarkeit der Gründe.

(b) *Drei Weltbezüge und Geltungsansprüche*: Damit diese Gründe intersubjektiv beurteilbar sind, müssen sich die Sprecher allerdings jeweils auf dasselbe beziehen. Aus diesem Grund führt Habermas das Konzept der ›Welt‹ ein. Der Begriff der Welt bezeichnet die Unterstellung, dass sich die Sprecher auf dasselbe beziehen. Nur so können sie davon ausgehen, ihre Äußerungen hätten überhaupt eine Bedeutung in dem Sinn, dass alle wissen, wovon sie reden. So macht die Behauptung von Tatsachen nur deswegen Sinn, weil Sprecher unterstellen, dass sie sich auf eine identische Welt von Sachverhalten beziehen, etwa darauf, dass es den großen knorrigen Baum wirklich gibt, von dem befürchtet wird, er könne bald umstürzen. Habermas nennt dies die objektive Welt. Ohne die Unterstellung einer für alle identischen objektiven Welt wäre eine Verständigung darüber, ob eine Aussage zuverlässiges Wissen verkörpert, also wahr ist, nicht möglich.

Die entscheidende Überlegung auf dem Weg zu dem gesuchten mehrdimensionalen Rationalitätskonzept besteht nun darin, dass sich Äußerungen Habermas zufolge nicht nur unter einem Gesichtspunkt, sondern in genau drei Hinsichten bezweifeln und verteidigen lassen. Ein Hörer kann erstens eine Äußerung zurückweisen, weil er glaubt, ihr propositionaler Gehalt, also das, was ausgesagt wird, treffe nicht zu. Oder er kann zweitens glauben, der Sprecher würde sich illegitim etwas anmaßen, was ihm gar nicht zusteht. Schließlich kann er drittens bezweifeln, dass der Sprecher wirklich meint, was er sagt. Wenn mir etwa auf der Straße jemand empört zuruft: »Stecken Sie gefälligst Ihr Hemd in die Hose!«, kann ich diesen Sprechakt auf drei verschiedene Arten zurückweisen: »Mein Hemd ist doch bereits in der Hose!« (Wahrheit), »Was maßen Sie sich da eigentlich an? Ich laufe so rum, wie es mir gefällt!« (Richtigkeit) oder »Tun Sie doch nicht so empört! Sie wollen sich ja nur aufspielen!« (Wahrhaftigkeit).

Entsprechend unterscheidet Habermas die drei Geltungsansprüche auf (propositionale) Wahrheit, (normative) Richtigkeit und (expressive) Wahrhaftigkeit. Sollen Sprecher sich in all diesen Hinsichten mit intersubjektiven Gründen verständigen können, müssen sie sich allerdings, wie ausgeführt, jeweils auf dasselbe beziehen. Für jeden der drei Geltungsansprüche muss folglich ein spezifischer Weltbezug identifizierbar sein. In Bezug auf unser Wissen über Tatsachen handelt es sich dabei um die schon erwähnte objektive Welt existierender Sachverhalte. Daneben machen Sprecher der Analyse von Habermas zufolge weitere Gemeinsamkeitsunterstellungen in Gestalt einer intersubjektiv geteilten sozialen Welt legitimer interpersonaler Beziehungen sowie einer subjektiven Welt privilegiert zugänglicher Erlebnisse. Sprecher können sich nicht nur über die Wahrheit von Sachverhalten, sondern in ähnlicher Weise auch über die Legitimität bzw. Richtigkeit von Normen und die Wahrhaftigkeit von Meinungen (bzw. die Authentizität von Gefühlsausdrücken) verständigen, weil sie mit ihren Äußerungen Bezüge zu drei Welten aufnehmen. Das formale Bezugssystem der drei Welten (dem die grammatikalische Struktur der Sprache mit der Unterscheidung von 1., 2. und 3. Person korrespondiert) bildet somit die Grundlage für einen dreidimensionalen Rationalitätsbegriff. Dieser ist also nicht auf Wahrheitsfragen im engen Sinne beschränkt, sondern erfasst daneben noch die beiden weiteren Bereiche der normativen Richtigkeit und der expressiven Wahrhaftigkeit.

Ganz grundsätzlich gehen wir mit dem Erheben von Geltungsansprüchen also eine Rationalitätsverpflichtung ein, die darin besteht, unsere Aussagen gegenüber anderen rechtfertigen zu können (VE: 395 ff.). Unterstellt wird bei allem Sprechen, dass es sich ›vorbehaltlos‹ an dem Ziel orientiert, mit anderen ein argumentatives Einverständnis zu erreichen. Es ist diese Stelle, an der Habermas glaubt, in der Sprachverwendung auf notwendige, wenn auch idealisierende Voraussetzungen zu treffen. Diese sollen einen normativen Gehalt besitzen, der geeignet ist, als Fundament einer kritischen Theorie der Gesellschaft zu fungieren. Bei der Analyse, wie wir Geltungsansprüche erheben, sollen wir nämlich auf Maßstäbe der Herrschaftsfreiheit und Inklusion aller stoßen. Angeblich können wir gar nicht anders, als diese normativen Ideen beim Gebrauch der Sprache vorauszusetzen.

Um dieses ambitionierte Argumentationsziel zu erreichen, stützt Habermas sich auf die von Karl-Otto Apel entwickelte Diskursethik (vgl. Kap. 3.2) und insbesondere die Argumentationsfigur des »performativen Selbstwiderspruchs« (Apel 1973a: 62; 1973b: 405 ff.; Kuhlmann 1985: 22 ff., 82 ff.). Ihr zufolge widersprechen bestimmte propositionale Inhalte den Voraussetzungen, die wir unterstellen müssen, wenn wir etwas als begründet behaupten. So verstrickt sich ein Sprecher, der die These vertritt, es dürften Personen aus dem Diskurs ausgeschlossen werden, in eben solch einen ›performativen Selbstwiderspruch‹. Mit dem Erheben dieses Geltungsanspruchs geht er nämlich auf der performativen oder pragmatischen Ebene zugleich die Verpflichtung ein, seine Behauptung gegen mögliche Gegenargumente zu verteidigen. Wenn der Sprecher aber diese Verpflichtung eingegangen ist, kann er nicht willkürlich bestimmte Personen davon ausnehmen, seine Behauptung zu überprüfen. Ist sie gerechtfertigt, müsste sie sich gegen alle Gegenargumente durchsetzen können. Somit widerspricht der Ausschluss von Personen(gruppen), die einen relevanten Beitrag leisten könnten, aus dem Diskurs einer der notwendigen Unterstellungen des Sprechaktes. Daneben nennt Habermas als weitere Voraussetzungen die gleiche Chance, innerhalb des Diskurses die relevanten Beiträge tatsächlich zu leisten, die Aufrichtigkeit der Teilnehmer und die Abwesenheit von Zwang (NR: 89; EA: 62). Mit jedem Sprechakt, so der Kern der diskurstheoretischen Begründungsidee, unterstellen wir sehr anspruchsvolle Bedingungen, unter denen die Argumentationsteilnehmer eine allgemein zustimmungsfähige Lösung ermitteln können. In diesem Sinne sollen die Ideale der Herrschaftsfreiheit sowie der Einbeziehung aller bei jeder Sprachverwendung notwendigerweise unterstellt sein.

Es handelt sich allerdings um ›kontrafaktische‹ Unterstellungen. Das sind Annahmen, die wir beim Sprechen machen müssen, obgleich wir wissen, dass sie niemals (vollständig) erfüllt sind. Trotzdem handelt es sich hierbei um keine gedankliche Inkonsistenz. Zwar wissen wir, dass wir uns bei vielen Diskussionen nicht werden einigen können. Und doch gehen wir wie selbstverständlich davon aus, genau dies sei unser Ziel. Insofern ist in unsere Sprache eine regulative Idee eingebaut, die uns normativ darauf verpflichtet, Verständigungsprozesse zumindest annähernd so zu führen und vor allem zu institutionalisieren, dass sie die Vermutung zulassen, ihre Ergebnisse seien vernünftig. Allerdings unterscheidet sich die Weise, in der wir unsere Geltungsansprüche gegenüber anderen erfolgreich einlösen können, je nachdem, welche Art von Anspruch wir erheben – ob wir die Wahrheit eines Sachverhalts, die Richtigkeit einer Norm oder die Wahrhaftigkeit einer Expression behaupten.

Ursprünglich hatte Habermas eine ›Konsenstheorie‹ der Wahrheit vertreten, der zufolge als wahr gelten sollte, worauf sich alle möglichen Argumentationsteilnehmer würden verständigen können. Mittlerweile ist Habermas in Bezug auf Wahrheitsfragen hingegen der Auffassung, dass der Diskurs lediglich das geeignetste Mittel darstellt, sich der Wahrheit zu vergewissern. Die Wahrheit eines Sachverhalts bleibt letztlich unabhängig vom Konsens der Diskursteilnehmer. Auch die am besten begründete Meinung kann sich als falsch erweisen. Die objektive äußere Welt der Naturgesetze kann nur vermittels der Sprache erfasst werden, aber sie hängt doch nicht an sich davon ab, wie wir sie wahrnehmen. Zwar kann auch hier nur das als wahr gelten, was in Form sprachlicher Argumente die Diskursteilnehmer zu überzeugen vermag. Aber Habermas betont mittlerweile die Differenz zwischen der Praxis und dem handlungsentlasteten Diskurs (WR: 292 ff.). In der praktischen Auseinandersetzung mit der Natur, so Habermas' pragmatistische Idee, müssen sich unsere empirischen Hypothesen stets an einer unabhängigen Wirklichkeit bewähren – und können sich hier durchaus als falsch erweisen. Man kann noch so überzeugende Argumente dafür haben, dass ein Baum mithilfe einer bestimmten Axt gefällt werden kann – wenn er nicht stürzt, muss man diese Überzeugung revidieren. Dabei geben solche Fehlschläge erneut keinen direkten Blick auf ›die‹ Welt frei, wie sie ›eigentlich ist‹. Sie nötigen uns lediglich zu neuen Aussagen, Hypothesen oder Theorien über die Welt, die wir – gestützt durch Argumente – in unser Handeln bzw. in den Diskurs einspeisen können.

Anders verhält es sich im Fall von normativen Fragen. Hier ist Habermas zufolge der argumentativ erzielte Konsens das *Kriterium* der Richtigkeit. Den Sinn der Legitimität von Handlungsnormen erklärt nach Habermas das Diskursprinzip (D): »[N]ur die Normen dürfen Gültigkeit beanspruchen, die in praktischen

Diskursen die Zustimmung aller Betroffenen finden könnten.«
(EA: 59; bereits MKH: 103, 132; auch FG: 138) Mit ihm soll der
kategorische Imperativ Immanuel Kants dialogisch erweitert werden. Dieser besagt, dass man nur nach jenen Maximen handeln
soll, die als Grundlage eines allgemeinen Gesetzes fungieren könnten. Aber wer entscheidet darüber? ›D‹ fordert, dass man sich
nicht lediglich allein, also *mono*logisch überlegen sollte, was für
alle zustimmungsfähig sein könnte. Stattdessen muss man sich
auf einen realen Diskurs einlassen, in dem man sich mit den abweichenden Perspektiven *aller* anderen Betroffenen *dia*logisch
auseinandersetzt und durch wechselseitige Rollenübernahme die
eigene Perspektive an den Perspektiven der anderen relativert.
Deshalb sieht ›D‹ ein Vetorecht eines jeden unvertretbar Einzelnen vor (EA: 61 ff.). Je nachdem, um welche Normen und welche
Art von praktischen Fragen es sich handelt, wird dieses Prinzip
dann weiter spezifiziert, z.B. für moralische Diskurse als Universalisierungsgrundsatz ›U‹ und für rechtliche Fragen als Demokratieprinzip (vgl. ausführlicher dazu Kap. 4.1).

Wahrhaftigkeitsfragen schließlich zeichnen sich durch die Be-
sonderheit aus, dass sie, im Gegensatz zu Richtigkeitsfragen, weder diskursiv einlösbar noch, im Gegensatz zu Wahrheitsfragen,
diskursiv zu klären sind. Ob eine Person meint, was sie äußert,
und ob sie ihre Bedürfnisse authentisch darstellt, lässt sich zwar
diskutieren, erweist sich letztlich aber nur daran, dass sie in
Übereinstimmung mit ihren Äußerungen handelt.

Habermas vertritt also die These, dass sich Rationalitätspo-
tenziale historisch in drei Dimensionen entfalten: Neben der
Zweckrationalität, die indirekt (in Gestalt von Annahmen über
die Wirksamkeit von Mitteln) oder direkt auf Wahrheitsannah-
men beruht, berücksichtigt er nicht nur die Dimension normativer Rationalität, die auch eine vernünftige Beurteilung von Handlungszielen erlaubt, sondern glaubt darüber hinaus auch, die

Wahrhaftigkeit von Meinungen (und die Authentizität von Wünschen) rational erörtern zu können. Der dreidimensionale Begriff kommunikativer Vernunft gilt Habermas somit als die Wurzel jener »folgenreichen Ideen von Selbstbewusstsein, Selbstbestimmung und Selbstverwirklichung, die das normative Selbstverständnis der Moderne nach wie vor bestimmen« (GW: 193).

(c) *Die Pointe des rekonstruktiven Ansatzes:* Die bisherigen Ausführungen zeigen, dass Habermas keinen rein philosophischen Weg beschreitet. Vielmehr berücksichtigt er von Anfang an zugleich human- und sozialwissenschaftliche Überlegungen. Es geht ihm ja nicht allein um den Nachweis, auch moralische Auffassungen seien rational begründbar. Entsprechend seiner Leitidee, die Moderne sei ein sich selbst gefährdendes Projekt, ist für ihn vielmehr die Frage vorrangig, wie und in welchen sozialen Praktiken die Vernunft verankert ist und wie sich das auf die gesellschaftliche Entwicklung auswirkt. Werden die im Prinzip verfügbaren Vernunftpotenziale gesellschaftlich auch tatsächlich ausgeschöpft? Oder bleibt die Gesellschaft hinter ihren Möglichkeiten zurück, weil sich die soziale Entwicklung allein an ökonomischen Effizienzgesichtspunkten orientiert und dabei etwa vernünftige moralische Erwägungen außer Acht lässt?

Auch aus einem anderen Grund erfordert die Frage danach, welche Rationalitätsdimensionen sich identifizieren lassen, einen Ansatz, der philosophische und sozialwissenschaftliche Mittel kombiniert: Um herauszufinden, in welchen Hinsichten etwas rational sein kann, muss – wie dargelegt – geklärt werden, in welcher Art und Weise Menschen Rationalität in Anspruch nehmen. Auf Aufgaben dieser Art sind die von Habermas so genannten rekonstruktiven Wissenschaften zugeschnitten. Darunter versteht er solche Ansätze, die sich der Methode der rationalen Nachkonstruktion bedienen. Rationale Nachkonstruktionen sind Deutungen allgemeiner basaler Kompetenzen. Sie übersetzen das implizite Wissen (*knowing how*) darüber, wie grundlegende menschliche Fertigkeiten ausgeübt werden, in explizites, theoretisches Wissen (*knowing that*). Habermas rekonstruiert in dieser Weise die impliziten Regeln der Sprachverwendung.

Gegenüber rein erfahrungswissenschaftlichen Ansätzen machen die rekonstruktiven Sozialwissenschaften geltend, dass die Gesellschaft sinnhaft, also schon durch Bedeutungen vorstrukturiert ist. Damit grenzen sie sich gegenüber Ansätzen ab, die ihren Untersuchungsgegenstand – wie auch die Naturwissenschaften – allein aus der objektivierenden Perspektive eines Beobachters in den Blick nehmen. Hingegen ist es für Habermas notwendig, sich soziale Praktiken aus der Perspektive eines Teilnehmers verständlich zu machen, also einen ›sinnverstehenden‹ Zugang zu wählen. Solche Ansätze, die sich darauf spezialisieren, die handlungsleitenden Motive von Akteuren zu deuten, geraten allerdings schnell in die Gefahr, lediglich das kulturspezifische Selbstverständnis der untersuchten Gesellschaftsmitglieder wiederzugeben. Gegenüber diesem Relativismus beanspruchen nun die rekonstruktiven Sozialwissenschaften, und hierzu zählt eben auch die Habermas'sche Theorie, objektives Wissen zu erlangen. Deshalb konzentrieren sie sich auf universelle, für die menschliche Lebensform insgesamt grundlegende Kompetenzen. So ist eben Habermas zufolge die Praxis der Sprache für Menschen unhintergehbar und zugleich durch allgemeine Regeln gekennzeichnet. Hinter der Vielfalt unterschiedlicher Sprachen, die sich kulturell herausgebildet haben, sollen also bestimmte Grundstrukturen konstant bleiben. Das rechtfertigt die Rede von der Sprache im Singular. Einzelne Menschen mögen in ihrer Fähigkeit, sich mit anderen sprachlich zu verständigen bzw. überhaupt kommunikativ zu interagieren, beschränkt sein. Für die menschliche Lebensform als Ganze aber ist die Sprache konstitutiv. Weitere Beispiele für rekonstruktive Wissenschaften, an denen sich Habermas orientiert, sind Noam Chomskys Universalgrammatik, Jean Piagets kognitive Entwicklungspsychologie und Lawrence Kohlbergs Theorie der moralischen Entwicklung.

Ein Vorteil des rekonstruktiven Ansatzes besteht darin, nicht eigens begründen zu müssen, warum der normative Maßstab des Gesellschaftskritikers von den Mitgliedern der kritisierten Gesellschaft überhaupt akzeptiert werden sollte. Diese, so das Argument, haben den Maßstab nämlich in dem Sinne ohnehin schon akzeptiert, dass sie ihn selbst in ihren Praktiken voraussetzen (vgl. ausführlich Iser 2008: 14 f.). Habermas identifiziert das sozial schon wirksame, von den Gesellschaftsmitgliedern in ihren Interaktionen notwendig unterstellte Vernunftpotenzial in der Struktur der menschlichen Sprache. Damit lässt sich die Rolle der Rationalitätstheorie nun genau angeben: Sie soll zeigen, dass sich auf dem Wege der Rekonstruktion invarianter, also kulturunabhängiger gesellschaftlicher Strukturen ein mehrdimensionales, nicht auf den instrumentellen Aspekt beschränktes Vernunftkonzept identifizieren lässt. Dieses kann sodann als normatives Fundament einer kritischen Theorie der Gesellschaft dienen.

2.3 Die Handlungstheorie: Der Begriff des kommunikativen Handelns

Nun sprechen Menschen aber nicht die ganze Zeit (miteinander). Wenn folglich die Ideale der Herrschaftsfreiheit und der Einbeziehung aller ›unhintergehbar‹ sein sollen, kann Habermas nicht bei der menschlichen Redepraxis stehen bleiben. Vielmehr muss er zeigen, dass wir diese normativen Ideen bereits bei unseren Handlungen unterstellen müssen und dass auch soziale Strukturen aus Handlungszusammenhängen resultieren. Nur dann durchdringt die kommunikative Vernunft alle menschlichen Praktiken.

Deshalb soll als zweiter Theoriebaustein eine soziologische Handlungstheorie zeigen, dass und wie die kommunikative Vernunft die menschliche Handlungspraxis prägt. Zu diesem Zweck erläutern wir zunächst den Zusammenhang von Rationalität und Handeln (a), bevor wir den Begriff des kommunikativen Handelns klären (b).

(a) *Rationalität und Handeln*: Habermas geht zunächst schlicht von der Feststellung aus, dass Handlungen gemeinhin dann als rational gelten, wenn sie auf Wissen basieren, ebenso wie Personen in dem Maße rational genannt werden, wie sie auf der Grundlage von Wissen agieren. Es bietet sich schon deswegen an, die menschliche Handlungspraxis unter dem Gesichtspunkt der Rationalität zu analysieren, weil Handelnde, wie Habermas hervorhebt, gar nicht umhinkönnen, selbst spezifische Rationalitätsunterstellungen vorzunehmen. Als sprachverwendendes und sich selbst interpretierendes Wesen ist der Mensch laut Habermas darauf angewiesen, sich seine Handlungen verständlich zu machen. Auch lässt sich Handeln, anders als Verhalten, nicht mithilfe von Reiz-Reaktions-Schemata verstehen. Insofern handelt etwa ein Schlafwandler überhaupt nicht. Handeln erfordert den Bezug auf Sinn. Damit aber etwas als sinnvoll erscheinen kann, darf es nicht nur (wie ein Naturereignis) verursacht sein, sondern muss auf Motiven beruhen. Für Handeln müssen also Gründe angeführt werden können. Diese Gründe können vom Handelnden selbst oder von anderen problematisiert werden. Dies gehört wiederum zum Begriff der Rationalität.

Stellen wir uns jemanden vor, der in den Wald geht, um einen Baum zu fällen. Damit diese Handlung überhaupt Sinn ergibt, muss der Holzfäller bestimmte Dinge mit guten Gründen unterstellen. Er muss etwa wissen, dass es in Wäldern Bäume gibt, dass Bäume gefällt werden können und dass er über ein Werkzeug (etwa eine Axt) verfügt, mit dem er tatsächlich einen Baum wird fällen können (so darf die Axt nicht zu stumpf sein). Es handelt sich hier um Geltungsansprüche auf Wahrheit. Könnte man Bäume gar nicht fällen, so wäre offensichtlich die ganze Handlung irrational. Sollte er beim Versuch, einen Baum zu fällen, erfolglos bleiben, kann er dies natürlich endlos fortsetzen. Vernünftiger wäre es jedoch, wenn er sich folgende Fragen stellen würde: Ist mein Werkzeug doch nicht gut genug? Benötige ich vielleicht eine größere Säge, die man nur zu zweit benutzen kann? Oder gar: Handelt es sich überhaupt um einen Baum (vielleicht versucht der Holzfäller ja die ganze Zeit, eine Laterne zu fällen, die einer Straße im Wald Licht spenden soll)? Selbst wenn der Holzfäller allein im Wald ist, werden sich ihm diese Fragen so aufdrängen, als sei ein anderer anwesend. Denken ist für Habermas nur ein internalisiertes, also nach innen verlagertes Gespräch mit imaginären, also vorgestellten anderen. Der Unterschied besteht lediglich darin: Wenn jemand anders ihn begleitet hätte, wären diese (oder eben andere) Fragen vielleicht sehr viel früher gestellt worden, weil der andere eine zusätzliche Perspektive einbringt. Dieses Beispiel soll zeigen, dass wir die kontrafaktischen Ideale der Herrschaftsfreiheit und der Einbeziehung aller anderen nicht nur unterstellen müssen, wenn wir sprechen, sondern bereits, wenn wir handeln.

Auch in den anderen beiden Rationalitätsdimensionen können sich Fragen ergeben, die auf Annahmen verweisen, welche der Holzfäller im Zuge seiner Handlung machen muss, damit diese als vernünftig gelten kann. Etwa Fragen der normativen Richtigkeit: Darf ich diesen Baum überhaupt fällen? Gehört er nicht meiner Tochter, zu deren fünftem Geburtstag ich ihn gepflanzt habe? Handelt es sich um einen Baum, den andere Menschen für heilig halten und deren Gefühle ich mit dieser Handlung verletze? Oder Fragen der Wahrhaftigkeit: Will ich diesen Baum überhaupt fällen – oder handelt es sich um eine neurotische Zwangshandlung? Sollte ich nicht lieber einer anderen Beschäftigung nachgehen, weil mich diese glücklicher machen würde? Diese Vielzahl an möglichen Fragen zeigt, dass jede Handlung auf mehr oder minder rationalen Annahmen beruht, die hinterfragt werden können. Eine jede Handlung ergibt nämlich nur dann Sinn, wenn wir Gründe für sie anführen können.

Habermas will also zeigen, dass die Rationalitätstheorie nicht nur Konsequenzen für unsere Redepraxis hat, sondern für alle Praktiken. Zudem kritisiert er die drei Handlungsbegriffe, die in der soziologischen Tradition am wirkmächtigsten geworden sind: den teleologischen, den normenregulierten und den dramaturgischen. Diese sind zu eng angelegt, weil sie jeweils nur einen Aspekt kommunikativer Rationalität hervorheben, obgleich im Handeln stets alle drei Aspekte eine Rolle spielen. So beschränkt der dominante Begriff des *teleologischen*, also zielgerichteten Handelns die Analyse auf den Bezug zur objektiven Welt: Die Rationalität von Handlungen (bzw. die Rationalität der zugrunde liegenden Meinungen) kann in diesem Rahmen nach ihrer Wirksamkeit (bzw. Wahrheit) beurteilt werden. Dabei können sowohl natürliche als auch soziale Objekte (etwa soziale Institutionen), selbst der Mensch (etwa in der Medizin), zum Gegenstand einer derart objektivierenden Einstellung gemacht werden. Beim teleologischen Handeln will der Mensch auf Sachverhalte manipulierend einwirken und muss deshalb wissen, was objektiv der Fall ist.

Solch ein Handeln nennt Habermas in Bezug auf Dinge ›instrumentell‹, in Bezug auf Menschen ›strategisch‹, weil wir bei Letzteren mit den Intentionen der anderen rechnen müssen. Diese Absichten – oder auch Erwartungen – anderer Personen können die eigenen Ziele befördern oder behindern. Auch hier kommt allerdings neben dem objektiven kein weiterer Weltbezug ins Spiel, weder der Bezug auf die soziale noch auf die subjektive Welt. Beim strategischen Handeln betrachtet der Akteur die anderen nicht als Subjekte, mit denen er sich zu einigen hat, sondern aus einer objektivierenden Perspektive lediglich als Variablen der ihn umgebenden Handlungssituation. Dementsprechend versucht er, sie zu beeinflussen, nicht zu überzeugen. In Bezug auf die jeweilige Situation erstellt der strategisch Handelnde ein Kosten-Nutzen-Kalkül. Der Betrüger, der uns mit der Lüge von seiner hilfsbedürftigen, da kranken Frau Geld abzunehmen versucht, handelt insofern strategisch.

Obgleich somit der teleologische Handlungsbegriff den offensichtlichsten Rationalitätsbezug hat, nämlich einen instrumentellen, ist er für Habermas am wenigsten komplex und zudem normativ problematisch. Wer alles nur noch als zu manipulierende Objekte ansieht, kann weder andere noch sich selbst als selbstzweckhaftes Subjekt begreifen. Bezieht man sich also ausschließlich auf die objektive Welt, so kommt es zu einer Ausblendung praktischer sowie expressiver Fragen, also Fragen der Richtigkeit und der Wahrhaftigkeit. Gleichwohl kann diese Form des Handelns in Habermas' Konzeption des kommunikativen Handelns aufgehoben werden. Rational ist eine teleologische Handlung in dem Maße, wie sie sich als wirksam erweist – bzw. die zugrunde liegenden (kritisierbaren) empirischen Einschätzungen als wahr (TKH I: 130).

Erst der Begriff des *normenregulierten* Handelns erlaubt zudem Urteile über die Legitimität von Handlungen (bzw. die zugrunde liegenden Motive und Normen). Er bezieht sich somit auf zwei Rationalitätsdimensionen und folglich zwei Welten: die objektive und die soziale. Nur so können wir zwischen Unglück und Unrecht unterscheiden. Zudem können wir uns nur angemessen an Normen orientieren, wenn wir wissen, welcher Sachverhalt unter eine Norm fällt und ob dieser gegeben ist. Um ein Beispiel zu geben: (1) Es gilt die Norm: Wenn man jemanden angerem-

pelt hat, muss man sich bei ihm entschuldigen. (2) Ich habe
wirklich jemanden angerempelt, nämlich diesen Mann dort. (3)
Also muss ich mich bei ihm entschuldigen.

Für die Rationalität von Wünschen und Gefühlen bleibt aber
auch dieser Begriff blind, weil er Beziehungen von Akteuren zur
subjektiven Welt, also zu ihren eigenen Gefühlen nicht berücksichtigt. Hierauf ist wiederum der Begriff des *dramaturgischen*
Handelns zugeschnitten, der die Innenwelt gegen eine Außenwelt
abhebt. So versucht der Akteur beim dramaturgischen Handeln,
anderen gegenüber darzustellen, welche subjektiven Erlebnisse, also Wünsche, Gefühle und Empfindungen er hat und wie er sich
versteht. Allerdings nimmt dieser Begriff hiermit die Differenzierung von objektiver und sozialer Welt wieder zurück, auf der
die Fähigkeit von Akteuren beruht, Fakten und Normen zu unterscheiden.

In Abgrenzung zu diesen drei einseitigen Handlungsbegriffen
glaubt Habermas, dass moderne Akteure zugleich Bezüge zu
allen drei Welten aufnehmen und diese auch voneinander unterscheiden können. Sie haben also ein ›dezentriertes‹ Selbst- und
Weltverständnis entwickelt. Seines Erachtens stellen das teleologische, das normenregulierte und das dramaturgische Handeln
deshalb Vereinseitigungen bzw. »Grenzfälle« (TKH I: 143) des
kommunikativen Handelns dar. Das kommunikative Handeln
erfasst Bezüge zur objektiven, zur sozialen und zur subjektiven
Welt und folglich auch alle rationalisierungsfähigen Aspekte des
Handelns. Um zu unserem Holzfällerbeispiel zurückzukehren:
Die Handlung des Holzfällers kann angemessen nur beschrieben
werden, wenn wir sie auf die Gründe hin analysieren, aufgrund
deren er sie für klug, legitim und authentisch hält. Er kann den
Baum fällen, darf dies tun und will dies auch.

(b) *Der Begriff des kommunikativen Handelns*: Das Konzept des
kommunikativen Handelns entwickelt Habermas nicht allein auf

dem Wege einer Erweiterung anderer soziologischer Handlungs-begriffe. Im Unterschied zur Tradition wählt er nämlich von An-fang an einen konsequent interaktionstheoretischen Zugang. Was aber heißt ›interaktionstheoretisch‹? Die Begriffe des teleologi-schen, des normenregulierten und des dramaturgischen Handelns gehen zunächst vom einzelnen Akteur aus. Dagegen richtet Ha-bermas sein Augenmerk vor allem auf den Mechanismus der Handlungs*koordinierung*, also auf die Art und Weise, wie die Handlung des einen Akteurs auf die eines anderen reagiert – oder wie Habermas sagt: ›anschließt‹. Hier kommt für ihn alles auf die Art der Handlungskoordinierung an. Zentral ist für Ha-bermas die Differenz zwischen einer Koordinierung durch vor-gegebene Interessenlagen und einer Koordinierung durch norma-tives Einverständnis. Hierdurch gelangt er zu zwei Handlungs-typen. Interaktionen zwischen erfolgsorientiert eingestellten Ak-teuren nennt Habermas – das haben wir bereits oben am Bei-spiel des Betrügers ausgeführt – strategisches Handeln. Interak-tionen zwischen verständigungsorientiert eingestellten Akteuren nennt er kommunikatives Handeln. Im ersten Fall beruht die Handlungskoordinierung auf einer zufälligen Übereinstimmung der egozentrischen Erfolgskalküle, Manipulation oder Zwang auf-grund von Machtasymmetrien. Auch diese strategischen Hand-lungen können hinterfragt werden, weisen also einen Rationali-tätsbezug auf; aber eben nur in Bezug auf ihre Wirksamkeit. Der zweite Fall des kommunikativen Handelns dagegen beruht auf einem Einverständnis der Akteure darüber, dass ihre Interaktion wirksam, berechtigt und täuschungsfrei ist – einem Einverständ-nis, das mithin durch den Austausch von Gründen in allen drei Ra-tionalitätsdimensionen herbeigeführt wird oder bereits besteht. In-sofern ist das kommunikative Handeln für Habermas *vernünftiger*.

Nehmen wir an, unser Holzfäller will eine bestimmte Tanne im Wald als Weihnachtsbaum schlagen. Nun sieht er jemand anderen ebenfalls mit einer Axt in den Wald gehen. Als strategischer Akteur will er auf alle Fälle ›seine‹ Wunschtanne fällen. Er kann nun schlicht darauf hoffen, dass der andere sich sowieso eine andere Tanne aussucht. Sollte dies nicht der Fall sein und es zum Konflikt kommen, so kann er die andere Person anlügen (»Es gibt etwas weiter im Wald viel schönere Tannen!«) oder ihr drohen (»Wenn Du diese Tanne für Dich behalten willst, werde ich Dich verprügeln!«). Und natürlich kann er auch den Kürzeren ziehen, sollte sich der andere als kräftiger erweisen. Als kommunikativ Handelnder hingegen würde er diesen nicht übervorteilen, sondern zu einer gütlichen Lösung kommen wollen. Er würde ihm die eigenen Gründe schildern und die des anderen anhören. Vielleicht hat dieser ja viel bessere Argumente (er hat etwa ein schwer krankes Kind, dem ein schöner Weihnachtsbaum in diesem Jahr ganz besonders wichtig wäre). Der kommunikativ Handelnde vermag die eigenen Ziele zur Disposition zu stellen und an den Zielen des anderen zu relativieren. Entscheidend ist hier nicht das Ergebnis (»Wer bekommt die Tanne am Ende?«), sondern wie es zu diesem Ergebnis kam (»Beruht es auf einem Einverständnis, das gegebenenfalls diskursiv unter Berücksichtigung aller relevanten Argumente herbeigeführt worden ist?«). Erst das kommunikative Handeln kann gänzlich, nämlich in Bezug auf alle drei Dimensionen rational genannt werden. Die Verständigung über eine Handlungssituation mündet nämlich genau dann in ein Einverständnis der Beteiligten, wenn diese die Geltungsansprüche akzeptieren, die innerhalb des gemeinsamen Verständigungsprozesses erhoben wurden. Habermas' Theorie soll also nicht nur besser als andere Ansätze *erklären*, was es heißt, dass Menschen handeln, sondern zudem einen bestimmten Handlungstypus *normativ* (als vernünftiger) auszeichnen, nämlich den kommunikativen.

Das bedeutet nicht, dass kommunikatives Handeln interesse-lose Akteure voraussetzt. Wer handelt, verfolgt Ziele. Auch unser Holzfäller hört nicht auf, ein Interesse an ›seiner‹ Wunschtanne zu haben. Aber davon bleibt der Mechanismus der Handlungs-koordinierung unberührt. Wer kommunikativ handelt, verfolgt die eigenen Ziele auf der Grundlage einer Situationsdefinition, die zwischen den Interaktionspartnern weder in Bezug auf die Wahrheit der dabei unterstellten Sachverhalte noch die norma-tive Richtigkeit der berührten sozialen Beziehungen oder die Aufrichtigkeit der Akteure strittig ist.

Ein anderes Missverständnis bestünde darin, kommunikatives Handeln mit Sprechen gleichzusetzen. Aus diesem Grund haben wir ja so deutlich zwischen Rationalitäts- und Handlungstheo-rie unterschieden. Auf der einen Seite wird Sprache nicht nur verständigungs-, sondern auch erfolgsorientiert gebraucht. Wie bereits ausgeführt, argumentiert Habermas, dass der erfolgsori-entierte Sprachgebrauch den verständigungsorientierten voraus-setzt (und auch das strategische Handeln nur ›parasitär‹ auf dem kommunikativen Handeln als dem Originalmodus aufsitzt; vgl. zur Kritik hieran Kap. 5.1). Auf der anderen Seite muss ein Ein-verständnis in der Regel nicht erst explizit herbeigeführt wer-den. Akteure folgen in weiten Teilen Routinen und verstehen sich wortlos; etwa wenn unser Holzfäller dem anderen Vortritt ge-währt, weil dieser älter ist. Nur Situationsdefinitionen, die zunächst strittig sind, erfordern einen offenen Verständigungsprozess: ei-nen Diskurs, die reflexive Form kommunikativen Handelns.

2.4 Die Gesellschaftstheorie: Lebenswelt und System

Habermas entwickelt seine Kritische Theorie, das dürfte bislang deutlich geworden sein, primär auf handlungstheoretischer Grundlage. Inwiefern lassen sich aber mithilfe von Handlungen ganze Gesellschaften erklären? Genau dies muss Habermas ja können, wenn es sein Ziel ist, auch soziale und politische Missstände kritisieren zu können. Im Folgenden werden wir daher zunächst erläutern, wie Habermas zur Beschreibung der Funktionsweise ganzer Gesellschaften den soziologischen Begriff der Lebenswelt als Komplementärbegriff, also Ergänzung, zu dem des kommunikativen Handelns einführt (a). Sodann skizzieren wir, wie Habermas sich die Logik und Dynamik gesellschaftlicher Entwicklungsprozesse vorstellt, die er als Fortschritt begreift (b). Schließlich erläutern wir, was er unter der Entkopplung von System und Lebenswelt versteht (c).

(a) *Die Lebenswelt*: Den Begriff des kommunikativen Handelns entwickelt Habermas, um zu erläutern, wie Gesellschaften funktionieren, wie sie sich entwickeln und welche Probleme dabei entstehen. Doch woraus besteht die Gesellschaft überhaupt? Wofür genau soll das kommunikative Handeln von so großer Bedeutung sein? Seine Antwort darauf entwickelt Habermas in Auseinandersetzung mit dem Begriff der Lebenswelt. Diesen verwendet er zunächst als Synonym für Gesellschaft. Der Vorteil des Lebensweltbegriffs liegt für ihn darin, dass er in der Geschichte der Sozialtheorie schon genauer bestimmt worden ist. Die Lebenswelt besteht demzufolge aus Sinnstrukturen. Entsprechend gilt Habermas die Lebenswelt (bzw. die Gesellschaft) zunächst als jener Bereich, in welchem Subjekte vor einem stets gegebenen Hintergrund tradierter Werte, Auffassungen und Überzeugungen Handlungen ausführen und koordinieren (TKH II: 182 ff.). Dieser unthematisierte Sinnhorizont wird schlicht als gültig vorausgesetzt und versorgt die menschlichen Situationsdeutungen mit einer unüberschaubaren Menge geteilter Prämissen, die niemals alle zugleich hinterfragt werden können. Wollte man nämlich auf einen Schlag dieses lebensweltliche Hintergrundwissen in seiner Gesamtheit problematisieren, verfügte man über keinerlei Kriterien mehr, anhand deren man die bezweifelten Aussagen einer erneuten Lösung zuführen könnte. Vielmehr werden einzelne Überzeugungen infrage gestellt und erst nach der gemeinsamen Klärung in veränderter Form wieder akzeptiert. Insofern ist der Begriff eines ›Hintergrund*wissens*‹ ungenau: Erst wenn wir Sinngehalte problematisieren, werden diese zum Gegenstand bewusster Erkenntnis, verlieren damit aber auch ihren Status als Bestandteil der Lebenswelt (und werden zu etwas in der Welt).

Nun problematisieren wir Sinngehalte Habermas zufolge vor allem dann, wenn wir in unseren Handlungen scheitern, sei es an der widerständigen Natur (»Warum fällt der Baum nicht um?«) oder am Dissens eines anderen (»Warum weigert sich der andere, meiner berechtigten Aufforderung zu folgen?«). Erst wenn also eine Handlung als unklug, unmoralisch oder unaufrichtig kritisiert wird (oder durch eine Geste bzw. Handlung des Missfallens ›abgelehnt‹ wird), zeigt sich, dass kommunikatives Handeln im Kern auf »Verständigung im Sinne eines kooperativen Deutungsprozesses« (TKH I: 151) basiert. Erst hier kommt es zu der von Habermas betonten Möglichkeit, dass ein Problem, welches innerhalb der Praxis aufgetaucht ist und nicht routinemäßig behoben werden kann, in einem handlungsentlasteten Diskurs reflexiv verhandelt werden muss. Die Erwiderung kann dann erstens ein geteiltes Hintergrundverständnis bloß in Erinnerung rufen oder zweitens explizit argumentieren. Damit sich ganze Gesellschaften ›reproduzieren‹, also über Generationen hinweg erhalten können, müssen Menschen folglich kommunikativ handeln, sei es gewissermaßen naiv innerhalb eines Horizontes an – oftmals impliziten – Gründen, sei es, angesichts von Problemen, reflexiv in der Form von Diskursen. Nur eine Theorie des kommunikativen Handelns lässt uns demnach verstehen, wie Gesellschaften wirklich funktionieren.

Habermas argumentiert nun, dass die Lebenswelt nicht nur aus Sinnstrukturen besteht, sondern noch weitere Elemente aufweist, nämlich soziale Beziehungen und persönliche Fähigkeiten. Dementsprechend unterscheidet Habermas drei Komponenten der Lebenswelt: Kultur, Gesellschaft und Persönlichkeit. (Den Gesellschaftsbegriff verwendet Habermas hier verwirrenderweise doppelt, nämlich einmal in einem umfassenden Sinne, der für die Gesellschaft bzw. Lebenswelt als Ganze steht, und einmal im Sinne eines Teilsegments der Lebenswelt.) Habermas zufolge ist die Lebenswelt daher auf drei zentrale Ressourcen angewiesen, nämlich Sinn (bzw. Wissen), Solidaritäten (bzw. soziale Ordnungen oder Gruppenzugehörigkeiten) und Ich-Stärke (bzw. Kompetenzen oder Fertigkeiten), die nur das kommunikative Handeln mit seinem Bezug auf das wechselseitige Geben und Nehmen von Gründen erzeugen kann.

Diese drei Lebensweltkomponenten halten die gesellschaftlichen Ressourcen bereit, auf die Akteure in ihren Interaktionen zurückgreifen müssen und die nur durch kommunikatives Handeln reproduziert werden können. Aber warum soll das so sein? Im Folgenden wollen wir auf diese drei Lebensweltkomponenten etwas genauer eingehen. Dabei lautet die Grundthese: Ohne kommunikatives Handeln und seinen konstitutiven Bezug auf Gründe könnten kulturelle Tradierung (1), soziale Integration (2) und persönliche Sozialisation (3) nicht gelingen (TKH II: 205 ff.).

(1) *Kultur und Sinn*: Eine jede Gesellschaft muss über einen sinnstiftenden Vorrat an kulturellen Wissensbeständen und Deutungsmustern verfügen, aus dem man Ziele und Werte schöpfen und anhand deren man sich verständigen kann. Nur im Rahmen einer tradierten Kultur erschließt sich uns die Welt als hinreichend kohärente, sind wir fähig, unser Leben zu gestalten und vermögen wir, neu auftretende Herausforderungen zu bewältigen (TKH II: 212). Dabei lässt sich dieses Wissen, das über Ge-

nerationen hinweg angespeichert wurde, erneut nur durch Verständigung weitergeben, modifizieren und kreativ erneuern – auch wenn es dann als ›Hintergrundwissen‹ nicht immer hinterfragt wird. Weil sich die Subjekte stets in einem »logischen Raum der Gründe« (Sellars 1956: 76) bewegen, müssen sie sich die eigenen Handlungen verständlich machen können. All dies muss auf der Überzeugung der betroffenen Subjekte beruhen und lässt sich nicht einfach verordnen: Es macht keinen Sinn, jemandem zu befehlen, er solle von etwas überzeugt sein; um überzeugt zu sein, benötigt man Gründe. Deshalb ist kommunikatives Handeln von zentraler Bedeutung für die Lebensweltkomponente *Kultur*.

(2) *Gesellschaft und Solidarität*: Dieser Aspekt ist für Habermas besonders wichtig. Deshalb hat es mitunter den falschen Anschein, als ginge bei ihm kommunikatives Handeln in intersubjektiver Handlungskoordinierung bereits vollständig auf. Nur ein Handeln, das von den Betroffenen als legitim erachtet wird, soll auf Dauer eine gelingende Handlungskoordinierung gewährleisten und somit auch Solidarität erzeugen können. Vor allem in Konfliktsituationen wird die handlungskoordinierende Kraft der Verständigung deutlich. Wenn A die Kooperation gegenüber B verweigert, gibt es laut Habermas zwei Möglichkeiten. Entweder B ignoriert die Problematisierung und zwingt A mit bloßer Gewalt, die unterlassene Anschlusshandlung auszuführen, oder B erläutert die Forderung mit einer Begründung. Diese bezieht sich zumeist auf einen unhinterfragten Überlieferungskontext. So stellte in traditionalen Gesellschaften der Hinweis darauf, man schulde es Gott oder dem König, beileibe kein unverständliches oder unplausibles Argument dar. Allerdings gibt es angesichts eines solchen Sprechaktangebots auch zwei mögliche Reaktionen seitens A. Akzeptiert A die Begründung, und mag diese auch noch so ideologisch sein, so ist das Koordinationsproblem vorerst gelöst. Wird die Geltung der vorgebrachten Begründung von A hin-

gegen angezweifelt, kann B entweder doch auf Zwang zurückgreifen oder aber sich auf die explizite Thematisierung dieses Ausschnitts der Lebenswelt innerhalb eines Diskurses einlassen. Solche Argumentationen stellen ›Reparaturleistungen‹ dar. Denn meistens koordinieren wir unsere Handlungen auf der Grundlage geteilter Überzeugungen, die wir gar nicht problematisieren.

Der Rückgriff auf Zwang und Gewalt stellt für Habermas aus mehreren Gründen eine unbefriedigende Lösung dar. Erstens geht er eher intuitiv davon aus, dass niemand diese Lösung ernsthaft wollen kann (EA: 56). Diese Vorstellung wird zweitens dadurch gestützt, dass Zwang insofern unbegründet im Sinne von ›arational‹ ist, als der Argumentation mit anderen gerade ausgewichen wird und damit drittens die bereits eingegangenen Rationalitätsverpflichtungen durch die Handlungsweise, also ›performativ‹ verletzt werden. Schließlich glaubt Habermas, dass sich solidarische Gefühle auf Dauer nur einstellen, wenn die Betroffenen die Beziehungen zu den anderen bejahen. So kann auch eine institutionelle Ordnung nur bestehen, wenn sie zumindest den Anschein erweckt, auf guten Gründen zu basieren. Deswegen ist kommunikatives Handeln auch notwendig für die Lebensweltkomponente *Gesellschaft*.

(3) *Persönlichkeit und Ich-Stärke*: Habermas teilt schließlich die Grundidee der Anerkennungstheorie, dass Subjekte nur vermittels der Bestätigung anderer ein Bild ihrer selbst auszubilden vermögen: »Nun kann niemand seine Identität unabhängig von den Identifikationen aufbauen, die andere mit ihm vornehmen. [...] So ist nicht eigentlich die Selbstidentifikation, sondern die intersubjektiv anerkannte Selbstidentifikation Grundlage für die Behauptung der jeweils eigenen Identität.« (RHM: 21; auch ND: 187 ff.) Dabei ist der Blick der anderen stets sprachlich vermittelt, so dass sich die Anerkennung von Beginn an im Medium von

Gründen abspielt. Hierdurch kann eine erfolgreiche Erziehung unmöglich in Konditionierung durch Strafe und Belohnung aufgehen, sondern sie bedarf der Vermittlung durch für begründet gehaltene Vorstellungen und Werthaltungen. Aus diesen Gründen ist kommunikatives Handeln notwendig für die Lebensweltkomponente *Persönlichkeit*.

Sind Gesellschaften folglich auf intakte Strukturen kommunikativen Handelns angewiesen, deren Beschädigung zu Pathologien führt (vgl. genauer Kap. 3.1), so gilt dies auch für das einzelne Subjekt. Denn dieses ist mit seinem ganzen Selbstverständnis tief in die kommunikative Textur der Lebenswelt eingewoben. Wollte es das kommunikative Handeln (und die damit einhergehenden Rationalitätsverpflichtungen) in Gänze vermeiden, so müsste ein solcher Verzicht auf geteilten und begründeten Sinn in Schizophrenie, letztlich gar im Selbstmord enden (MKH: 112; VE: 488). Demnach gibt es für Wesen, wie wir es sind, laut Habermas keine Alternative zum kommunikativen Handeln.

(b) *Zur Logik und Dynamik gesellschaftlicher Entwicklungen*: Habermas geht nun davon aus, dass auch die Entwicklung sozialer Strukturen einer eigenen Logik folgt, die sich nicht auf einzelne Handlungen, geschweige denn die konkreten Absichten einzelner Akteure zurückführen lässt – wohl aber auf die Struktur des kommunikativen Handelns. Demnach haben wir es mit umso rationaleren Weltbildern zu tun, je größer die Notwendigkeit ist, für bestimmte Aussagen Gründe anzugeben, anstatt sich auf unhinterfragte Gewissheiten zu stützen (vgl. RHM: 19; TKH II: 119; FG: 37 ff.). Eine solche Gesellschaft entfaltet das immanente Rationalitätspotenzial des kommunikativen Handelns, weil Geltungsansprüche als solche erkannt und problematisiert werden können. In dem Maße, wie Gründe für, aber auch gegen bestimmte Vorstellungen explizierbar werden, steigt auch die *Wahrscheinlichkeit*, dass illegitime Überzeugungen als illegitim entlarvt werden.

94

Gleichwohl ist damit noch nicht geklärt, was als illegitim zu gelten hat. Selbst eine Kultur, die auf einer religiösen Moral gründete, würde umso rationaler, je stärker für bestimmte Auslegungen der heiligen Schrift argumentiert werden müsste. Zudem garantiert eine höhere Reflexivität keineswegs, dass die Antworten überzeugender ausfallen. Aber die Betroffenen, und vor allem die Herrschenden, sind doch gezwungen, ihre Antworten *überhaupt* zu begründen. Erst hierdurch ergibt sich die Möglichkeit von Lernprozessen.

Im Zuge ihrer Reproduktion wandelt sich daher die Lebenswelt. In frühen Gesellschaften war das Einverständnis, das die Handlungskoordinierung ermöglichte, durch Mythen gesichert. Auch die rituellen Praktiken, durch die sich diese Gesellschaften reproduzierten, beruhten auf kommunikativem Handeln. Aber die sakrale Wurzel der Gesellschaft schirmte ihre zentralen Institutionen gegen Infragestellungen ab. Habermas nimmt heute zwar an, dass im Ritus, der in der religiösen Praxis jedenfalls einstweilen fortlebt, Bedeutungen symbolisch verkörpert werden, deren rationale Übersetzung und Aneignung eine Herausforderung darstellt, weil sie unterhalb der Schwelle einer grammatikalisch ausdifferenzierten Sprache verbleiben (ND II: 74 ff., 77 ff.). Weltbilder jedoch konnten, sobald sie als Welt*deutungen* durchschaut wurden, hinterfragt und kritisiert werden. Hierdurch differenziert sich auch das formale Bezugssystem der drei Welten aus, weil die Subjekte erkennen, dass es einen Unterschied macht, welchen der drei Geltungsansprüche sie jeweils problematisieren. Zwar wurden Geltungsansprüche implizit schon immer erhoben, aber dass wir sie als solche wahrnehmen und zudem als Trias begreifen, ist eine moderne Errungenschaft (vgl. TKH II: 283 ff.). So erhob bereits der Ketzer mit seiner Aussage »Die Erde kreist um die Sonne« einen Wahrheitsanspruch, obgleich er damit zudem kundtat, dass er sich hierzu trotz kirchlichen Verbots legitimiert glaubte. Schließlich bewies er seine Wahrhaftigkeit, indem er dies trotz großer Gefahren unternahm.

Im Zuge der Ausdifferenzierung der drei Geltungsansprüche kommt es zur Etablierung besonderer Wissenssphären (vgl. TKH I: 125), nämlich der Wissenschaft und Technik (Wahrheit), Recht und Moral (Richtigkeit) sowie Kunst und Kritik (Wahrhaftigkeit). Diese schlagen sich in Expertenkulturen nieder, die sich auf je eine Geltungsdimension konzentrieren. Dadurch entfaltet sich das Rationalitätspotenzial kommunikativen Handelns immer stärker. Habermas bezeichnet diesen gesamten Prozess als ›Versprachlichung des Sakralen‹, weil Tabus und Traditionen in seinem Verlauf ihre gebietende Kraft verlieren. Gesellschaftliche Bereiche werden zunehmend davon abhängig, dass die Gesellschaftsmitglieder die jeweiligen Geltungsansprüche autonom, also selbstbestimmt – ohne Manipulation oder Zwang – akzeptieren oder zurückweisen, also mit ›Ja‹ oder ›Nein‹ zu ihnen Stellung nehmen.

Angestoßen wird dieser Rationalisierungsprozess allerdings durch äußere Umstände, nämlich dadurch, dass Akteure mit ihren handlungsleitenden Vorstellungen an der Praxis scheitern. Habermas unterscheidet also die *Logik* der gesellschaftlichen Entwicklung von ihrer *Dynamik*. So kann z.B. trotz Regentanz die Ernte einer Dürre zum Opfer fallen. Dann sind die Menschen gezwungen, ihre Überzeugungen zu revidieren. Entscheidend ist, dass die Art und Weise, wie sie ihre Überzeugungen ändern können, abhängig ist vom jeweiligen Niveau der Verständigungsverhältnisse. In einer mittelalterlichen Ständegesellschaft sind nicht die gleichen Anpassungsleistungen möglich wie in der modernen Industriegesellschaft. Und das liegt eben nicht nur – und für Habermas nicht einmal primär – am technischen, sondern vor allem am moralischen Fortschritt. Dieser Fortschritt besteht insbesondere darin, dass sich die in frühen Gesellschaften noch weitgehend verschränkten Lebensweltkomponenten ausdifferenzieren. Nur wenn man zwischen Problemen der Wahrheit, Richtigkeit und Wahrhaftigkeit unterscheidet, kann man bestimmte Fragen überhaupt stellen, differenzierter nachdenken und damit Irrationalitäten vermeiden.

Die Richtung, in der sich Überzeugungen ändern können, die Entwicklungslogik, wird also durch die Logik der Verständigung in den drei Rationalitätsdimensionen bestimmt – dadurch, dass die an einer Interaktion Beteiligten zu ihren Auffassungen bzw. den jeweils erhobenen Geltungsansprüchen wechselseitig Stellung nehmen müssen. Inwiefern geht aber mit der Differenzierung von Geltungsansprüchen ein Fortschritt einher? Die Unterscheidung von *Wahrheit und Wahrhaftigkeit* führt zu der grundlegenden Einsicht, dass Wissen und Glauben nicht identisch sind und auch ein intensives subjektives Gefühlserlebnis nicht als Offenbarung einer (göttlichen) Wahrheit gelten kann. Die Differenzierung von *Wahrhaftigkeit und Richtigkeit* verweist zudem darauf, dass die subjektive Gewissheit, die göttlichen Gebote würden gelten, normativ genauso wenig zählt wie Gefühle des Unbehagens. Diese Gefühle können auf normative Probleme verweisen, legen aber noch keine Kriterien des Richtigen fest. Diese lassen sich nur gemeinsam durch intersubjektiv nachvollziehbare Gründe gewinnen. Wenn man die Geltungsansprüche der *Wahrheit und Richtigkeit* voneinander unterscheidet, ergibt sich ein potenzieller Fortschritt in zumindest zwei Hinsichten. In der Dimension der Wahrheit werden durch die Trennung von Sein und Sollen wichtige Fragen nicht mehr durch die bindende Autorität angeblich übersinnlicher Kräfte und die sie umgebenden Tabus bestimmt. Solch metaphysische Erklärungen verlieren ihre Überzeugungskraft, weil sie nicht nur zunehmend im Plural auftreten, sondern sich auch im Wettstreit mit naturwissenschaftlichen Theorien als unterlegen erweisen. Das hat zur Folge, dass zum Beispiel Naturkatastrophen nur noch als Unglück und nicht mehr als Strafe verstanden werden. In der Dimension der Richtigkeit ist die Unterscheidung fruchtbar, weil sich hierdurch Zuschreibungen empirisch widerlegen lassen, die Ungleichheiten rechtfertigen – etwa Annahmen rassistischer oder sexistischer Natur. Zudem wird durch diese Trennung das Bewusstsein dafür geschärft, dass etwas nicht allein deshalb so sein soll, weil es faktisch so ist.

Dieser Rationalitätsgewinn schlägt sich in einer Formalisierung von Kultur, Gesellschaft und Persönlichkeit nieder und geht auf die immer größere Möglichkeit zurück, althergebrachte Vorstellungen kritisch infrage zu stellen. Der Fortschritt äußert sich in der Verwissenschaftlichung des Wissens, der Universalisierung und Prozeduralisierung von Recht und Moral sowie der zunehmenden Individualisierung der Subjekte. Diesen gesamten Prozess erklärt Habermas im Rahmen einer Stufentheorie gesellschaftlicher Evolution, die zeigen soll, dass das moderne im Vergleich zum traditionalen Selbst- und Weltverständnis nicht nur ein anderes, sondern ein vernünftigeres ist. Hier greift Habermas auf die – ebenfalls rekonstruktiv verfahrende – Theorie der Moralentwicklung zurück, die Lawrence Kohlberg entwickelt hat. Ihr zufolge bildet das Kind auf der präkonventionellen Stufe noch gar kein angemessenes Verständnis intersubjektiver Normen aus, sondern befolgt diese aus Angst vor Strafe (Stufe 1) bzw. weil es sich hiervon einen Vorteil verspricht (Stufe 2). Auf der konventionellen Stufe internalisiert das Kind diese Normen, weil es als ›gutes‹ Kind gelten will, das den Erwartungen der eigenen *peer group* entspricht (Stufe 3) bzw. weil sich nur durch rollenkonformes Verhalten die soziale Ordnung aufrechterhalten lässt (Stufe 4). Erst mit der Hinterfragung dieser Normen tritt das Kind in die postkonventionelle Phase ein. Hier muss es aus dem nunmehr verfügbaren Reservoir an Gründen eine eigene, komplexe Ich-Identität aufbauen. Diese Stufenfolge soll nun nicht nur für die individuelle Entwicklung von Kindern – also die ›ontogenetische‹ Ebene – gültig sein, sondern auch für die kollektive Entwicklung ganzer Gesellschaften, letztlich der Gattung als solcher – also auf der ›phylogenetischen‹ Ebene. Auch Gesellschaften machen folglich eine Art Pubertät durch – das Zeitalter der Aufklärung –, aus der sie autonomer und unabhängiger hervorgehen.

An dieser Weise, die gesellschaftliche Evolution zu begreifen, lässt sich im Übrigen gut der Unterschied zum Ansatz von Karl Marx und der darauf aufbauenden älteren Kritischen Theorie (Max Horkheimer, Theodor W. Adorno) verdeutlichen. Während Marx, aber auch Adorno und Horkheimer, die Struktur der Gesellschaft in erster Linie von den ökonomischen Verhältnissen bestimmt sahen, hält es Habermas (ähnlich wie z.B. Max Weber) für entscheidend, wie die gesellschaftlichen Machtbeziehungen gerechtfertigt werden. Auch bei den Produktionsverhältnissen handelt es sich dieser Auffassung zufolge um intersubjektive Verhältnisse, die sich nur stabilisieren können, wenn sie weithin als legitim anerkannt werden, also auf einem ›Legitimationsglauben‹ beruhen. Was jeweils als legitim akzeptiert wird, hängt aber von der Art der Gründe ab, die gesellschaftlich gelten. Grundlegend für die Verfassung der Gesellschaft, so Habermas, sind deswegen ihre Kommunikations- bzw. Verständigungsverhältnisse. Der Prozess der Modernisierung verläuft folglich als Rationalisierung der gesellschaftlichen Verständigungsverhältnisse.

(c) *System und Lebenswelt*: Dieser Zugewinn an Rationalität und Autonomie bedeutet jedoch zugleich ein gesteigertes Dissensrisiko und damit auch die Gefahr scheiternder Handlungskoordinierung. Das wird vorerst noch verschärft durch das Entstehen strategischen Handelns als eigenständigem Typus. Die Ausdifferenzierung von Fragen der Wahrheit (objektive Welt) und solchen der Richtigkeit (soziale Welt) ermöglicht nämlich ein Handeln, das dadurch gekennzeichnet ist, dass es effektiv auf die Welt einzuwirken vermag, ohne sich um die Legitimität der Handlungsorientierungen zu kümmern. Erst auf diese Weise kann sich das erfolgs- vom verständigungsorientierten Handeln emanzipieren, kann sich strategisches Handeln als eigenständiger, vom kommunikativen Handeln unterschiedener Typus entwickeln.

Auf diese Gemengelage, das erhöhte Dissensrisiko sowie die Herausbildung strategischen Handelns, reagiert nun das moderne Formalrecht, indem es den Subjekten erlaubt, sich innerhalb bestimmter Bereiche nach eigenem Gutdünken zu verhalten, solange sie den gleichen Willkürspielraum der anderen akzeptieren (vgl. hierzu genauer Kap. 4.1). Zudem lassen sich erst durch das posttraditionale Recht Bereiche rechtlich konstituieren, in denen sodann Handlungen nicht mehr über kommunikatives Handeln, sondern über die Medien Geld und Macht koordiniert werden. Das Recht verankert nämlich in Form von Eigentums- und Vertragsfreiheit das Geld sowie mittels amtsgebundener Weisungsbefugnisse administrative Macht in der (Gesellschaftskomponente der) Lebenswelt.

Historisch wird erst hierdurch die »Entkopplung« der Ökonomie und der staatlichen Bürokratie von der Lebenswelt möglich (TKH II: 272). Was ist damit gemeint? Diese Unterscheidung von Lebenswelt und System gehört zu den wichtigsten Weichenstellungen innerhalb der Habermas'schen Gesellschaftstheorie – und zugleich zu den umstrittensten (vgl. hierzu insbesondere Kap. 5.1 und 5.2). Wirtschaft und Staat (im Sinne von staatlicher Verwaltung) bilden zwei, allerdings auch die einzigen ›Subsysteme‹. Diese beschreibt Habermas – beeinflusst durch die Arbeiten von Talcott Parsons und Niklas Luhmann – als Bereiche, in denen Handlungen nicht mehr über ein kommunikativ problematisierbares oder erst noch zu erzielendes Einverständnis koordiniert werden, sondern mithilfe der »entsprachlicht[en] Kommunikationsmedien« (TKH II: 230) Geld und administrative Macht. Diese sollen »nicht-intendierte Handlungszusammenhänge über die funktionale Vernetzung von Handlungsfolgen« (TKH II: 226, auch 179) stabilisieren. Aber was bedeutet dieser eher kryptisch anmutende Satz?

Habermas zufolge sind die Systeme der Wirtschaft und des Staates zu komplex, als dass sie noch durch intentionale, also beabsichtigte Handlungen einzelner Subjekte funktionieren könnten. Aber wie können dann Geld oder administrative Macht Handlungen koordinieren? Wie gut auch die Argumente sein mögen, ein bestimmtes Produkt zu produzieren – dieses wird sich auf dem Markt nur behaupten können, wenn es hinreichend große Profite abwirft. Und wer auf dem Markt einkaufen geht, mag noch so starken Hunger haben – sein Essen bekommt er nur, wenn er es bezahlen kann. Das Wirtschaftssystem ist also in einer Weise organisiert, die bestimmte Handlungen erfolgreich sein lässt (mit dem Angebot die Nachfrage befriedigen; Geld erwerben, um Bedürfnisse zu stillen). Deshalb ›erzwingt‹ der Markt von den Individuen bestimmte Handlungen. Innerhalb der staatlichen Verwaltung wiederum gilt: So sehr man an der Legitimität bestimmter Vorgaben auch zweifeln mag – als Bürokrat hat man sich den Weisungen des Vorgesetzten letztlich zu fügen. Und darum weiß auch der Vorgesetzte. Die Medien ›Geld‹ und ›Macht‹ fungieren somit als letzte Bezugspunkte allen Handelns.

Als letzte Instanz fungiert in Wirtschaft und Staat nicht das bessere Argument, sondern der Bezug auf das jeweilige Medium, auf Geld bzw. administrative Macht. Gleichwohl stellen sich Handlungen innerhalb der Systeme nicht einfach mechanisch ein. Sie müssen weiterhin *motiviert* sein. Geld und Macht motivieren aber rein empirisch, also durch Vor- bzw. Nachteile, und nicht rational, durch den Bezug auf überzeugende Gründe. In diesem Sinne wird die Handlungskoordination nicht über die Überzeugungskraft guter Argumente, sondern über empirisch motivierte Bindungen hergestellt, nämlich durch die Angst vor Schädigungen und den Wunsch nach Entschädigungen (TKH II: 273).

Das heißt nun nicht, dass alle wirtschaftlichen und administrativen Interaktionen strategisches Handeln darstellen. Sicherlich besteht in den Systemen eine Tendenz der Akteure, eine strategische Einstellung einzunehmen. Gerade das erlaubt ihnen ja das Recht. Aber auch in Wirtschaft und Verwaltung können Akteure durchaus aufgrund normativer Erwägungen agieren und somit kommunikativ handeln. Die Unterscheidung von System und Lebenswelt ist also nicht so gemeint, dass in den Systemen ausschließlich strategisch und in der Lebenswelt allein kommunikativ gehandelt würde. So wie auch in der Lebenswelt strategische Einstellungen möglich sind, spielen Verständigungsleistungen bei der Handlungskoordination in der Ökonomie und der Bürokratie ebenfalls eine Rolle.

Aber – und das ist der Punkt, um den es Habemas geht – Verständigung ist in den Systemen nicht in der gleichen Weise entscheidend: Während die Betroffenen strategisches Handeln in der Lebenswelt kritisieren können, sind die Systeme rechtlich gerade so beschaffen, dass Gründe die Medien Geld bzw. Macht im Konfliktfall eben nicht mehr übertrumpfen können. In letzter Instanz müssen die Subjekte sich in Wirtschaft und Staat an der Eigen- bzw. Funktionslogik der Systeme orientieren, also daran, dass nur Geld und Macht zählen. Strategisches Handeln lässt sich innerhalb der Systeme deshalb nicht mehr effektiv kritisieren (TKH II: 458 ff.).

Was ist konkret damit gemeint, dass strategisches Handeln innerhalb der Systeme nicht mehr effektiv kritisierbar ist? Auf dem Markt können Personen über Preise diskutieren, doch Verkäufer sind nicht genötigt, nachsichtig gegenüber Bedürftigen zu sein, um ihre Ware zu veräußern. Und in der Verwaltung lassen sich

Anordnungen hinterfragen, aber der Vorgesetzte muss seine Weisungen nicht begründen, um deren Ausführung zu gewährleisten. Die rechtliche Konstitution von Geld und administrativer Macht, so Habermas, »entmächtigt« (TKH II: 462) in Wirtschaft und Verwaltung die Geltungsbasis der Rede. Interaktionen beruhen hier nicht mehr unweigerlich auf kritisierbaren Geltungsansprüchen. Sie können auch gelingen, ohne dass die Beteiligten bereit sind, ihr Tun zu rechtfertigen.

Auf diese Weise entlasten Geld und Macht die Subjekte zugleich von aufwendigen Verständigungsleistungen. Und aus diesem Grund setzt sich die Entkopplung der Systeme von der Lebenswelt Habermas zufolge durch: Dieser Koordinationsmodus ist so effektiv, dass der Verzicht auf dissensbehaftete Verständigungsprozesse in akzeptabler Weise kompensiert wird. Die höhere Effizienz lässt die Medien des Geldes und der Macht rational und damit für den Bereich der materiellen Reproduktion akzeptabel erscheinen (Iser/Strecker 2002: 25 f.).

Mit der gesellschaftlichen Institutionalisierung von Geld und Macht sind also die Voraussetzungen für die Entwicklung des modernen Verwaltungsstaates und der kapitalistischen Ökonomie gegeben. Vom Erfordernis der Verständigung entlastet, lösen sich diese Bereiche der materiellen Reproduktion der Gesellschaft insofern von der Lebenswelt, als sie nicht mehr auf Prozessen der Verständigung beruhen. Demgegenüber ist die Lebenswelt, die in modernen Gesellschaften laut Habermas aus Privatsphäre und Öffentlichkeit besteht, allein noch für die symbolische Reproduktion der Gesellschaft zuständig.

Die gesellschaftliche Entwicklung wird von Habermas folglich als zweistufiger Differenzierungsprozess beschrieben. In einem ersten Schritt entschränken sich zunächst die Lebensweltkomponenten Kultur, Gesellschaft und Persönlichkeit. In einem zweiten Schritt entkoppeln sich dann die Subsysteme Wirtschaft und Staat von der Lebenswelt. Die symbolische Reproduktion der Gesellschaft soll notwendig auf kommunikatives Handeln angewiesen sein, weil Sinn, Solidaritäten und Ich-Stärke nicht verordnet, sondern nur auf der Grundlage eines Einverständnisses ausgebildet werden können. Demgegenüber lassen sich administrative und wirtschaftliche Funktionen im Prinzip problemlos und effizienter erfüllen, wenn Verständigungsanforderungen durch systemische Mechanismen ersetzt werden.

Verwaltungsstaat und Marktwirtschaft gelten Habermas also nicht per se als problematisch. Zu einem Problem werden die Systeme erst, wenn ihre Funktionslogiken in die Lebenswelt eindringen und das dort notwendige kommunikative Handeln verdrängen, die Lebenswelt also ›kolonialisiert‹ wird (vgl. ausführlich Kap. 3.1). Die Gefahr rührt hier letztlich nicht daher, dass die Akteure in solchen Zusammenhängen strategisch handeln. Vielmehr besteht sie darin, dass die Betroffenen dieses strategische Handeln nicht mehr effektiv kritisieren können, weil es rechtlich autorisiert ist. Habermas diskutiert unter anderem die Verrechtlichung des Schulsektors als exemplarischen Fall einer Kolonialisierung der Lebenswelt. Hier mögen Lehrer und Schüler durchaus Kritik an Vorgaben der Schulverwaltung üben, sei es in Bezug auf die Unterrichtsgestaltung oder die Lehrinhalte. Doch diese Kritik lässt die Interaktion, also die Durchsetzung der Vorgaben, nicht scheitern, wenn die Verwaltung Gebrauch von ihrer Weisungskompetenz macht. Geld und Macht vernetzen Handlungen funktional. Ein Einverständnis zwischen den Akteuren ist für ihre Interaktionen nicht mehr erforderlich – und somit bleibt auch Kritik wirkungslos, wenn man nicht ganz grundsätzlich das Eindringen der Imperative in die Lebenswelt kritisiert. Daher spricht Habermas im Untertitel des zweiten Bandes der *Theorie des kommunikativen Handelns* von einer »Kritik der funktionalistischen Vernunft« und nicht – wie etwa Max

Horkheimer – von einer »Kritik der instrumentellen Vernunft« (Horkheimer 1947). Folglich ist die Habermas'sche Konzeptualisierung der Gesellschaft so angelegt, dass sie die Verdinglichungskritik der marxistischen Tradition und insbesondere der alten Kritischen Theorie für die Gegenwartsgesellschaft (der 1970er Jahre) aktualisieren soll – und zwar im Sinne einer Kritik an Prozessen einseitiger Rationalisierung (hierzu ausführlich Strecker 2012: 179 ff.). Darum geht es im nun folgenden Kapitel.

3. Die Gefährdungen der Moderne – Dimensionen der Kritischen Theorie

Bislang haben wir die positiven Aspekte erläutert, die in der kommunikativen Lebensform des Menschen angelegt sein sollen und die im Laufe der Moderne mehr und mehr zutage treten. Vor dem Hintergrund dieser Rekonstruktion normativer Gehalte will Habermas als Vertreter der Kritischen Theorie in einem zweiten Schritt gesellschaftliche Fehlentwicklungen sowie politische Missstände aufzeigen, erklären und kritisieren. Damit soll diese Theorie allen, die sich für eine Veränderung der Gesellschaft einsetzen, helfen, ihre eigenen Motive im Lichte der vorgelegten Analyse besser zu verstehen. Die Theorie soll in der Praxis wirksam werden.

Drei verschiedene Kritikebenen lassen sich innerhalb der Habermas'schen Theorie unterscheiden (ausführlicher Iser 2008: 122 ff.). Auf einer ersten, *sozialphilosophischen* Ebene weist Habermas darauf hin, welch fatale Folgen es für den Einzelnen, aber auch die Gesellschaft im Ganzen hat, wenn jene Verständigung *verdrängt* wird, die für die Erzeugung von Sinn, Solidarität und Ich-Stärke notwendig ist (vgl. Kap. 2.4). Für diese Verdrängung sind nach Habermas die Systeme der Wirtschaft und des Staates verantwortlich, weil sie immer stärker in die Lebenswelt eindringen. Da die Systeme zur Entwicklung der Moderne gehören, stellt dies eine Selbstgefährdung der Moderne dar. Unter dem Titel einer ›Kolonialisierung der Lebenswelt‹ diagnostiziert Habermas ein Problem, unter dem Menschen leiden, ohne dass sie sich dessen bewusst wären. Seine Kritische Theorie soll uns hierfür überhaupt einen Blick eröffnen (3.1).

Auch wenn wir uns weiterhin verständigen, kann dieser Prozess zweitens *verzerrt* sein, wenn er nicht jenen idealen Bedingungen hinreichend entspricht, die wir beim Sprachgebrauch immer schon voraussetzen. Diese Ebene bezeichnet die im engeren Sinne *diskurstheoretische* Kritik. Hier kann man all jene Verhältnisse kritisieren, die aufgrund von asymmetrischen Machtverhältnissen die Chancen des Einzelnen beschneiden, gleichberechtigt an Diskursen teilzunehmen (3.2).

Man kann schließlich nach den *Verständigungsinhalten* fragen, die aus herrschaftsfreien Diskursen folgen sollten. Auf dieser dritten, *moral- oder rechtsphilosophischen* Ebene hält sich Habermas mit inhaltlichen Stellungnahmen allerdings zurück. Ihm geht es nämlich vor allem darum, demokratische Selbstbestimmung zu ermöglichen. Dieser will er als Philosoph keineswegs vorgreifen, auch wenn er sich in der Rolle des streitbaren Intellektuellen (vgl. Kap. 1) immer wieder substanzielle Aussagen zu politischen Fragen zutraut (3.3).

Obgleich alle drei Kritikebenen analytisch auseinandergehalten werden können, überlagern sie sich oftmals. Das lässt sich exemplarisch anhand der Kritik zeigen, die Habermas an der sich abzeichnenden Möglichkeit geübt hat, Menschen zu klonen. Bei seiner Intervention in diese bioethische Debatte geht es – so unsere These – um die Verdrängung sowie um die Verzerrung von Verständigungsprozessen, aber auch darum, dass hier inhaltlich etwas Problematisches passiert (3.4).

3.1 Verdrängte Kommunikation: Die Kolonialisierungsthese

Das Leitmotiv einer Verdrängung der sprachlichen Verständigung bestimmt Habermas' Denken bereits sehr früh. Immer geht es ihm um soziale Pathologien und politische Blindheiten, die sich ergeben, wenn instrumentelle Orientierungen, verkörpert vor allem in den Strukturen des Kapitalismus, an die Stelle jener praktischen Vernunft treten, die zu klären erlaubt, welche Zwecke für alle zustimmungsfähig sind. Dabei ist mit Verdrängung der Kommunikation nicht unbedingt gemeint, dass Menschen nicht mehr miteinander sprechen würden. Verdrängt wird diese nämlich auch dann, wenn sich die Subjekte in ihrem Sprechen schlicht um kein Einverständnis anhand von Gründen mehr bemühen, vielleicht nicht einmal mehr Gründe anführen. So stellen Streitparteien vor einem Gericht ihre Anliegen mittels der Sprache dar und teilen sich ihre Forderungen auch wechselseitig mit. Aber sie sind in den meisten Fällen nicht mehr dazu bereit, miteinander ein Einverständnis zu erzielen. Genau deshalb treffen sie sich ja vor einem unabhängigen Gericht.

Sprechen reduziert sich hier auf jenes Moment von Informationsübermittlung, in dem manche Theorien – anders als Habermas – schon das Ganze der Sprache erblicken. Für Habermas wäre das eine katastrophale Entwicklung, weil dann jene Verständigungspraktiken nicht mehr richtig funktionieren könnten, die durch das Geben von und die Auseinandersetzung mit Gründen kulturellen Sinn, gesellschaftliche Solidarität und persönliche Ich-Stärke hervorbringen. Mit anderen Worten: Die symbolische Reproduktion der Lebenswelt als Ganzer gerät in Gefahr. Diese Gefahr droht seitens der beiden Systeme, nämlich der kapitalistischen Ökonomie und der staatlichen Bürokratie, sowie ihrer Steuerungsmedien, Geld und Macht.

Darin liegt ein gutes Stück Ironie, weil erst der Rationalisierungsprozess es möglich gemacht hat, diese Systeme rechtlich zu institutionalisieren und von der Lebenswelt zu entkoppeln (vgl. Kap. 2.4). Diese Entkopplung ermöglicht es, Güter produktiver herzustellen und zu verteilen. Sie soll also eine effizientere materielle Reproduktion der Gesellschaft gewährleisten. Weil sich die systemischen Mechanismen aber tendenziell verselbständigen und zu ›sachlichen Mächten‹ werden, bedrohen sie jene Lebenswelt, aus der sie hervorgegangen sind (TKH II: 277). Sie gleichen hierin den Besen jenes Zauberlehrlings, der diese zum Leben erweckt, damit sie ihm seine Arbeit abnehmen, die sich dann aber gegen ihn kehren. Allerdings bemerkt der Zauberlehrling sehr bald, dass etwas schiefläuft. Die modernen Gesellschaften bedürfen hingegen erst der Aufklärung durch die Kritische Theorie.

Habermas stellt der Lebenswelt, die das spezifisch moderne Übel nicht in sich enthalten soll, folglich einen ›Verursacher‹ in Form der Systeme gegenüber. Damit verfolgt er auch ein ganz politisches Ziel. Er will nämlich einer Auffassung widersprechen, die innerhalb der sozialen Bewegungen gegen Ende der 1970er Jahre einflussreich war: der Auffassung, dass die Moderne als solche das Problem sei und man zu vormodernen Lebensformen zurückkehren müsse (TKH I: 9 f.; TKH II: 583). Demgegenüber meint Habermas, dass die Modernisierung bislang viel zu einseitig verlaufen sei und man ihr ganzes Potential erst noch entfalten müsse. Die Bürger müssen den sich tendenziell verselbständigenden Kapitalismus und die staatliche Bürokratie demokratisch einhegen. Ansonsten unterminieren diese beiden Systeme die Bedingungen einer vitalen Demokratie (TKH II: 275 f.; FG: 150, 171). Das erste Szenario betrachtet Habermas als das wünschenswerte (vgl. genauer Kap. 4), aber in der Realität sehen wir uns zunehmend mit dem zweiten Szenario konfrontiert. Diesem gibt Habermas den klingenden Namen einer ›Kolonialisierung der Lebenswelt‹.

Den Motor dieses Prozesses bildet die inhärente Krisenhaftigkeit der kapitalistisch organisierten Wirtschaft. Habermas stützt sich bis heute auf jene Grundidee, die er bereits in seinem Buch *Legitimationsprobleme im Spätkapitalismus* (LS) aus dem Jahre 1973 im Anschluss an Studien von Claus Offe umrissen hat. Dieser neo-marxistischen Auffassung zufolge ist die kapitalistische Ökonomie auf die Interventionstätigkeit und antizyklische Steuerungspolitik eines relativ autonomen Staates angewiesen. Ohne den Staat würde die kapitalistische Ökonomie also gar nicht funktionieren. Aber auch der Staat ist von den Steuereinnahmen der kapitalistischen Ökonomie abhängig. Daher darf er in die marktförmige Organisation der Privatwirtschaft nicht zu stark eingreifen. Ansonsten käme es zu ›Investitionsstreiks‹ der Unternehmen oder deren Abwanderung ins Ausland – und folglich zu sinkenden Steuereinnahmen (Offe 1973: 210). Deshalb muss der demokratische Staat für diese Politik, die den Kapitalismus absichert, die nötige Unterstützung durch die Bürger mobilisieren können.

Tatsächlich war der Keynesianismus in der zweiten Hälfte der 1960er Jahre mit seiner Politik der Globalsteuerung in der Bundesrepublik zum offiziellen Programm geworden. Damals herrschte die Annahme vor, ökonomische Krisen könnten durch politische Maßnahmen effektiv abgefedert werden. Damit avancierte die Politik zur verantwortlichen Instanz für den Lebensstandard der Gesellschaftsmitglieder. Es galt, den Klassenkonflikt durch sozialstaatliche Regelungen stillzustellen. Hier nun kommt Habermas' Verdacht zum Tragen, es bestehe ein »*unauflösliches* Spannungsverhältnis« (TKH II: 507) zwischen Demokratie und Kapitalismus. Während er jedoch in den 1950er und 1960er Jahren dachte, unter herrschaftsfreien Bedingungen würden sich die Bürger niemals für den Kapitalismus entscheiden – denn wer stimmte schon seiner eigenen Ausbeutung zu? –, glaubt er spätestens ab Mitte der 1970er Jahre, dass der Kapitalismus aufgrund seiner Effektivität zwar notwendig, aber nichtsdestotrotz für die Demokratie gefährlich ist. Weil nämlich die Politik Habermas zufolge mit immer detaillierteren Programmen zur Verwaltung der Gesellschaft antwortet, kommt es zu paternalistischen, also bevormundenden Eingriffen in die Lebenswelt der Bürger. Diese werden als Leistungsempfänger in Kategorien eingeteilt und auf Ämtern verwaltet. Die Vorstellung, die Politik könnte bei dieser bürokratischen Bewältigung ökonomischer Krisen erfolgreich sein, ist uns heute fremd geworden, stellt aber den impliziten Hintergrund der Kolonialisierungsthese dar.

Warum dringen dieser These zufolge die systemischen Mechanismen in die Lebenswelt ein, statt auf die Bereiche der materiellen Reproduktion, also Wirtschaft und Staat, beschränkt zu bleiben? Habermas geht hier von einem Prozess der Technisierung der Lebenswelt aus. Darunter versteht er, dass die Handlungskoordination nicht mehr auf Verständigung beruht, sondern durch die systemischen Mechanismen Geld und administrative Macht ersetzt wird, weshalb normative und expressive Fragen verdrängt werden. Auf zwei Gleisen kann diese Technisierung die pathologische Form einer Kolonialisierung der Lebenswelt annehmen: nämlich Monetarisierung durch die Ökonomie (1) und Bürokratisierung durch den Staat (2).

(1) Weil das ökonomische System Handlungen über das Geldmedium koordiniert, wird auch Arbeit notwendigerweise in Geld abgegolten. Vorerst sieht Habermas hierin keine Schwierigkeit, da er dem Arbeitsprozess keine zentrale Rolle mehr beim Identitätsbildungsprozess des Subjekts zuspricht. Dafür, dass das Subjekt ein Selbstverhältnis ausbildet, sind zwischenmenschli-

che Anerkennungsbeziehungen relevant. Demgegenüber ist Arbeit lediglich die Auseinandersetzung mit der äußeren Natur. Insofern sind hier nutzenrationale Handlungs- und Denkweisen durchaus angebracht, ja erforderlich. Hingegen sind sie im Umgang mit anderen, sei es in der Privatsphäre oder in der Öffentlichkeit, unangemessen.

Aber wie könnte es anders sein, als dass jene Orientierungen, die einen Großteil des Tages bestimmen, auch die restlichen Lebensbereiche durchdringen? Habermas ist sich natürlich bewusst, dass das ökonomische System notwendigerweise einen Einfluss auf die Lebenswelt hat. Über solch eine ›Mediatisierung‹ hinaus soll es aber erst zur ›Kolonialisierung‹ kommen, wenn der Modus kommunikativen Handelns ersetzt, Verständigung also verdrängt wird. Wenn das Individuum nicht nur seine Arbeitsleistung an der Höhe des verdienten Geldbetrags misst, sondern sein gesamtes Leben, wird seine Selbstwahrnehmung, seine Weise zu denken und zu kommunizieren, pathologisch – also krankhaft. Als Beispiele nennt Habermas etwa die »Verlängerung von Konkurrenz- und Leistungsdruck bis in die Grundschule, die Monetarisierung von Diensten, Beziehungen und Lebenszeiten, die konsumistische Umdefinition des persönlichen Lebensbereichs« (KPS: 432). Problematisch wird es, wenn wir die Relevanz von allem nur noch daran bemessen, ob es uns bei der Verfolgung unserer Karriere nützt. Wenn wir derart Beziehungen selbst als Konsumgut wahrnehmen, indem wir etwa auf den Internetseiten von kommerziellen Partnerbörsen nach der perfekten und ›qualitativ hochwertigen‹ Person suchen (vgl. Illouz 2006), so behandeln wir andere – und letztlich auch uns selbst bzw. unsere Gefühle – nur noch wie Dinge.

Diese Bemerkungen zeigen, dass es Habermas genau genommen nicht um eine Verdrängung, sondern um eine Vereinseitigung unseres Vernunftgebrauchs in der Sprache geht. Wir schöpfen nicht mehr das verfügbare Reservoir an Gründen aus. Deshalb fragen wir dort, wo es darum geht, was wir (alle zusammen) eigentlich wollen, nicht mehr mithilfe der richtigen Kategorien oder überhaupt nicht mehr nach. Diese durch die Systeme erzeugte Blindheit gegenüber den eigentlich drängenden Fragen ist auch das grundlegende Problem der Kolonialisierung in der Form staatlicher Bürokratisierung.

(2) Die zentrale emanzipatorische Rolle kommt bei Habermas nämlich nicht dem Arbeiter zu, sondern dem Bürger. Dieser soll als Koautor rechtlicher Regelungen auf die Verfasstheit auch des ökonomischen Bereichs einwirken. Aber gerade dieses emanzipatorische Selbstverständnis als Bürger wird durch die Kolonialisierung unterminiert. Zum einen geschieht dies durch die eben beschriebene Ausbreitung konsumistischer Orientierungen, also durch das »Einfallstor« der privaten Haushalte (TKH II: 564). Wer sein ganzes Lebensziel darin sieht, möglichst viele Güter anzuhäufen, wird auch bei der nächsten Wahl jener Partei seine Stimme geben, die ihm die geringsten Steuern oder die meisten Zuschüsse verspricht. Damit aber sinken die Chancen, dass politische Ergebnisse die Interessen aller gleichermaßen berücksichtigen. Vom Bürger erwartet Habermas letztlich doch eine gemeinwohlorientierte Einstellung. Nur so kann die Demokratie legitime, also allgemein zustimmungsfähige Gesetze hervorbringen.

Weil zudem Erfahrungen in den privaten Lebensbereichen, und damit auch in der Arbeitswelt, öffentliche Diskussionen über zu beseitigende Missstände anstoßen, geht mit einem »spezialistisch-utilitaristischen« (TKH II: 480) Lebensstil, wie Habermas dies nennt, auch die Einbuße jener Kompetenzen und Tugenden einher, die für eine angemessene Problemanalyse und Problemlösung erforderlich sind. So schreibt auch Bernd Ladwig: »Das Problem beginnt, wo Geld und Macht verhindern, dass über die Grenzen von Geld und Macht halbwegs frei gestritten werden kann.« (Ladwig 2009: 188) Diese politischen Kompetenzen werden aber nicht nur seitens der Ökonomie beschädigt, sondern auch durch den intervenierenden Sozialstaat.

Das Recht ist ja das Medium, über das der Staat nicht nur auf die Systeme, sondern auch auf die privaten Lebensumstände der Bürger einwirkt. Deswegen wächst durch die Ausweitung der Staatsaufgaben nicht nur der Umfang der Bürokratie an, sondern auch die Menge der Rechtsvorschriften. Es kommt zu einer ›Verrechtlichung‹ immer weiterer Lebensbereiche. Diese Verrechtlichung ist für Habermas von einer merkwürdigen »*Ambivalenz von Freiheitsverbürgung und Freiheitsentzug*« (TKH II: 531) geprägt. Freiheitsverbürgend sind ohne Frage all jene Regelungen, die den rechtlichen Schutz gegenüber Willkür verbessern – etwa von Kindern und Frauen vor häuslicher Gewalt. Der negative Aspekt des Freiheitsentzugs soll sich hingegen aus der mangelnden Rückbindung an die Betroffenen ergeben. So behandeln Gerichte oder auch Behörden die Betroffenen oftmals nur als Objekte und gehen aufgrund überverallgemeinernder Normen und mangelnder Kompetenz nicht mehr sensibel auf den jeweiligen Kontext ein.

Habermas befürchtet hier ganz generell, rechtliche Beziehungen würden sittliche Zusammenhänge nicht nur ergänzen bzw. absichern, sondern ersetzen. Das Recht erlaubt es dem Einzelnen, alle anderen Subjekte aus der moralisch unangemessenen Perspektive eines strategischen Akteurs zu betrachten. Wir nehmen dann andere Individuen nur als Randbedingungen der Situation wahr, in der wir uns vorfinden und die wir möglichst zu unserem eigenen Vorteil gestalten wollen. Insofern ist im Prozess der Verrechtlichung die Gefahr zunehmender Atomisierung durchaus angelegt, welche die Subjekte – statt sich auf die Argumente der anderen einzulassen – sich nur noch auf ihre Rechte berufen lässt, diese »wie Waffen gegeneinander richten« (NR: 112). Um dem entgegenzuwirken, soll nur noch der Rahmen oder die »*äußer[e]* Verfassung, sei es der Familie oder der Schule« (TKH II: 544), rechtlich geregelt werden. Für Konflikte innerhalb dieser Institutionen sollen demgegenüber Verfahren eingerichtet werden, die zwischenmenschliche Verständigung ermöglichen, also »diskursive Willensbildungsprozesse und konsensorientierte Verhandlungs- und Entscheidungsverfahren« (TKH II: 544).

Die gleiche Ambivalenz gilt auch für die finanzielle Entschädigung innerhalb des Sozialstaates. Man kann die Auszahlung von Geld einerseits als Befreiung von paternalistischen Vorgaben begrüßen, die einen Spielraum für eigene autonome Reflexionen erst eröffnet (»Wofür verwende ich sinnvollerweise mein Geld?«). So dürfte es von vielen als entwürdigend empfunden werden, beim Sozialamt Kleidung oder Schuhe beantragen zu müssen. Man stelle sich nur einmal vor, dies würde auch für den abendlichen Kinobesuch gelten (»Und in welchen Film wollen Sie gehen?«). Gleichwohl scheint Habermas hier erneut jene Angst umzutreiben, die er schon im Kontext der Lohnarbeit zum Ausdruck bringt: dass nämlich auch in diesem Fall die Ausrichtung am Geld die Orientierung an Gründen *ersetzt*, der Bürger zum bloßen Klienten wird.

Habermas zufolge leiden die Bürger aufgrund der Kolonialisierung der Lebenswelt an Orientierungslosigkeit, sozialer Entfremdung sowie Ich-Störungen. Die symbolische Reproduktion der Lebenswelt ist Habermas zufolge ja auf kommunikatives Handeln angewiesen, also auf die Verständigung zwischen Subjekten in der Privatsphäre und der Öffentlichkeit. Wird folglich der Bezug auf und der Austausch von Gründen verdrängt, versiegen auch die Ressourcen Sinn, Solidarität und Ich-Stärke (vgl. Kap. 2.4). Und dies schlägt sich auch in der Psyche der Subjekte nieder.

Warum, so fragt sich Habermas, fällt es den Bürgern aber so schwer, diesen fatalen Prozess der Technisierung zu erkennen, obwohl sie ihn doch leidend verspüren? Ideologien können Habermas zufolge hierfür nicht verantwortlich sein, weil diese es in der Moderne aufgrund des steten Zwangs zur Rechtfertigung enorm schwer haben, ja unmöglich sein sollten (TKH II: 519 ff.). Keine Tradition schirmt kulturelle Wissensbestände, gesellschaftliche Ordnungen und persönliche Verhaltensmuster noch prinzipiell gegen ihre kritische Infragestellung ab. Auch Machtbeziehungen sind nicht mehr, wie noch in der frühen Moderne, durch ideologische Vorstellungen verschleiert, wie etwa den Glauben daran, dass im Arbeitsvertrag genau Gleichwertiges getauscht werde. Schließlich hat die Ausweitung der Staatstätigkeit erst recht den Schein zerstört, der kapitalistische Markt gehorche Naturgesetzen, weil der Staat immer stärker in diesen eingreift.

Weil es zur Einsicht in die Kolonialisierung aber trotzdem nicht kommt, glaubt Habermas, es müsse ein funktionales Äquivalent geben, also etwas, das genauso wirkt wie vormals die Ideologien. Die Antwort findet Habermas in einer ›kulturellen Verarmung‹ der Moderne, die zu einer ›Fragmentierung des Alltagsbewusstseins‹ führt. Was ist hiermit gemeint? Weil sich infolge der Ausdifferenzierung der Sphären von Wissenschaft (Wahrheit), Recht/Moral (Richtigkeit) und Kunst (Wahrhaftigkeit) zunehmend Expertenkulturen ausgebildet haben, die sich aber nicht mehr produktiv aufeinander beziehen, fehlt ein integriertes Verständnis der Moderne. Zudem wächst die Distanz der Expertenkulturen zur Alltagswelt der Bürger. Mit solcher Sprachlosigkeit versiegt aber auch der Strom der Argumente, der für die Konstruktion von Sinn, Legitimationen und Identitätsentwürfen nötig ist. Selbst wenn solche Anregungen aus den Expertenkulturen in die Alltagskommunikation einfließen, vermag der Einzelne nicht mehr, sie miteinander zu verbinden. Das ›fragmentierte Bewusstsein‹ führt auch dazu, dass die Subjekte den Prozess der Technisierung nicht mehr durchschauen. Somit wirkt das ›fragmentierte‹ analog zu jenem ›falschen‹ Bewusstsein, von dem die klassische Ideologiekritik ausging: Wer gar nichts mehr versteht, hat es eben auch nicht besser als der, der alles falsch versteht.

Das tragische Zusammenspiel beider Mechanismen sorgt dafür, dass die Technisierung jenes fragmentierte Bewusstsein verstärkt, welches seinerseits dafür verantwortlich ist, dass die Technisierung, wenn auch leidend verspürt, in ihren Ursachen unerkannt, unkritiert und folglich ohne Gegenwehr bleibt. Wie die Stammesgesellschaft, die sich dem Eindringen der Kolonialherren nicht zu widersetzen weiß, weil deren Macht ihrem archaischen Bewusstsein unverständlich bleiben muss, ist das fragmentierte Bewusstsein der verdinglichenden Kraft der Systemimperative schutzlos ausgeliefert. Es kommt zur Kolonialisierung der Lebenswelt (TKH II: 522).

Die Pathologiediagnose, die Habermas hier vorlegt, enthält sowohl inhaltliche als auch formale Aspekte. Inhaltlich hat die Kolonialisierung mit Orientierungslosigkeit, Entfremdung und Ich-Störungen negative Auswirkungen auf die Subjekte. Formal bezieht sich die Pathologiediagnose primär darauf, dass die Bedingungen emanzipatorischer Verständigung unterminiert werden. Normative und expressive Fragen harren dort einer Antwort, wo viele sie – technikgläubig – gar nicht mehr vermuten. Habermas fordert somit, dass alle Fragen durch alle Personen in einem herrschaftsfreien und unverzerrten Diskurs thematisierbar sein müssen.

3.2 Verzerrte Kommunikation: Die Diskursethik und die Frage nach der Macht

Sprachliche Verständigung soll als normatives Fundament der Gesellschaftskritik nicht nur taugen, weil sich zeigen lässt, dass ihre Verdrängung oder auch nur Vereinseitigung soziale Pathologien hervorruft. Zudem soll sie intern auf Maßstäbe der Herrschaftsfreiheit und Inklusion aller verweisen, weil wir nach Habermas gar nicht anders können, als diese normativen Ideen beim Gebrauch der Sprache vorauszusetzen. Wir haben die Begründung der Diskursethik bereits im letzten Kapitel erörtert (vgl. Kap. 2.2). Demnach verstrickt sich ein Sprecher, der behauptet, es dürften Personen aus dem Diskurs ausgeschlossen oder am Reden gehindert werden, man dürfe in Argumentationen Zwang anwenden, lügen oder manipulieren, in einen ›performativen Selbstwiderspruch‹. Mit jedem Sprechakt unterstellen wir nämlich, wenn auch kontrafaktisch, äußerst anspruchsvolle Diskursvoraussetzungen, die gegeben sein müssen, soll das Argumentieren überhaupt Sinn machen.

Von ›Verzerrungen‹ der Verständigung kann man folglich sprechen, wenn Verhältnisse zwischen Menschen durch Machtasymmetrien gekennzeichnet sind, welche die eben skizzierten Diskursvoraussetzungen verletzen. Denn solche Machtverhältnisse führen nicht nur zu ungerechten Regelungen, sondern verhindern zugleich, dass diese Asymmetrien thematisiert werden, weil die Betroffenen entweder zu viel Angst haben aufzubegehren oder nie dazu befähigt wurden, diese Ungleichheiten zu hinterfragen. Die Aufdeckung derart verzerrter Verständigungsverhältnisse soll folglich zeigen, dass auch deren Ergebnisse illegitim sind. Weil als Grundlage der Kritik weder angeblich ›wahre‹ bzw. ›objektive‹ noch bloß faktische, mitunter selbst ideologisch verzerrte Interessen fungieren, glaubt Habermas, mit seiner Kritischen Theorie der Gefahr des Paternalismus zu entrinnen, also der Gefahr, dass der Kritiker seine Maßstäbe dem Adressaten – wie einem unmündigen Kind – bloß vorgibt. Vielmehr soll der Hinweis auf verzerrte Verständigungsverhältnisse bereits ausreichen, um den Ergebnissen ihre Legitimität abzusprechen (ausführlich Iser 2008: 129 ff.; Strecker 2012: 177 ff.).

Aber führt jede Art der Macht zu Verzerrungen der Verständigung? Habermas antwortet hierauf mit einem klaren ›Nein‹. Nur manche Formen der Macht sind zu kritisieren. So überraschend ist das nicht. Innerhalb der akademischen Diskussion wird generell mit ›Macht‹ ganz Verschiedenes bezeichnet, weshalb oftmals zwischen jenen Theorien unterschieden wird, die eher vom Phänomen der Macht *über* andere Personen oder Gruppen ausgehen (*power over*), und jenen, die von der ›Macht, etwas *zu* tun oder *zu* erreichen‹, sprechen (*power to*). Habermas versucht nun, im Rahmen seiner Gesellschaftstheorie die wichtigsten und traditionell konkurrierenden Konzeptionen der Macht nicht nur in systematischer Weise zueinander ins Verhältnis zu setzen, sondern auch, ihre normative Hierarchie zu klären. Nur so kann er feststellen, wann Macht verzerrend wirkt und wann nicht. Hierzu unterscheidet er kommunikative, administrative und soziale Macht. Für die Frage nach der Legitimität von Entscheidungen kommt es dann zentral darauf an, in welcher Weise die drei genannten Formen der Macht zusammenwirken. Dabei soll die »illegitime Verselbständigung von administrativer und sozialer Macht gegenüber demokratisch erzeugter kommunikativer Macht« (FG: 434) verhindert werden. Wie aber hängen diese drei Konzeptionen der Macht genau zusammen?

›Kommunikative‹ Macht nennt Habermas die motivierende Kraft einer gewaltlosen Konsensbildung (PPP: 228 ff.; FG: 188). Hiermit schließt er an Hannah Arendt an, für die Macht darin besteht, dass Menschen gemeinsam handeln (und deswegen mehr bewirken können als allein). Habermas nimmt diese Gedanken auf, betont aber das kognitive Moment, also das Moment der Einsicht. Kommunikative Macht besteht nicht bloß in der realen Handlungsmächtigkeit einer kooperierenden Gruppe. Vielmehr geht es Habermas um die (schwach motivierende) ›Macht‹ eines diskursiv ermittelten Konsenses (FG: 183). Dem Grundgedanken seiner Diskurstheorie entsprechend markiert kommunikative Macht den Quell aller Legitimität: Alle Stimmen (und damit auch alle Argumente) sollen Gehör finden können. Deshalb vertraut Habermas – anders als Arendt – auch nicht darauf, dass sich kommunikative Macht immer wieder spontan einstellt, sondern fordert institutionelle Vorkehrungen, um diese zu sichern (vgl. genauer Kap. 4).

Die kommunikative Macht bedarf aber nicht nur einer institutionellen Rahmung und Absicherung durch das Recht, sondern zweitens auch der ›administrativen‹ Macht als Mittel. Moderne Gesellschaften sind laut Habermas auf das Medium des sanktionsbewehrten Rechts angewiesen, um die kognitiven, organisatorischen und motivationalen Defizite der Moral auszugleichen (vgl. genauer Kap. 4.1). Mit kognitiven Defiziten meint Habermas, dass wir in vielen Situationen schlicht nicht wissen können, was von uns moralisch gefordert ist. Gesetze entlasten uns, weil sie uns vorgeben, was wir tun dürfen und was nicht. Organisatorisch erlaubt uns das Recht, Dinge kollektiv zu regeln, die ansonsten aufgrund unklarer Zuständigkeiten scheitern würden. Schließlich müssen in Bezug auf die motivationale Ebene die (demokratisch beschlossenen) Gesetze gegenüber potenziell egoistischen Individuen – notfalls auch gewaltsam – durchgesetzt werden. Sie gewährleisten damit, dass man auf die Kooperation der anderen rechnen kann (FG: 146 ff.).

Dies ist seitens des Staates ›power over‹ gegenüber seinen Bürgern, ermöglicht und befördert aber zugleich auch die Handlungsmächtigkeit des gesamten Kollektivs, also ›power to‹. Erst an dieser Stelle kommt das spezifische Steuerungsmedium ›(administrative) Macht‹ zum Zuge, das Habermas als ›entsprachlichtes Kommunikationsmedium‹ versteht (vgl. Kap. 2.4 sowie 3.1). Anders als die rationale Motivation durch Einsicht in den ›zwanglosen Zwang des besseren Arguments‹ basiert die Effektivität des Machtmediums, also die Weisungsbefugnis bürokratischer Amtsinhaber, auf der Inanspruchnahme empirischer Motive (TKH II: 271f.). Damit meint Habermas Motive, die auf unser eigenes Wohl abzielen, etwa den Wunsch nach Belohnung oder Sanktionsvermeidung. Auf dieser Grundlage lassen sich bürokratische Machthierarchien etablieren. Die Kolonialisierungsthese beschreibt insofern eine besonders subtile Gefahr, als sich die administrative Macht verselbständigen kann. Etwas profaner kann man aber auch an Korruption und Amtsmissbrauch durch Beamte und andere Staatsbedienstete denken. Dem muss einerseits durch eine vitale Zivilgesellschaft und Öffentlichkeit entgegengewirkt werden (vgl. genauer Kap. 4.2) und andererseits durch strikte Gesetzesbindung und Gewaltenteilung.

Drittens bezeichnet Habermas als ›soziale‹ Macht die Fähigkeit zur erfolgreichen Durchsetzung eigener Interessen – ob durch einzelne Personen oder partikulare Gruppen (FG: 432) – auch gegen den Willen anderer. Dies entspricht der klassischen Machtdefinition von Max Weber. Von dieser erbt der Begriff der sozialen Macht aber zugleich eine gewisse Vagheit. Der paradigmatische Fall (illegitimer) sozialer Macht besteht wohl in der Drohung oder dem Versprechen seitens eines überlegenen Akteurs, der damit an das eigennutzorientierte Interesse (oder eben empirische Motiv) des Gegenübers appelliert, Übel zu vermeiden bzw. belohnt zu werden. Aber auch wer andere manipuliert, indem er bloß vorgibt, gute Gründe zu haben, übt eine illegitime Form der Macht aus. Wer über solche Macht verfügt, kann andere daran hindern, eigene Argumente zu entwickeln oder vorzubringen.

An dieser Stelle kommt es zu Formen der verzerrten Verständigung. Wo mir der andere droht oder mich gar mit Gewalt zu etwas zwingt, weiß ich ja, dass es nicht mehr um das Erreichen eines Einverständnisses geht. Schwieriger gestaltet sich die Situation, wenn ich denke, dass meine Argumente berücksichtigt werden, dies aber nicht oder nur in unzureichendem Maße der Fall ist. Hier liegt keine manifeste Überwältigung oder Drohung vor, sondern es scheint sogar Konsens zu herrschen. Gleichwohl kann sich angesichts von Zuständen, die uns intuitiv als ungerecht erscheinen, etwa der einseitigen Aufopferung einer Frau für ihren brutalen Mann, der Verdacht regen, hier liege irgendetwas im Argen.

Habermas versucht, solch scheinbare Eintracht, hinter der sich illegitime Machtverhältnisse lediglich verbergen, mit dem Begriff der ›systematisch verzerrten Kommunikation‹ theoretisch aufzuhellen (ausführlich Strecker 2012: 177 ff.). Die Betroffenen glauben hier, sie handelten kommunikativ, obgleich sie sich tatsächlich strategisch verhalten. Habermas orientiert sich hier methodisch an der Psychoanalyse und geht davon aus, dass »die innere Organisation der Rede gestört ist« (VE: 252). So kann das unterworfene Subjekt – insbesondere in Intimbeziehungen – die Unmöglichkeit offenen Widerspruchs dadurch kompensieren, dass es bestimmte Interpretationen der eigenen Bedürfnisse gar nicht erst zulässt oder von der Problematisierung offensichtlicher Ungereimtheiten absieht. Hierdurch erhält dieses Subjekt den Schein eines ungezwungenen Konsenses aufrecht. Es handelt aber letztlich strategisch, weil es Zustimmung signalisiert, obgleich diese bloß einem Kosten-Nutzen-Kalkül geschuldet ist. Allerdings muss dieses Kalkül nicht einmal dem Subjekt selbst bewusst sein (VE: 263 f.). Es ist dann Aufgabe des Therapeuten bzw. des Gesellschaftskritikers, das Subjekt auf die Möglichkeit einer solchen Selbsttäuschung aufmerksam zu machen.

Solche Formen verzerrter Kommunikation können nach Habermas nicht nur in der Privatsphäre, sondern auch in der Öffentlichkeit auftreten. Der Grundgedanke der Habermas'schen Demokratietheorie (vgl. genauer Kap. 4) besagt deswegen Folgendes: Gefühle der Unzufriedenheit, des Leidens und der Empörung müssen zuerst in der Öffentlichkeit artikuliert und interpretiert werden. Von hier aus soll die formell verfasste Meinungs- und Willensbildung im Kern des politischen Systems beeinflusst werden. Erst dort können Verfahren institutionalisiert werden, die vermuten lassen, dass die getroffenen Entscheidungen ein allgemeines Interesse ausdrücken.

Wenn das der normale Weg ist, so können Machtverhältnisse an mehreren Stellen vorliegen. Zum einen können Personen oder Gruppen bereits die Meinungsbildung in der Öffentlichkeit so beeinflussen, dass manche Argumente gar nicht mehr zum Zuge kommen. Hier ist vor allem an die Macht der Medien zu denken, die Habermas stellenweise als eine weitere, eigenständige Form von Macht thematisiert (FG: 455; AE: 173 ff.), aber auch an Lobbygruppen. Dabei ist mitunter nicht klar, ob die Akteure wirklich die vorgebrachten Argumente für die besten halten oder schlicht ihren eigenen Vorteil suchen, also strategisch handeln.

Während aber die Prozesse innerhalb der Öffentlichkeit – inklusive der Frage, was eigentlich auf die Tagesordnung oder ›Agenda‹ kommt – grundsätzlich eben das sind, nämlich öffentlich, wächst die Gefahr illegitimer Einflussnahme nochmals in dem Maße, wie diese gar nicht mehr zur Kenntnis genommen wird. So können Lobbygruppen informell und hinter verschlossenen Türen auf die Arbeit der Parlamentsausschüsse einwirken. Zudem kann sich auch die administrative Macht der Bürokratie verselbständigen, die ja eigentlich den Bürgern dienen soll. Dieses Problem wird umso größer, je mehr die Staatsaufgaben anwachsen (FG: 519). Weil damit eine Materialisierung und zunehmende Unbestimmtheit des Rechts einhergeht, übernimmt die staatliche Bürokratie »im Konzert mit ihren mächtigsten Klienten« (FG: 519) nicht mehr nur Aufgaben der Rechtsdurchsetzung, sondern auch solche der Rechtsanwendung und gar der Rechtserzeugung; sie »programmiert sich [...] selbst« (FG: 522). So werden innerhalb korporatistischer Verhandlungssysteme zunehmend mehr Themen ausgehandelt. Der Staat fungiert hier als eine Partei unter anderen, die mit sozial mächtigen Organisationen und Verbänden Kompromisse schließt (FG: 523 f.). Damit aber tritt die Verhandlungsmacht der beteiligten Akteure an die Stelle des allgemeinen Konsenses, der politischen Entscheidungen eigentlich als Richtschnur dienen sollte: Soziale Macht verzerrt die kommunikative. Schließlich kann die Verdrängung von praktischen Fragen, die wir im Rahmen der Kolonialisierungsthese kennengelernt haben (vgl. Kap. 3.1), faktisch Machtverhältnisse zementieren, weil diese einfach nicht mehr hinterfragt werden.

3.3 Die Inhalte der Verständigung: Moralphilosophie oder Demokratie?

Allerdings werden wir auf Machtasymmetrien oftmals nur deshalb aufmerksam, weil uns Entscheidungen intuitiv als ungerecht erscheinen. Aber hat Habermas überhaupt eine substanzielle Theorie der (Un-)Gerechtigkeit? In seinem Werk lassen sich drei Weisen unterscheiden, auf diese Nachfrage zu antworten (Iser 2008: 123 ff.): der Pfad der Enthaltsamkeit (a), der Pfad der notwendigen Bedingungen (b) und der Pfad der politischen Intervention (c).

(a) *Der Pfad der Enthaltsamkeit*: Bei Fragen, was denn substanziell gerecht sei, hält sich Habermas bewusst zurück. Ihm zufolge besagt das prozedurale Diskursprinzip ›D‹, welches die Bedingungen legitimer Diskurse über Fragen der Richtigkeit erläutert, inhaltlich sehr wenig. Dass nur die Normen legitim sind, die gemäß ›D‹ gerechtfertigt werden und somit auf die Zustimmung aller Betroffenen zählen können, sagt ja tatsächlich noch nichts darüber aus, was denn als allgemein zustimmungsfähig gelten kann (vgl. auch White 1988: 86). Die Kritik an den Inhalten der Verständigung, so Habermas, fällt nicht in die Kompetenz des rekonstruktiv verfahrenden Philosophen.

Mit dem Verweis auf zu führende Diskurse lehnt Habermas – auch und insbesondere gegen den US-amerikanischen Philosophen John Rawls – jede substanzielle Gerechtigkeitstheorie ab EA: 65 ff.; vgl. Rawls 1995; Forst 2007: 127 ff.). Rawls hatte in seiner *Theorie der Gerechtigkeit* einen Urzustand entworfen, der durch einen »Schleier des Nichtwissens« (Rawls 1971: 29, 159 ff.) charakterisiert ist. Hinter diesem müssen sich die Parteien auf die Grundstruktur der Gesellschaft einigen. Das Design des Urzustands soll die grundlegende Idee der Unparteilichkeit verkörpern. Deshalb wird all jenes Wissen ausgeblendet, das die Vertragsparteien dazu befähigen könnte, sich parteiisch an ihren eigenen Interessen zu orientieren. Die einschränkenden Bedingungen sollen aber nicht nur die moralische Angemessenheit des Resultats gewährleisten, sondern es auch einem Einzelnen ermöglichen, mithilfe dieses Gedankenexperiments zu einer plausiblen Konzeption einer gerechten Gesellschaft zu gelangen. Jeder bestimmt *stellvertretend für alle* die abstrakten Gerechtigkeitsprinzipien für die Grundstruktur, also die wichtigsten politischen, ökonomischen sowie sozialen Institutionen der Gesellschaft (ebd.: 23). Dass die Parteien nur ihren eigenen Vorteil im Auge haben, fällt angesichts der Wissensbeschränkungen nicht negativ ins Gewicht, ermöglicht aber eindeutige Ergebnisse. Nach Rawls würden rational Entscheidende nicht nur für gleiche Grundfreiheiten votieren, sondern auch für ein ›Differenzprinzip‹, dem zufolge alle Ungleichheiten bei der Verteilung von Grundgütern, die jeder für ein gutes Leben benötigt, auch den Schlechtestgestellten nutzen müssen.

In das »Darstellungsmittel« (Rawls 1993: 91) des Urzustands, der unsere normativen Intuitionen über das Gerechte widerspruchsfrei bündeln soll, gehen nicht nur diese fundamentalen Bestimmungen ein. Vielmehr macht Rawls auch substanziellere Annahmen darüber, was es heißt, moralisch nicht willkürlich zu urteilen. Auf dieser zweiten, kontroverseren Ebene sind die spezifischen Wissensbeschränkungen anzusiedeln, die nicht nur Geschlecht und Hautfarbe, sondern auch individuelle Talente und Charaktereigenschaften wie Fleiß betreffen.

Habermas hält nicht nur die Ergebnisse, die Rawls voraussagt, sondern bereits viele dieser normativen Vorentscheidungen für problematisch. Ein Philosoph müsse sich bei derlei Fragen zurückhalten. Habermas spitzt dies gar zu der These zu, »Grundnormen des Rechts und der Moral« fielen »überhaupt nicht in die Zuständigkeit der Moraltheorie; sie müssen als Inhalte betrachtet werden, die der Begründung in praktischen Diskursen bedürfen« (MKH: 96, 103; ED: 124). Wer moralische Intuitionen zu explizieren suche, sei »Betroffener, gegebenenfalls [...] Experte, aber er kann diese Diskurse *nicht in eigener Regie* führen« (MKH: 46).

Habermas tritt als Moralphilosoph, dessen Rolle er von der des Intellektuellen (vgl. Kap. 1) strikt trennen will, also äußerst zurückhaltend auf. Sicherlich begreift das Diskursprinzip ›D‹ als ungerecht, worauf sich keinesfalls alle argumentativ einigen können – und als geboten, worauf sich alle einigen müssen. Aber was das genau heißt, will Habermas bewusst offenlassen. Gilt dies bereits für Fragen der Gerechtigkeit, so umso mehr für Fragen des guten Lebens. Angesichts eines vernünftigen Pluralismus innerhalb der Moderne ist hier prinzipiell kein Konsens zu erwarten – auch nicht in praktischen Diskursen der Betroffenen. Umso weniger kann sich hier der Philosoph anmaßen, Letztgültiges zu behaupten. Er vermag nur die Bedingungen zu klären, unter denen die Betroffenen selbst zu einer gerechten Lösung gelangen können.

Mit dieser Differenzierung zwischen dem ›Gerechten‹ und dem ›Guten‹ greift Habermas eine wichtige Unterscheidung innerhalb des Liberalismus auf. So meint auch er, dass Normen nicht einfach Ausdruck gemeinsamer Werte sein können, weil die Frage nach ›wirklich wertvollen‹ Werten in Zeiten des weltanschaulichen Pluralismus nicht zu beantworten sei. Um das Verhältnis von Werten und Normen genauer zu klären, sieht Habermas daher auch im Bereich der praktischen Vernunft eine dreifache Differenzierung vor. Diese spiegelt erneut den – nunmehr praktischen – Bezug auf die drei Welten wider (vgl. Kap. 2.1). So unterscheidet Habermas zwischen dem pragmatischen (Wahrheit), ethischen (Wahrhaftigkeit) und moralischen (Richtigkeit) Gebrauch der praktischen Vernunft. Da insbesondere die Unterscheidung von Ethik und Moral für Habermas' Theorie relevant ist, stellen wir diese besonders ausführlich dar.

Beim *pragmatischen* Vernunftgebrauch, den man auch als instrumentellen bezeichnen könnte, steht der Zweck bereits als gegeben fest, und man fragt lediglich, mit welchen Mitteln man ihn am besten erreichen kann. Auch die wertrationale Abwägung zwischen Zwecken fällt in diese Kategorie, weil sich hier bestimmte Zwecke, z.B. nach Mallorca zu fahren, wiederum als Mittel für höherrangige Zwecke verstehen lassen, etwa sich in der Sonne zu entspannen und dabei möglichst wenig Geld auszugeben. Sollte sich herausstellen, dass man diesen höherrangigen Zweck auch auf geeignetere Weise erreichen kann, etwa indem man nach Bulgarien fährt, sollte man dies tun. Der bedingte oder relative Imperativ besteht hier darin, möglichst klug zu handeln (ED: 111 ff.). Die Rawls'sche Unterscheidung zwischen dem Guten und dem Gerechten betrifft folglich erst die beiden nächsten Stufen.

Der *ethische* Vernunftgebrauch fragt nämlich nach dem im Ganzen *guten* Leben. So mag den Sonnenanbeter trotz rationalen Kalküls im Reisebüro doch der Zweifel beschleichen, ob jene eher hedonistische Lebensweise, die sich in seinem Urlaubswunsch nach Entspannung und Gedankenlosigkeit manifestiert, eigentlich das Richtige für ihn ist. Sollte man sich nicht lieber weiterentwickeln und daher etwa einen Sprachkurs belegen oder als Globetrotter ferne Länder bereisen, um fremde Kulturen und Menschen besser kennenzulernen, womöglich gar sich selbst? Solche ethischen Überlegungen bezeichnen mitunter Wendepunkte des eigenen Lebens, wenn man sich in einer kritischen Vergegenwärtigung der eigenen Vergangenheit und jener Gründe, die einem die eigene Tradition als Richtlinien des guten Lebens bereitstellt, danach fragt, wer man ist und eigentlich sein möchte (ED: 111 f.). Die Schlussfolgerungen, zu denen man in solch ethischen Reflexionen und Diskursen gelangt, sind insofern »unabhängig« von subjektiven Zwecken und Präferenzen (ED: 104), als diesen ›schwachen Wertungen‹ ihre Relevanz erst im Lichte jener ›starker Wertungen‹ (Charles Taylor) zukommt, die das kennzeichnen, was uns wirklich wichtig ist in unserem Leben. Diese starken Wertungen schöpfen wir dabei zumeist aus kulturellen Traditionen, in denen wir groß geworden sind. ›Unbedingt‹ ist ein solch ethischer Imperativ, weil es keine höherrangigen Zwecke mehr geben kann als das *für mich* gute Leben. Habermas glaubt nun, dass mitunter auch ganze Gruppen entscheiden müssen, wie sie sich verstehen wollen. Er nennt dies ethisch-politische Entscheidungen über das *für uns* gute Leben. Solche Entscheidungen gelten in einem bestimmten Sinne für mich oder uns also unbedingt, aber eben nur in einem bestimmten Sinne. Diese ›ethischen‹ Imperative gelten nämlich nur unter der Bedingung, dass man bestimmte Annahmen über die Form oder den Inhalt des guten Lebens akzeptiert und für sich selbst will (ED: 105).

Weil das Geben von Gründen ein intersubjektives ist, muss ich meine oder unsere ethischen Vorstellungen des *Guten* daher an jenen Pflichten relativieren lernen, die mich zu einem gerechten Verhalten gegenüber den anderen anhalten. Während man also in der Ethik nach dem für mich oder uns Guten fragt und damit primär nach Werten, verweist die Moral Habermas zufolge auf eine *gerechte* Lösung interpersonaler Konflikte und fragt nach legitimen Normen. Um einen *moralischen* Vernunftgebrauch handelt es sich mithin, wenn man bei der Frage nach dem, was begründeterweise zu tun ist, nicht das eigene ethisch-existenzielle Selbstverständnis bzw. die eigenen Werte als das Letzte gelten lässt, sondern sich ›vorbehaltlos‹ am Einverständnis mit den anderen orientiert, also an der gemeinsamen Konstruktion von Normen. Erst hier tritt mir der andere als jemand gegenüber, der nicht nur *für mich* in pragmatischer oder ethischer Hinsicht wichtig ist, sondern dem ich gerecht werden muss, weil er moralisch zählt. Entscheidend für die Frage, ob die Kontrahenten bei einem Handlungskonflikt ethisch oder moralisch argumentieren, ist also, ob ihre Tradition oder die Zustimmung der anderen als letzte Instanz fungiert.

Nur bei dieser moralischen Form der Deliberation orientiert sich der Wille ausschließlich an intersubjektiv teilbaren oder ›öffentlichen‹ Gründen, während für die pragmatische und ethische Perspektive die partikularen Präferenzen oder Lebensumstände zentral sind (ED: 109). Denn moralische Imperative müssen für alle gültig – und das heißt: zustimmungsfähig – sein, sollen sie nicht ihren kategorischen Charakter verlieren. Hierzu aber muss man andere Interessen und Selbstverständnisse unparteiisch mit einbeziehen, also gerade nicht in einer Weise, die diese nur im Lichte des eigenen Selbstverständnisses deutet. Da diese Unparteilichkeit innerhalb einer einsamen Reflexion schwierig zu erreichen sein dürfte, votiert Habermas ja gerade für die deliberative Perspektivenverschränkung in einem Diskurs, der alle Betroffenen einschließt (MKH: 103). Und aus diesem Grund hält sich Habermas eben auch mit inhaltlichen Aussagen zurück, wenn es darum geht, was moralisch ge- oder verboten ist.

(b) *Der Pfad der notwendigen Bedingungen*: Nun gibt es aber auch Stellen bei Habermas, an denen er die für wichtig erachteten inhaltlichen (oder materialen) Forderungen der Gerechtigkeit als *Bedingungen* möglicher Diskurse einführt. Diskurse müssen in der sozialen Realität – darauf verwies schon die Kritik an verzerrten Verständigungsverhältnissen (vgl. Kap. 3.2) – so institutionalisiert werden, dass sie den rekonstruierten idealen Voraussetzungen so weit wie möglich entsprechen (EA: 60). Auf diesem Pfad werden die normativen Gehalte somit aus den notwendigen Bedingungen von Diskursen gewonnen. Zu solchen Inhalten gehören neben einem formal gleichen Zugang sicherlich auch die Ermöglichung von Bildung, menschenwürdige Lebensbedingungen und ein hinreichend starkes Selbstvertrauen, um in Diskursen auch die Stimme erheben zu können (auch Honneth 1986b).

Allerdings ergibt sich ein Problem. Diese Argumentation deutet um, worum es uns oftmals geht, wenn wir uns verständigen. Rechte, die man üblicherweise als Ergebnis einer herrschaftsfreien Verständigung erwarten würde, werden hier als notwendige Bedingungen solcher Diskurse begriffen. Wir schulden aber Menschen nicht bloß deshalb eine gesunde Ernährung, die Möglichkeit zur Bildung oder andere materiale Güter, damit diese an Diskursen gleichberechtigt teilnehmen können. Es gibt andere substanzielle Gründe, warum Menschen ein berechtigtes Interesse an solchen Dingen haben, etwa weil diese ihnen erst ein gutes Leben ermöglichen. Menschen leben nicht in gerechter Weise zusammen, um Diskurse zu führen, sondern führen diese, um in gerechter Weise zusammenzuleben. Eine Begründungsstrategie, die materiale Gehalte über die ›Hintertür‹ notwendiger Bedingungen einzuführen versucht, kehrt also die intuitiv plausible Reihenfolge um. Deshalb unterscheidet Rainer Forst zwischen einer »fundamentalen« und einer »maximalen« Gerechtigkeit (Forst 2007: 15). Die fundamentale Gerechtigkeit fordert eine »Grundstruktur der Rechtfertigung«, also Bedingungen, unter denen Menschen gleichberechtigt an Diskursen teilnehmen können. Hier könnten immer noch einige über ungerechte Vorteile verfügen. Aber diese dürften zu keinem Vorteil innerhalb des Diskurses führen. Die maximale Gerechtigkeit fordert darüber hinaus eine »vollständig gerechtfertigte Grundstruktur«, in der es überhaupt keine Ungerechtigkeiten mehr gibt. Hier wären alle gesellschaftlichen Regelungen für alle Mitglieder zustimmungsfähig. Folgt man dieser Lesart, fordert Habermas eine fundamentale Gerechtigkeit ein, die sodann faire Diskurse über die maximale Gerechtigkeit ermöglichen soll.

Diese Idee liegt auch der Habermas'schen Begründung sozialer Rechte zugrunde, insofern diese die Bürger dazu befähigen sollen, ihre demokratischen Partizipationsrechte angemessen wahrzunehmen (vgl. hierzu genauer Kap. 4.1). Habermas geht allerdings einen Schritt weiter. Ihm zufolge sollen die sozialen Rechte die Bedingungen schaffen, unter denen Menschen überhaupt ihre weiteren Rechte angemessen wahrnehmen können. Dies ist ein Argument in Bezug auf die notwendigen Bedingungen dafür, Rechte überhaupt nutzen zu können – also nicht nur in Bezug auf die Ermöglichung von Diskursen. Gleichwohl ist die Grundidee dieselbe.

(c) *Der Pfad der politischen Intervention*: In vielen Schriften von Habermas finden sich schließlich doch inhaltliche Aussagen. Wie ist das zu erklären? Tatsächlich scheint er mitunter zu glauben, dass man durch die Anwendung des Verallgemeinerungsgrundsatzes bestimmte Handlungen oder Normen als illegitim verwerfen könnte. Hier traut er sich Aussagen darüber zu, worauf sich vernünftige Menschen niemals einlassen würden: »Noch häufiger sind die materiellen Lebensverhältnisse und die gesellschaftlichen Strukturen so beschaffen, daß die moralischen Fragen *vor aller Augen liegen* und durch die *nackten Fakten* der Verelendung, Beleidigung und Entwürdigung eine *hinreichende Antwort* längst *gefunden* haben.« (ED: 27, Hervh. M.I./D.S.; auch DNR: 84)

Wenn aber »Verelendung, Beleidigung und Entwürdigung« wirklich nackte und eben nicht interpretationsbedürftige Fakten sind, leuchtet der Bezug auf zu führende Diskurse keineswegs mehr so ein, wie Habermas es ansonsten nahelegt. Allerdings ist festzuhalten, dass Habermas hiermit nur klare Ungerechtigkeiten benennt. Er sagt damit aber noch nicht, welche Normen gelten sollten, um diese Missstände zu beseitigen. Zudem finden sich solche Aussagen insbesondere in seinen politischen (Streit-)Schriften. Hier engagiert er sich also als Intellektueller bzw. als Staatsbürger und legt Interpretationen dessen vor, was wohl im allgemeinen Interesse sein könnte. Er will damit moralische Argumente vorbringen, ohne diese als letztgültig zu behaupten.

Neben der Moralphilosophie spielt aber auch die Gesellschaftstheorie in Habermas' Werk eine zentrale Rolle. Diese kann Diagnosen von Fehlentwicklungen vorlegen, etwa die Kolonialisierungsthese (vgl. Kap. 3.1). Habermas schreibt in diesem Sinne, dass man die Moraltheorie »nicht überfordern, sondern einiges der Gesellschaftstheorie und das meiste den Beteiligten selbst überlassen« solle (NU: 237). Nun sagt die Kolonialisierungsthese sicherlich nichts darüber aus, worauf sich Menschen konkret einigen, sondern nur, dass sie sich weiterhin verständigen sollten. Allerdings schwingen hier immer wieder Vorstellungen von einem irgendwie verfehlten, da verdinglichten Leben mit, das durch die zunehmende Ökonomisierung aller sozialen Verhältnisse droht.

Wie passt das zu Habermas' Überzeugung, dass Fragen des guten (und damit auch verfehlten) Lebens noch viel kontroverser sind als Probleme der Gerechtigkeit? Noch im Jahre 2005 schreibt Habermas in kritischer Absicht, die Bürger der westlichen Industriestaaten verwandelten sich »in vereinzelte, selbstinteressiert handelnde Monaden« (NR: 112). Das ist einerseits ein Problem für eine demokratische Politik, die weiterhin auf die Solidarität ihrer Bürger angewiesen ist. Andererseits sieht Habermas darin auch deshalb ein substanzielles Problem, weil die derart verdinglichten Subjekte die Frage nach dem guten Leben gar nicht mehr stellen oder die Antwort auf diese Frage nur in vergrößertem Konsum suchen. Wie immer die Antwort nach dem guten Leben für jeden Einzelnen von uns auch ausfallen mag; wer gar nicht mehr danach fragt oder nur noch sehr wenige mögliche Antworten zur Kenntnis nimmt, wird weniger Chancen haben, die für ihn richtige Antwort zu finden. An dieser Stelle wird erneut deutlich, dass sich auch Habermas' Gesellschaftstheorie durch einen eingreifenden Charakter auszeichnet und eine Tugend kultiviert, die er eigentlich dem Intellektuellen zuspricht: nämlich »eine argwöhnische Sensibilität für Versehrungen der normativen Infrastruktur des Gemeinwesens« (AE: 84).

3.4 Eine exemplarische Kritik: Das Problem des Klonens

Genau diese Sensibilität hat Habermas auch zu seiner Intervention in die bioethische Debatte um das mögliche Klonen von
Menschen veranlasst. An diesem Beispiel einer konkreten Kritik
wollen wir nun illustrieren, wie die zuvor unterschiedenen drei
Ebenen zusammenspielen.

Habermas ist der festen Überzeugung, dass Eltern falsch handelten, wenn sie ihr Kind klonen oder nach ihren Wünschen genetisch zusammenbasteln würden. Dabei schließt er an die religiöse Intuition an, die Eltern machten sich hiermit der Hybris
schuldig, sich Gott ebenbürtig zu dünken. Allerdings will er das
Problem so umformulieren, dass es für alle – also auch nichtreli-
giöse – Menschen mit guten Gründen nachvollziehbar wird. Während das religiöse Argument die Hybris als Sünde gegen Gott
versteht, fügen wir laut Habermas nicht nur dem genetisch ma-
nipulierten Subjekt unzumutbaren Schaden zu, sondern verge-
hen uns an den Grundlagen einer modernen Moral gleicher Achtung. Mit dieser doppelten Stoßrichtung wiederholt Habermas
das zentrale Argument der Kolonialisierungsthese. Die *Verdrängung* von Verständigungsprozessen beschädigt dort ja nicht nur
die Subjekte, weil sie unter Sinnverlust, Anomie und Psychopa-
thologien leiden, sondern erlaubt es uns gar nicht mehr, über praktische Probleme als praktische Probleme vernünftig nachzudenken. Das aber kann niemand ernsthaft (und eben vernünftiger-
weise) wollen. Wie schon bei der Kolonialisierungsthese folgt
dabei das individuelle Leiden aus der Verdrängung der Sprache
(und ihrer moralischen Gehalte). Aber eins nach dem anderen.

Vorerst wird die Verdinglichung im Fall genetischer Eingriffe
nicht mehr direkt auf die systemischen Imperative von Ökonomie und Staat zurückgeführt, sondern sie manifestiert sich in individuellen, nämlich den elterlichen Handlungen. Allerdings lässt

sich dafür argumentieren, dass diese Haltungen lediglich Produkt der voranschreitenden Technisierung der Lebenswelt und einer vereinseitigten Vernunft sind. So könnte man bereits den Wunsch, das ›perfekte Kind‹ zu haben, auf den kolonialisierenden Einfluss des ökonomischen Systems zurückführen. Wer sein Kind in einer bestimmten Weise designen will, scheint eine konsumistische Haltung bzw. die Orientierung am Imperativ der Leistungsfähigkeit selbst dort an den Tag zu legen, wo wir sie traditionell am wenigsten erwarten und am meisten verurteilen: in der Beziehung zwischen Eltern und Kindern, die wir uns idealerweise als eine liebevolle und fürsorgende vorstellen.

Habermas glaubt also, dass sich in solchen Eingriffen eine falsche Haltung ausdrückt, eine, die das Kind nicht als spätere Person, sondern als Ding begreift. Im Übergehen der möglichen Bedürfnisse und Wünsche des Kindes manifestiert sich keine klinische, auf Heilung und Leidvermeidung zielende Einstellung, sondern die technische eines genetischen Programmierers. Der Programmierer steht hier erneut für die instrumentelle Vernunft. Das zentrale Kriterium für praktische Fragen, ob nämlich das Kind zustimmen könnte, wird vom Programmierer oder Ingenieur gar nicht erst erwogen. Damit aber wird der notwendige Verständigungsprozess *verdrängt* – und sei es auch nur der zwischen den Eltern und dem von ihnen vorerst nur imaginierten Kind. Mit dieser in der Praxis schleichenden Veränderung unseres Selbstverständnisses von der Idee freier und gleicher Subjekte hin zu bloßen Objekten steht nach Habermas die (universalistische und egalitäre) Moral zur Disposition; nicht zuletzt deshalb, weil auch das Kind sich ihm zufolge nicht mehr als gleich und frei zu begreifen vermag.

Als ungleich muss sich das Kind behandelt fühlen, weil es nicht als gleichberechtigtes Gegenüber, sondern nur als Ding wahrgenommen wird. Und ganz unabhängig von den Folgen soll es sich auch als unfrei erfahren, weil es darum weiß, dass eine andere Person ihre Absichten in es ›eingeschrieben‹ hat. Es kann sich Habermas zufolge nicht mehr als ungeteilter Autor des eigenen Lebens verstehen, sondern erfährt sich in seinem innersten Kern als fremdbestimmt. An anderen Stellen ist Habermas zufolge nicht nur die Moral gefährdet, sondern unsere kommunikative Lebensform als Ganze. Verständigungsprozesse würden am Ende des fatalen Prozesses keine Rolle mehr spielen, weil wir uns gar nicht mehr als Wesen ansehen würden, die sich wechselseitig Gründe schulden.

Allerdings erscheint dieses letzte Szenario dann doch etwas überzeichnet. Was wäre denn, wenn die Eltern sich gerade viele Gedanken machten? Es könnte ja auch sein, dass jene, die das Genom ihres Kindes manipulieren, das Pro und Kontra ihres Eingriffs sehr genau diskutieren. Und wenn das Kind dereinst nachfragen oder gar Vorwürfe formulieren sollte, müssten die Eltern ohnehin mit Gründen antworten.

Insofern könnte das Problem eher eines der *verzerrten* Verständigungsverhältnisse sein. Die Eltern entscheiden Fragen, die nicht nur das Leben, sondern die Identität ihres Kindes betreffen, ohne dieses anhören zu können. Wenn das Kind seine Stimme erheben kann, ist die Entscheidung schon längst gefallen und auch nicht mehr rückgängig zu machen. Tatsächlich stört Habermas hier die Asymmetrie, die sich daraus ergibt, dass die Eltern (oder auch die Gesellschaft) in das Erbgut der nächsten Generation eingreifen, ohne dass sich die hiervon Betroffenen revanchieren könnten (höchstens gegenüber der nächsten Generation).

In der Unumkehrbarkeit dieses Machtverhältnisses sieht Habermas eine grundsätzliche Differenz zwischen Erziehung und genetischem Eingriff. Während die Erziehung intern auf Verständigung verweist und somit durch die Infragestellung des bisherigen Selbstverständnisses überwunden werden kann, lässt sich das eigene Genom nicht mehr verändern. Wenn das Kind mit den durch die Eltern festgelegten Genen nicht leben will, bleibt nur noch das Hadern mit dem eigenen Selbst »zwischen Fatalismus und Ressentiment« (ZN: 31). Das Kind bleibt den Eltern in dieser Hinsicht dauerhaft unterworfen.

Angesprochen auf die tiefe Prägung, die Kinder nach der Geburt durch ihre Eltern erfahren, hat Habermas mittlerweile eingeräumt, dass auch eine Erziehung, die ohne die antizipierte Zustimmung des Kindes unabänderliche Folgen zeitigt, illegitim ist. Gleichwohl begreift er die Missachtung im Fall der Genmanipulation als besonders gravierend (REP: 288 f.). Ihm gilt nämlich der Leib als letzter Bezugspunkt der eigenen praktischen Identität – als natürlich Gewordenes im Gegensatz zu allem durch Menschen Gemachten. Nur wenn wir uns in unserem Leib zu Hause fühlen, können wir uns dem eigenen Selbst sowie der Außenwelt kreativ verändernd zuwenden. Wenn deshalb der eigene Leib aufgrund vorgängiger Manipulation als etwas Fremdes erfahren wird, zerrüttet dies die psychischen Grundlagen unserer Autonomie (ZN: 89 f.). Die Macht der Eltern kann hier also das Innerste des Kindes versehren. Dass diese psychische Schädigung aber erst auftritt, wenn man um den Eingriff weiß, zeigt, dass es sich hier um ein normatives Problem empfundener Missachtung seitens anderer handelt und um kein biologisches Problem.

Allerdings haben wir es im Fall genetischer Eingriffe mit einem Machtverhältnis zu tun, das sich strukturell gar nicht ändern lässt. Man könnte dies höchstens dann umgehen, wenn man alle genetischen Eingriffe als illegitim erachtete. Aber das will Habermas auch nicht tun, weil er ›heilende‹ Eingriffe sogar für geboten hält. Deswegen scheint in seiner Kritik auch die dritte Ebene der falschen Verständigungs*inhalte* eine, ja die zentrale Rolle zu spielen. Es gäbe ja kein Problem, wenn die genetische Manipulation wirklich im Interesse des Kindes läge. Die negativen Folgen des Bewusstseins, genetisch manipuliert worden zu sein, hängen also davon ab, *warum* genetisch manipuliert wurde. Und sie fallen nur dann weg (oder sind zumindest zumutbar), wenn *aus den richtigen Gründen* manipuliert wurde.

Damit läuft natürlich alles auf die Frage hinaus, was denn als zustimmungsfähig gelten kann. Zustimmungsfähigkeit seitens des zukünftigen Kindes sieht Habermas nur bei schwerwiegenden Erbkrankheiten als gegeben an und keinesfalls bei angeblichen ›Verbesserungen‹ des Genoms. Solche Eingriffe seien angesichts des weltanschaulichen Pluralismus in Bezug auf Fragen, was denn ein gutes Leben eigentlich sei, nicht zu rechtfertigen. Auch ohne die Annahme eines genetischen Determinismus schränke eine Veränderung der DNA uns faktisch zu stark in unseren Lebensoptionen ein bzw. lege uns auf bestimmte von ihnen fest. Deshalb plädiert Habermas für äußerste Zurückhaltung. Das ist innerhalb der Literatur jedoch heftig umstritten (vgl. Buchanan et al. 2000; Karnein 2013).

Erneut scheint Habermas hier die Angst umzutreiben, die Imperative des Marktes könnten in immer weitere, letztlich in alle Lebensbereiche eindringen. Die Eltern bedenken in diesem Fall vielleicht noch das Interesse ihres Kindes, können dies aber nur noch in den vereinseitigten Kategorien der Ökonomie wie ›Leistungsfähigkeit‹, ›Angepasstheit‹ usw. tun. Damit aber wäre die Vereinseitigung der Vernunft bis in die Familie vorgedrungen. Dieser Gefahr einer mangelnden Ausschöpfung des bereits verfügbaren Vernunftpotenzials will Habermas durch seine politischen Interventionen und durch sein theoretisches Schaffen vorbeugen. Stets appelliert er an eine demokratische Öffentlichkeit, die die skizzierten Gefährdungen erkennen und abwenden soll. Aber wie muss der demokratische Prozess beschaffen sein, um dies auch wirklich leisten zu können? Dieser Frage wenden wir uns im nun folgenden Kapitel zu.

4. Die Hoffnung der Moderne – der demokratische Rechtsstaat

Für das Projekt der Moderne ist der Gedanke grundlegend, dass Menschen nicht nur ihr individuelles Leben, sondern auch ihre kollektiven Ziele autonom, also ungezwungen und aufgeklärt bestimmen sollen. Die gesellschaftlichen Fehlentwicklungen, die wir im letzten Kapitel beschrieben haben, bedrohen aber gerade diese Fähigkeit zur Gestaltung der gemeinsamen Angelegenheiten. So unterwirft der Prozess, den Habermas als ›Kolonialisierung der Lebenswelt‹ bezeichnet (vgl. Kap. 3.1), die Gesellschaftsmitglieder den systemischen Anforderungen der Wirtschaft und des Staates. Illustriert hat Habermas dies – wie oben ausgeführt – an der Art und Weise, wie staatliche Verwaltungen mittels rechtlicher Vorschriften die Bürger entmündigen: Diese können ihre Bedürfnisse nicht selbst formulieren, sondern werden anhand von Kategorien, die die Bürokratie vorgibt, zu Objekten administrativer Verfügung. Derart wird in der *Theorie des kommunikativen Handelns* der Ist-Zustand unserer Gesellschaften dargestellt.

Vor dem Hintergrund dieser eher pessimistischen Analyse sucht Habermas in späteren Arbeiten nach Möglichkeiten, soziale Missstände und Fehlentwicklungen zu überwinden. So entwickelt er eine Demokratiekonzeption, in welcher der politischen Öffentlichkeit die zentrale Stellung zukommt. Hier sollen die Bürger ihre Leidens- und Unrechtserfahrungen ebenso äußern können wie ihre Bedürfnisse und Wünsche. Dabei ist für Habermas die Überzeugung leitend, dass gesellschaftliche Probleme im Prozess der öffentlichen Meinungs- und Willensbildung erkannt und gelöst werden können. Allerdings kann die demokratische Praxis nur dann vernünftig gelingen, wenn formelle Diskursarenen innerhalb des politischen Systems etabliert werden, vor allem im Parlament, aber auch in der Verwaltung und in den Gerichten. Erst das Zusammenspiel dieser zwei Ebenen – der informellen und der formellen – soll es erlauben, legitime Gesetze zu erlassen, die sodann auch das System der Wirtschaft rechtlich kontrollieren. Innerhalb dieses Ansatzes kommt damit dem Recht eine positivere Rolle zu als noch in der *Theorie des kommunikativen Handelns*, weil Habermas mit dem prozeduralen Recht nunmehr eine Alternative zu dem zugleich freiheitsverbürgenden und freiheitsentziehenden Sozialrecht gefunden zu haben meint (vgl. Kap. 3.1). Das Konzept der deliberativen Demokratie, das Habermas vor allem in seinem rechts- und demokratietheoretischen Hauptwerk *Faktizität und Geltung* (FG) entfaltet hat, plädiert insofern für einen anzustrebenden Soll-Zustand, den er in der *Theorie des kommunikativen Handelns* nur angedeutet hatte:

»Man könnte sich beides vorstellen: die Institutionen, die Steuerungsmechanismen wie Geld oder Macht in der Lebenswelt verankern, kanalisieren entweder die Einflußnahme der Lebenswelt auf die formal organisierten Handlungsbereiche oder umgekehrt die Einflußnahme des Systems auf kommunikativ strukturierte Handlungszusammenhänge. Im einen Fall fungieren sie als der institutionelle Rahmen, der die Systemerhaltung den normativen Restriktionen der Lebenswelt unterwirft, im anderen Fall als die Basis, die die Lebenswelt den systemischen Zwängen der materiellen Reproduktion unterordnet und dadurch mediatisiert.« (TKH I: 275 f.)

In diesem Kapitel erläutern wir die Grundgedanken der Habermas'schen Demokratietheorie. Wir beginnen mit der Rolle des Rechts für moderne Gesellschaften sowie seinem Verhältnis zur (demokratischen) Politik. Das Recht ist für Habermas ja das Medium, in welchem sich demokratische Ergebnisse ausdrücken müssen, nämlich in legitimen Gesetzen (4.1). Sodann beschreiben wir genauer, wie der politische Prozess Habermas zufolge beschaffen sein muss. Besondere Bedeutung kommt hierbei dem Verhältnis zwischen der *informellen* politischen Öffentlichkeit und den *formellen* Institutionen des engeren politischen Systems, also dem Kernbereich politischer Entscheidungsfindung, vor allem dem Parlament zu (4.2). Schließlich führen wir aus, wie Habermas dieses zunächst am Nationalstaat entwickelte Politikmodell angesichts von Globalisierungsprozessen modifiziert und auf die supranationale Ebene übertragen hat (4.3).

4.1 Politik zwischen Recht und Demokratie?

Im Folgenden wollen wir zuerst darlegen, warum Habermas glaubt, dass sich moderne Politik im Medium des Rechts ausdrücken muss (a). Sodann erläutern wir, welches Rechtsverständnis Habermas für das angemessene hält – nämlich ein prozedurales (b). Schließlich diskutieren wir das angebliche Spannungsverhältnis von Demokratie und Menschen- bzw. Grundrechten. Dieses soll darin bestehen, dass Grundrechte durch demokratische Entscheidungen verletzt werden können, der demokratische Prozess aber wiederum durch Grundrechte beschränkt wird. Hier vertritt Habermas die These, dass diese Spannung nur eine scheinbare ist und sich Demokratie und die Sicherung von Grundrechten innerhalb des Rechtsstaates wechselseitig voraussetzen (c).

(a) *Das Verhältnis von Politik und Recht*: Das moderne Recht stellt für Habermas in all seiner Ambivalenz (vgl. Kap. 3.1) eine Errungenschaft dar. Die Rationalisierung der Lebenswelt und die damit einhergehende Pluralisierung von Weltanschauungen führen dazu, dass immer mehr Konflikte nur dann gelöst werden können, wenn sich die beteiligten Subjekte miteinander verständigen. Damit aber steigt auch das Risiko dramatisch an, dass sich die Betroffenen gerade nicht einigen (TKH II: 272). Angesichts dieser prekären Situation erlaubt das Recht die »*normative Regelung strategischer Interaktionen*« (FG: 44; ähnlich RHM: 33). Das bedeutet, dass im Interesse aller geschützte Räume etabliert werden, in denen die Subjekte tun und lassen können, was sie wollen – solange sie nur die gleiche Freiheit zur Willkür auch bei allen anderen akzeptieren. Statt sich über sämtliche Angelegenheiten gemeinsam verständigen zu müssen, zieht sich ein jeder – metaphorisch ausgedrückt – auf sein eigenes Grundstück zurück, auf dem er sich vor niemandem rechtfertigen muss. Das Gesetz regelt dann nur noch, wo die Zäune zwischen den Grundstücken gerechterweise verlaufen sollten – und ahndet das unbefugte Betreten des Grundstücks eines anderen (vgl. FG: 153). Solidarität zwischen den Menschen wird hier nicht mehr über eine substanzielle Sittlichkeit – also eine gemeinsame Vorstellung des (ethisch) Guten – gestiftet, sondern nur noch über die Anerkennung des gleichen formalen Rechts, auch zwischen Fremden. Diese Formalität soll gewährleisten, dass sich die Subjekte trotz unterschiedlicher Vorstellungen vom guten Leben noch auf Ergebnisse einigen können, die für alle zustimmungsfähig sind.

Zudem kompensiert das Recht drei Defizite der postkonventionellen Moral, die in der Moderne ebenfalls in keine bestimmte Vorstellung eines guten Lebens mehr eingebettet ist, nämlich Defizite in kognitiver, motivationaler und organisatorischer Hinsicht (FG: 146 ff.). Das Recht soll erstens *kognitive* Probleme bei der Anwendung moralischer Grundsätze lösen. Während der Einzelne oftmals nicht weiß, was aus abstrakten Moralprinzipien in einer bestimmten Situation folgt, geben staatliche Gesetze genau Auskunft, was verboten – und mitunter geboten – ist. Über verbleibende Unstimmigkeiten entscheiden sodann unparteiliche Gerichte.

Zweitens soll das Recht die Subjekte zuverlässiger *motivieren* als die Moral und damit dem Problem der Willensschwäche entgegenwirken. Weil sich moralische Forderungen nicht mehr unmittelbar aus unseren Vorstellungen davon ergeben, was ein gutes Leben ausmacht – mit diesen gar in Konflikt geraten können –, ist keineswegs ausgemacht, dass die Moral gegenüber unserem Eigeninteresse stets die Oberhand behält (ED: 114 f.). Das Recht hingegen kann, anders als die Moral, nicht nur auf innere Sanktionen wie Gewissensbisse zurückgreifen, sondern auch auf äußere Strafen wie Bußgelder und Gefängnis. Zudem löst es durch seine gesellschaftsweite Anwendung das Problem der Zumutbarkeit. Bei moralischen Überlegungen stellt sich ja stets die Frage: »Sollte ich auch dann so handeln, wenn niemand anders es tut?« Das Recht sorgt, wenn es denn dank seiner Legitimität und Abschreckungswirkung effektiv ist, dafür, dass es jeder oder zumindest fast jeder beachtet. Unter diesen Bedingungen ist es auch für staatliche Verwaltungen und die profitorientierte Wirtschaft ratsam, sich an die geltenden Gesetze zu halten.

Drittens vermag das Recht, *organisatorisch* Probleme der Zurechenbarkeit von Verpflichtungen zu überwinden. So ist es schwer, dem Einzelnen eine bestimmte moralische Pflicht zuzuweisen, Menschen in ärmeren Regionen unserer Erde – oder auch den Obdachlosen auf den Straßen der Heimatstadt – zu helfen: Wie viel sollte man dem einzelnen Hilfsbedürftigen geben? Oder wie viel Prozent seines Einkommens sollte man spenden? Selbst Spendengelder müssen durch Organisationen in der richtigen Weise kanalisiert werden. Letztlich lassen sich diese Probleme nur durch eine neue Weltwirtschaftordnung und sozialstaatliche Umverteilungsmaßnahmen angemessen lösen. Nur das Recht kann »Kompetenzen festlegen und Organisationen gründen, kurz ein System von Zurechnungen herstellen, das sich nicht nur auf natürliche Rechtspersonen, sondern auf fingierte Rechtssubjekte wie Körperschaften und Anstalten bezieht« (FG: 149).

Damit erlaubt das Recht, auf alle Bereiche menschlichen Handelns auszustrahlen, selbst auf diejenigen, die gar nicht mehr durch Verständigungsleistungen koordiniert werden – und folglich jenseits der Moral liegen, nämlich die systemisch verfassten Gesellschaftsbereiche der Wirtschaft und der staatlichen Verwaltung. Weil diese rechtlich konstituiert sind, können ihnen durch das Recht Grenzen gezogen werden. Sicherlich hat Habermas spätestens Ende der 1970er Jahre die Idee aufgegeben, Ökonomie und staatliche Verwaltung ließen sich durchgreifend demokratisieren. Dafür müssen sie – um effektiv zu sein – zu sehr der eigenen Systemlogik folgen. Aber das bedeutet natürlich nicht, dass die Bürgerinnen und Bürger diesen Systemen nicht doch rechtliche Vorgaben machen könnten. Habermas glaubt, dass man mithilfe des Rechts Ausbeutung und Entfremdung innerhalb der Arbeitswelt entgegenzuwirken vermag: Man kann überlange Arbeitszeiten, allzu monotone oder gefährliche Arbeiten und letztlich erniedrigendes Verhalten am Arbeitsplatz verbieten oder durch finanzielle Anreize gewünschtes Verhalten seitens der Unternehmer motivieren.

(b) *Prozedurales Recht und deliberative Politik*: Doch wie muss ein Recht beschaffen sein, das der Anforderung genügt, nicht nur effektiv, sondern auch legitim zu sein? Habermas erarbeitet seinen Vorschlag in Auseinandersetzung mit zwei alternativen Rechtsparadigmen. Das liberale Rechtsparadigma thematisiert lediglich negative Abwehrrechte gegenüber dem Staat. Es geht damit fälschlicherweise davon aus, dass alle Gesellschaftsmitglieder in etwa über die gleichen sozioökonomischen Mittel verfügen, so dass der Staat nicht eingreifen muss, um soziale Machtasymmetrien auszugleichen. Deshalb nimmt das liberale Rechtsparadigma auch eine klare Trennung von Staat und Gesellschaft an, was Habermas zufolge heutigen Gesellschaften grundsätzlich unangemessen ist. Das sozialstaatliche Rechtsparadigma gründet hingegen auf der Einsicht, dass soziale Rechte zur Sicherung personaler Autonomie notwendig sind. Allerdings unterhöhlt es diese Autonomie zugleich, weil es die sozialen Teilhaberechte paternalistisch der staatlichen Verwaltung überantwortet, der die Leistungsempfänger damit ebenso ausgeliefert sind wie das unmündige Kind seinem Vater. Diese Zeitdiagnose war ja gerade der Anlass für die Kolonialisierungsthese.

Nun darf Habermas zufolge »das Sozialstaatsprojekt weder einfach festgeschrieben noch abgebrochen werden«, sondern muss »auf höherer Reflexionsstufe fortgesetzt werden« (FG: 494). Wie aber kann ein Sozialstaat soziale Gerechtigkeit befördern, ohne dass die Bürokratie die Bürger bevormundet? Dieses Problem soll das prozeduralistische Rechtsparadigma lösen: Die Bürger dürfen nicht nur Adressaten, sondern müssen zugleich Autoren des Rechts sein. Deshalb müssen sie an den Verfahren (oder eben: Prozeduren), in denen Recht gesetzt wird, viel effektiver und umfassender beteiligt werden als bisher. Im Idealfall sollte das Recht nämlich nicht nur ein Mittel im Dienst ökonomischer und administrativer Abläufe sein und die Systeme am Laufen halten. Vielmehr sollte das Recht gerade auch dazu dienen, die Bedürfnisse und Interessen der Gesellschaftsmitglieder gegenüber den Systemen der Wirtschaft und des Staates zur Geltung zu bringen. Weil diese Systeme im Dienste der Gesellschaftsmitglieder funktionieren sollen, muss das Recht sie daran hindern, sich zu verselbständigen (TKH II: 275f.).

Dem prozeduralistischen Rechtsparadigma zufolge speist sich die Legitimität des Rechts aus den – für Habermas notwendigerweise demokratischen – Verfahren, aus denen es hervorgeht. Damit hängt alles ab von der spezifischen Qualität dieser Verfahren. Wie im liberalen Rechtsparadigma ist Recht auch im prozeduralen Ansatz dann legitim, wenn es die personale Autonomie, also die persönliche Freiheit sichert. Wie im sozialstaatlichen Rechtsparadigma wird jedoch berücksichtigt, dass Personen nur dann wirklich frei sein können, wenn sie über hinreichende materiale Voraussetzungen verfügen, etwa Bildung und Zugang zu Informationen, aber auch genügend materielle Güter, um unabhängig leben zu können. Beide Alternativen berücksichtigen jedoch nicht, dass die Freiheit von Rechtspersonen nicht in privater Autonomie aufgeht – der negativen Freiheit, »*nicht* Rede und Antwort stehen, für seine Handlungspläne *keine* öffentlich akzeptablen Gründe angeben« zu müssen (FG: 153). Freiheit besteht also nicht nur im Rückzug auf das eigene Grundstück. Vielmehr bedarf es, damit Personen durch das Recht wirklich frei werden, auch öffentlicher Autonomie, also politischer Beteiligung. Es bedarf der kommunikativen Freiheit, »zu kritisierbaren Geltungsansprüchen Stellung zu nehmen« (FG: 161). Um im Bild zu bleiben: Damit die Zäune legitim gezogen werden, müssen sich die Betroffenen miteinander über eine Aufteilung des vorhandenen Bodens verständigen. Nur dann können sie sich ihres Grundstücks überhaupt erfreuen, weil sie an der Bestimmung dessen, was ›ihr Recht‹ ist, gleichberechtigt mitgewirkt haben. Und nur durch solch einen zwanglosen und inklusiven Austausch von Gründen kann sich dann auch die kommunikative Vernunft, die in jedem Geltungsanspruch bereits angelegt ist, angemessen entfalten (vgl. Kap. 2.1).

Seine Auffassung des politischen Prozesses, aus dem derart legitimes Recht hervorgehen kann, entwickelt Habermas wiederum in Abgrenzung zu zwei alternativen Konzeptionen: dem (jeweils überpointiert dargestellten) liberalen und republikanischen Verständnis von Politik. Der liberale Ansatz geht davon aus, dass die Interessen der Bürger dem politischen Prozess bereits vorgegeben sind. Dieser dient damit nur dazu, diese Interessen zu bündeln bzw. Kompromisse zwischen ihnen zu erarbeiten. Dagegen orientiert sich das republikanische Verständnis von Politik nicht am Modell des Marktes, sondern an jenem des Gesprächs über das für uns gute Leben. Es formuliert einen normativ gehaltvolleren, für Habermas jedoch zu gehaltvollen Begriff demokratischer Selbstbestimmung: »›Politik‹ wird als Reflexionsform eines sittlichen Lebenszusammenhangs begriffen« (FG: 327) und stützt sich »inhaltlich auf einen kulturell eingespielten Hintergrundkonsens der Bürger« (FG: 359). Damit aber überfrachtet der Republikanismus laut Habermas den politischen Prozess. Weder sollte die Beteiligung an der Politik als zentraler Bestandteil des guten Lebens angesehen werden, noch kann man davon ausgehen, dass die Bürger so viele (kulturelle) Gemeinsamkeiten teilen, dass sie sich in Bezug auf Fragen des guten (gemeinsamen) Lebens einigen können. Der Republikanismus unterschätzt den Wertepluralismus der Moderne.

Mit diesen beiden Konzeptionen kontrastiert Habermas ein Politikmodell, das er als ›deliberativ‹ bezeichnet. Anders als das ›liberale‹ Modell der Politik geht diese Konzeption nicht davon aus, dass subjektive Vorlieben und Präferenzen dem politischen Prozess fest vorgegeben sind. Vielmehr nimmt sie an, dass sich Meinungen (etwa über legitime Bedürfnisse und Interessen) durch Argumente verändern lassen. Im Gegensatz zum ›republikanischen‹ Modell glaubt Habermas nicht, dass man sich in Bezug auf Fragen des guten Lebens stets noch einigen kann. Weil das nicht mehr möglich ist, sollen sich die Bürger auf gemeinsame Rechte verständigen. Insofern setzt das deliberative Modell – hierin dem liberalen durchaus ähnlich – auf Institutionen, die das Eigeninteresse sinnvoll kanalisieren. Habermas glaubt also nicht, dass der tugendhafte *citoyen* sein Eigeninteresse vollständig überwinden muss. Tugend soll nur »in kleiner Münze« (FG:

627) erhoben werden. Und ohnehin müssen in der politischen Öffentlichkeit alle Bedürfnisse und Interessen, so idiosynkratisch sie anfangs auch scheinen mögen, zur Sprache kommen dürfen.

(c) *Das Verhältnis von Demokratie und Menschenrechten*: Diese drei Politikmodelle konzipieren nun auch den Zusammenhang von Menschen- bzw. Grundrechten und Demokratie jeweils anders. Das liberale Modell räumt den klassischen Abwehrrechten gegenüber dem Staat eine Vorrangstellung ein, weil es jener »Tyrannei der Mehrheit« (Mill 1859: 9 ff.) misstraut, die in jedem Abstimmungsprozess lauert: Kann die Mehrheit ihre Macht nicht dazu missbrauchen, die legitimen Rechte der Minderheit mit Füßen zu treten? Hingegen hat dem Republikanismus zufolge die kollektive Selbstbestimmung Vorrang vor den Menschenrechten. Demokratische Entscheidungen dürfen nicht durch fundamentale Rechte eingeschränkt werden, die dem politischen Prozess äußerlich vorgegeben sind. Denn wer könnte diese Rechte festlegen? Ein weiser Philosophenkönig, der sich höheres Wissen anmaßt? Rechte gelten dem Republikanismus zufolge nur, weil und solange sich Bürger diese wechselseitig zugestehen. Und diese Entscheidung kann jederzeit revidiert werden (so etwa bei Rousseau 1762).

Der deliberative Ansatz, den vor allem Habermas prominent gemacht hat (zur Geschichte des Ansatzes vgl. Strecker 2009: 61-67), versucht demgegenüber, den angeblichen Widerspruch zwischen Menschenrechten und Demokratie als bloßen Schein zu entlarven. Tatsächlich soll es keine Unversöhnlichkeit, sondern einen internen Zusammenhang von Menschenrechten und dem sie sichernden Rechtsstaat auf der einen Seite und Demokratie auf der anderen Seite geben. Die grundlegende Intuition, von der Habermas ausgeht, lautet: »[I]m Zeichen einer vollständig säkularisierten Politik [ist] der Rechtsstaat ohne radikale Demokratie nicht zu haben und nicht zu erhalten.« (FG: 13) Die Ideen der Menschenrechte und der Volkssouveränität schränken sich nicht gegenseitig ein, sondern erläutern sich wechselseitig. Was aber heißt das genau?

Der Fehler des liberalen Ansatzes besteht Habermas zufolge darin, Menschenrechte als überpositive moralische Rechte zu verstehen. Liberale Theorien gehen oftmals davon aus, dass in einem ersten Schritt moralische Überlegungen solche überpositiven Menschenrechte begründen. In einem zweiten Schritt ist es sodann Aufgabe des Gesetzgebers, diese Rechte in eine juridische Form zu überführen, also innerhalb eines Staates als positive Grundrechte zu sichern. Diese Verdoppelung des Rechtsbegriffs bedeutet folglich, dass die (demokratische) Politik durch vorgängige Rechte beschränkt wird und in Bezug auf diese Rechte als »Prinzipienvollzugsorgan« (Forst 2007: 170) fungiert.

Gegen diese Konzeption beruft sich Habermas auf sein Verständnis der evolutionären Funktion des Rechts, die wir bereits oben ausgeführt haben. Die Rationalisierung der Lebenswelt führte dazu, dass althergebrachte Traditionen immer stärker hinterfragt und immer weniger plausibel wurden. An die Stelle konkreter (vor allem religiöser) Inhalte, die alle immer schon teilten, traten formalere und abstraktere Prinzipien, etwa: dass nur das als legitim gelten könne, was für alle gleichermaßen zustimmungsfähig ist. Diese Prinzipien bestimmen aber Moral *sowie* Recht in ihrer postkonventionellen Form. Beide gehen aus der traditionalen Sittlichkeit hervor (vgl. Kap. 2.4 und 4.1). Aber nur das Recht kann die kognitiven, motivationalen und organisatorischen Schwächen der Moral ausgleichen (vgl. oben). Demnach besteht zwischen Moral und Recht kein Ableitungs-, sondern ein Ergänzungsverhältnis.

Auch das allgemeine Diskursprinzip (D), welches Habermas aus der Struktur der Sprache zu gewinnen versucht (vgl. Kap.

2.2), bezieht sich auf alle Handlungsnormen (FG: 138). Sowohl für Normen der Moral als auch des Rechts soll demnach gelten: »[N]ur die Normen dürfen Gültigkeit beanspruchen, die in praktischen Diskursen die Zustimmung aller Betroffenen finden könnten.« (EA: 59; bereits MKH: 103, 132) Wird die Legitimität moralischer Normen durch das Moralprinzip erläutert, so die Legitimität von Rechtsnormen durch das Demokratieprinzip. Das Moralprinzip wird durch den Universalisierungsgrundsatz (U) ausgeführt, der als Argumentationsregel moralischer Diskurse fungiert und nur strikt verallgemeinerbare Gründe zählen lässt. Gültig sind Handlungsnormen diesem Grundsatz zufolge genau dann, »wenn die voraussichtlichen Folgen und Nebenwirkungen, die sich aus ihrer allgemeinen Befolgung für die Interessenlagen und Wertorientierungen *eines jeden* voraussichtlich ergeben, *von allen* Betroffenen *gemeinsam* zwanglos akzeptiert werden könnten« (EA: 60). Das Demokratieprinzip geht ebenfalls, aber in anderer Hinsicht aus dem Diskursprinzip hervor. Es verdankt sich nämlich einer »Verschränkung« des Diskursprinzips mit der Rechtsform, also der Idee subjektiver Freiheitsrechte (FG: 154). Das heißt, dass wir das Prinzip, dass Normen für alle Betroffenen zustimmungsfähig sein sollen, auf die spezifische Form rechtlicher Regelungen anwenden, auf das – wie Habermas es nennt – ›Medium des Rechts‹.

Diese ›Verschränkung‹ von Diskursprinzip und Rechtsform soll zugleich die These von der ›Gleichursprünglichkeit‹ von Demokratie und Menschenrechten (oder eben von öffentlicher und privater Autonomie) erläutern, indem sie zu einem ›System der Rechte‹ führt. Dieses System der Rechte soll also zeigen, dass Demokratie ohne Menschenrechte ebenso wenig zu haben ist wie Menschenrechte ohne Demokratie. Habermas zufolge weisen Menschenrechte *als Rechte* immer schon einen Bezug zu einer zwangsbewehrten Ordnung auf, die im idealen Fall eine demokratische ist. Obgleich allein mit moralischen Gründen gerechtfertigt, gehören Menschenrechte nicht zur Moral, sondern zum Recht. Das Habermas'sche System der Rechte buchstabiert diejenigen Kategorien an Rechten aus, die sich Bürger wechselseitig zugestehen müssen, wenn sie ihre Beziehungen überhaupt in legitimer Weise *mit den Mitteln des Rechts* regeln wollen. Habermas hält fünf Rechtskategorien für notwendig. Diese bleiben, obgleich sie unverzichtbar sind, extrem abstrakt und müssen daher in demokratischen Diskursen erst noch ›gesättigt‹, also konkretisiert werden.

Die erste Kategorie erläutert die grundlegende Idee, dass es in einer Rechtsordnung vor allem um die Sicherung kompatibler und möglichst großer Willkürspielräume geht, also um »Grundrechte, die sich aus der politisch autonomen Ausgestaltung des *Rechts auf das größtmögliche Maß gleicher subjektiver Handlungsfreiheiten* ergeben« (FG: 155). Hier kommt Habermas als Philosoph durchaus monologisch, also nur durch eigenes Nachdenken und ohne auf die Ergebnisse eines realen Diskurses zu warten, zu folgendem Schluss: Die Anwendung des Diskursprinzips auf das Medium des Rechts kann sinnvollerweise nur zu *gleichen* Rechten führen. Aber wie groß das größtmögliche Maß ausfallen soll und welche Rechte dies konkret umfasst, ist umstritten. So bezweifeln etwa sozialistische Theorien, dass das Recht auf Privateigentum an Produktionsmitteln sinnvollerweise zu diesen Rechten gehört, während Libertäre (*libertarians*) dies annehmen. Sogar die – wohl eher unkontroversen – »klassischen liberalen Grundrechte auf die Würde des Menschen, auf Freiheit, Leben und körperliche Unversehrtheit der Person, auf Freizügigkeit, Freiheit der Berufswahl, Eigentum, Unverletzbarkeit der Wohnung usw.« (FG: 159) sind für Habermas nur »Interpretationen und Ausgestaltungen« (FG: 159) der ersten Rechtskategorie. Selbst hier stellt sich ja noch die Frage, was genau unter der

Würde des Menschen zu verstehen ist, was wir als Freiheit begreifen, was als legitimes Eigentum zählt usw.

Um diese Rechte in Anspruch nehmen zu können, muss man zweitens zu einer konkreten Rechtsgemeinschaft gehören. Das Recht gilt, anders als die Moral, ja immer nur für ein konkretes Territorium und die dort ansässigen Personen. Deshalb muss der genaue ›Status eines Mitglieds‹ ebenso definiert werden wie die Zugangsbedingungen, also Fragen der Immigration und Einbürgerung. Aber auch hier lässt Habermas' These, dass solche Rechte etabliert werden müssen, vollkommen offen, wie man diese ausgestalten sollte. Muss man auf dem Staatsgebiet geboren sein, um als Bürger zu gelten – vielleicht gar von Eltern, die bereits Bürger sind? Muss man dort (wie lange?) gelebt haben, um sich für den Bürgerstatus zu qualifizieren?

Drittens müssen diese Rechte, sollen sie nicht bloße Chimären bleiben, einklagbar und geschützt sein. Daher fordert Habermas »Grundrechte, die sich unmittelbar aus der *Einklagbarkeit* von Rechten und der politisch autonomen Ausgestaltung des individuellen *Rechtsschutzes* ergeben« (FG: 156). Aber auch hier wissen wir noch nicht, wie genau und wie anspruchsvoll diese Einklagbarkeit geregelt werden soll.

Diese drei Grundrechtskategorien sollen sich bereits daraus ergeben, dass man die Verallgemeinerungsidee des Diskursprinzips – gleichsam von außen – auf das Rechtsmedium anwendet, also auf die Idee, dass wir unser Zusammenleben mithilfe des Rechts regeln wollen. Dagegen kommt die zentrale Idee der Habermas'schen Theorie erst mit der vierten Rechtskategorie zum Zuge. Diese soll die private Autonomie der Rechtsadressaten durch die öffentliche Autonomie der Rechtsautoren ergänzen. Bislang wurden die Rechtskategorien ja nur als abstrakte eingeführt. Welche Rechte den Bürgern aber konkret zukommen sollten, kann kein einsamer Philosophenkönig vorentscheiden. Vielmehr müssen sich die Bürger selbst darauf einigen, welche Rechte sie sich wechselseitig zugestehen sollten. Gemäß der grundlegenden Idee der Diskurstheorie müssen hier alle Stimmen Gehör finden, weil nur dies Ausdruck der gleichen Achtung für alle Individuen ist und weil nur so gewährleistet werden kann, dass alle Argumente gehört und keine überhört werden.

In der vierten Rechtskategorie geht es daher um »Grundrechte auf die chancengleiche Teilnahme an Prozessen der Meinungs- und Willensbildung, worin Bürger ihre *politische Autonomie* ausüben und wodurch sie legitimes Recht setzen« (FG: 156). Auch diese Kategorie führt Habermas nur abstrakt ein. Die Bürger können erst in demokratischen Diskursen, die schon bestimmte politische Rechte *voraussetzen*, klären, ob sie diese Rechte nicht doch anders fassen sollten. An dieser Stelle wird das Recht ›reflexiv‹. Das heißt, dass man nur mithilfe bestimmter Rechte entscheiden kann, ob man diese Rechte behalten oder sie nicht doch lieber anders gestalten will. Um etwa festzulegen, ob man bestimmte Entscheidungen mit einfacher oder qualifizierter Mehrheit treffen will, muss man bereits über eine Entscheidungsregel verfügen. Aber natürlich kann man mit einfacher Mehrheit beschließen, dass man in Zukunft Beschlüsse nur mit Zweidrittelmehrheiten fassen will – oder umgekehrt. Der Grundgedanke besteht folglich darin, den Rechtsstaat prozedural zu interpretieren, also »die Prinzipien des Rechtsstaates als konsequente Antwort auf die Frage [zu begreifen], wie die anspruchsvollen Kommunikationsformen einer demokratischen Meinungs- und Willensbildung institutionalisiert werden können« (FG: 361). Die Idee der Autonomie, also der Selbstgesetzgebung, will Habermas so verstanden wissen, dass die Staatsbürger zugleich Adressaten und Autoren des Rechts sein müssen – also über private wie öffentliche Autonomie verfügen.

Schließlich weist Habermas darauf hin, dass Menschen bestimmter Voraussetzungen bedürfen, um Rechte wirklich nutzen zu können. Deshalb sieht er fünftens »Grundrechte auf die Gewährung von Lebensbedingungen« vor, »die in dem Maße sozial, technisch und ökologisch gesichert sind, wie dies für eine chancengleiche Nutzung der (1) bis (4) genannten bürgerlichen Rechte unter gegebenen Verhältnissen jeweils notwendig ist.« Weil Habermas diese sozialen Rechte nur als Voraussetzung der »vier absolut begründeten« Rechtskategorien einführt und diese folglich nur »relativ« (FG: 157) gelten sollen, stellt sich die Frage, welche sozialen Rechte begründet werden können. Auch hier hält sich Habermas erneut zurück.

Dass alle fünf Rechtskategorien einerseits notwendig sind, andererseits aber auch sehr unbestimmt ausfallen, ist die Grundidee seiner These einer ›Gleichursprünglichkeit öffentlicher und privater Autonomie‹. Deswegen lassen sich, so Habermas, Grundrechte auch nicht als Beschränkung von Demokratie verstehen. Sie ermöglichen diese in Rechtsstaaten überhaupt erst. Rechtsordnungen müssen sich immer auch als Interpretationen des Systems der Rechte verstehen lassen. Der Rechtsstaat ist nicht ohne Demokratie zu haben und die Demokratie nicht ohne den Rechtsstaat.

Warum ist der Rechtsstaat nicht ohne Demokratie zu haben? Die private Autonomie der Einzelnen kann in ihren genauen Umrissen erst durch die öffentliche Autonomie demokratischer Staatsbürger bestimmt werden. Es sind eben lediglich Rechtskategorien, die sich aus der Verschränkung des Diskursprinzips mit der Rechtsform ergeben, keine konkreten Rechte. Der spezifische Gehalt dieser Rechte kann allein durch die Betroffenen geklärt werden. Nur diese können ihre Bedürfnisse formulieren, in Willensbildungsprozessen interpretieren und dabei die Kriterien klären, nach denen Gleiches gleich und Ungleiches ungleich behandelt werden soll. Das entsprechende Argument lautet, dass »die dem Rechtskode selbst eingeschriebenen Grundrechte sozusagen *ungesättigt* [bleiben]. Sie müssen von einem politischen Gesetzgeber je nach Umständen *interpretiert* und *ausgestaltet* werden.« (FG: 159) Deswegen bleibt Habermas zufolge eine Autonomie, die lediglich aus den klassischen Freiheitsrechten besteht, eine halbierte. Die Adressaten des Rechts müssen in Personalunion zugleich dessen Autoren sein. Dabei ist die Entstehung des Systems der Rechte nicht so zu verstehen, dass sie jemals an ein Ende kommt (FG: 155). Das ergibt sich bereits daraus, dass sich Bedürfnisse im Laufe individueller Lebensgeschichten und im Wechsel der Generationen wandeln. Moderne Verfassungen sind diesem Verständnis zufolge auf Dauer gestellte Reformprojekte; weil sie die Autonomie der Subjekte betonen, müssen sie stetig neu interpretiert werden (FG: 163, auch 534-537; ZÜ: 143 f.). Habermas grenzt sich also sowohl gegen radikale Vorstellungen einer revolutionären Umwälzung ab wie auch gegen jene, die den Status quo, also den jetzigen Stand der Verfassung, bloß bewahren wollen.

Aber warum ist die Demokratie auch ohne den Rechtsstaat nicht zu haben, lassen sich Grundrechte also nicht als Beschränkung der Demokratie verstehen? Habermas' Antwort betont den rechtsförmigen Charakter der Demokratie: Wie erläutert, geht das Demokratieprinzip aus der Verschränkung von Diskursprinzip und Rechtsform hervor. Die Demokratie besteht also im Kern darin, dass legitime Handlungsnormen *in der Form des Rechts* erzeugt werden. Und da auch die Demokratie selbst in der Form rechtlicher Verfahren organisiert sein muss, nehmen die Bürger daran notwendigerweise als Rechtspersonen teil, also als Träger subjektiver Rechte (FG: 143 f., 160 ff.; EA: 301). Zudem gilt: Nur wenn Personen über hinreichend private Autonomie verfügen, ist es ihnen möglich, wohlinformiert, selbstbewusst und ohne

Angst ihre Stimme in der Öffentlichkeit zu erheben (EA: 301f.). Die zentrale vierte Kategorie der politischen Teilnahmerechte setzt damit die anderen Kategorien der subjektiven Handlungsfreiheiten, der Staatsangehörigkeitsbestimmungen und der Rechtswegegarantien – letztlich auch die Kategorie sozialer Rechte – voraus.

Daraus ergibt sich aber zugleich ein Problem: Das Recht schließt nicht aus, dass man die Gesetze nur aus Angst vor Strafe befolgt. Ich muss mich lediglich in meinen Handlungen an das Gesetz halten, aus welchen Gründen auch immer ich dies tue. Wenn nun aber Bürger nicht nur Adressaten des Rechts sind, sondern dieses als Autoren des Rechts in legitimer Weise setzen sollen, würden lauter egoistische Individuen mit hoher Wahrscheinlichkeit zu schlechteren Gesetzen gelangen als solche, die im Sinne des allgemeinen Wohls Recht setzen. Als Autoren des Rechts *sollten* die Individuen ihre kommunikativen Freiheiten, die ebenfalls in der Form subjektiver Rechte institutionalisiert werden müssen, nicht in strategischer Einstellung gebrauchen. Aber dazu gezwungen werden können sie nicht. Insofern ist das Recht auf entgegenkommende Lebensweisen angewiesen, also darauf, dass die Bürger ein Interesse daran haben, sich im Sinne des Gemeinwohls an der politischen Praxis zu beteiligen. Habermas vertraut hier auf ›entgegenkommende‹, also rationalisierte Lebenswelten, setzt also auf eine liberale politische Kultur. Umso stärker fürchtet er daher pathologische Auswirkungen der Systeme (vgl. Kap. 3.1).

4.2 Deliberative Demokratie: Öffentlichkeit und politische Macht

Habermas' Konzeption bemisst die Legitimität des Rechts also vor allem an den demokratischen Verfahren der Rechtserzeugung.

Wie aber sollen diese gestaltet werden? Der Weg von der ersten Idee, man könne oder solle etwas ändern, bis hin zum staatlichen Handeln ist ein weiter und durchaus steiniger. Habermas versteht ihn als »zweigleisig verlaufenden« Prozess, der sich nach »verfasster und informeller Meinungs- und Willensbildung« (FG: 382) unterscheiden lässt. Die informelle Meinungs- und Willensbildung findet in den vielfältigen Arenen der politischen Öffentlichkeit statt. Von hier aus soll die formell verfasste Meinungs- und Willensbildung im Kern des politischen Systems, also vor allem im Parlament, aber auch in der staatlichen Verwaltung und in den Gerichten, beeinflusst werden. Erst dort können Verfahren in einer Weise institutionalisiert werden, die vermuten lässt, dass die getroffenen Entscheidungen ein allgemeines Interesse ausdrücken. Die unterschiedlichen Stimmen, die sich in der Öffentlichkeit artikulieren, müssen also erst durch Schleusen oder Filter der Rationalisierung hindurch. Im Folgenden werden zuerst die Begriffe der Öffentlichkeit und der Zivilgesellschaft vorgestellt (a), bevor wir uns dem politischen System im engeren Sinne zuwenden (b). Schließlich wird erläutert, warum wir nach Habermas stärker als bisher darauf achten sollten, welche Arten von Gründen – pragmatische, ethische oder moralische – im politischen Prozess vorgebracht werden (c).

(a) *Öffentlichkeit und Zivilgesellschaft*: Die Theorie der deliberativen Demokratie berücksichtigt als normativen Kern der Politik nicht nur die Dimension der Beschlussfassung, sondern vor allem den Bereich der öffentlichen Meinungs- und Willensbildung. Demokratische Selbstbestimmung hat ihre Quelle darin, dass die Bürger ihre Interessen und Bedürfnisse öffentlich artikulieren, diskutieren und in diesem Rahmen aufklären. Nur so kann ›kommunikative Macht‹ entstehen, also die motivierende Kraft gemeinsamer Einigung durch Argumente (vgl. Kap. 3.2). Folglich »fällt ein guter Teil der Erwartungen, die mit deliberativer Politik verknüpft sind, auf die peripheren Strukturen der Meinungsbildung« zurück (FG: 434). Die Qualität der Demokratie beruht somit primär auf einer vitalen Öffentlichkeit, die in einer pluralistischen Zivilgesellschaft verankert ist. Was aber ist mit ›Öffentlichkeit‹ und ›Zivilgesellschaft‹ gemeint?

Die (politische) Öffentlichkeit ist nach Habermas vor allem ein Raum, der sich durch den intersubjektiven Austausch von Überzeugungen bildet. Sie ist somit nichts Festes, kein bestimmter Ort und keine spezifische Institution. Der Grundgedanke der Habermas'schen Demokratietheorie besagt, dass Gefühle der Unzufriedenheit, des Leidens und der Empörung in der Öffentlichkeit artikuliert und interpretiert werden müssen. Diese beschreibt er als »Netzwerk für die Kommunikation von Inhalten und Stellungnahmen, also von *Meinungen*« (FG: 436). Dabei müssen diese öffentlichen Auseinandersetzungen ein bestimmtes Niveau erreichen, damit sich die besten Argumente durchsetzen. In der Öffentlichkeit wird also durchaus um Einfluss gerungen, und es lassen sich »Veranstalter, Redner und Zuhörer« sowie »Arena und Galerie, [...] Bühne und Zuschauerraum« (FG: 440) unterscheiden. Damit haben einige bessere Chancen, ihren Einfluss geltend zu machen – und dies muss die *Kritische* Theorie zur Kenntnis nehmen. Aber letztlich, so die Annahme, können sich doch nur jene Meinungen durchsetzen, die die Bürger überzeugen.

Solch eine Öffentlichkeit wird überhaupt erst ermöglicht durch ihr »organisatorische[s] Substrat« (FG: 444): die Organisationen der Zivilgesellschaft. Unter diesen durchaus schillernden Begriff subsumiert Habermas *nicht* den Bereich der Wirtschaft oder des Staates. Vielmehr sind es »nicht-staatlich[e] und nicht-ökonomisch[e] Zusammenschlüsse und Assoziationen auf freiwilliger Basis« (FG: 443), die die Zivilgesellschaft bilden. Hierzu zählt er etwa soziale Bewegungen oder Organisationen, die »Themen von allgemeinem Interesse behandeln, unterrepräsentierte und schwer organisierbare Gruppen oder Anliegen advokatorisch vertreten, die kulturelle, religiöse oder humanitäre Ziele verfolgen, Bekenntnisgemeinschaften bilden usw.« (FG: 445) Zur Zivilgesellschaft zählen also Bürgerbewegungen, Organisationen wie Amnesty International oder Greenpeace, aber auch die Kirchen. Habermas nennt hingegen nicht die politischen Parteien und die Wirtschaftsverbände oder die Medien. Kennzeichnend ist für ihn vielmehr, dass die zivilgesellschaftlichen Akteure nicht nur »offensiv« (FG: 447) versuchen, neue Themen zu lancieren, sondern sich auch »defensiv« (FG: 448) dafür einsetzen, dass die politische Öffentlichkeit als Raum des bürgerschaftlichen Engagements lebendig bleibt. Die Zivilgesellschaft ist für Habermas also der primäre Träger emanzipatorischer Impulse. Davon unterscheidet er jene nicht-zivilgesellschaftlichen Gruppen, welche die Öffentlichkeit lediglich parasitär dazu nutzen, ihre eigenen Interessen zu verfolgen (FG: 440 f., 447 f., 453 f.). Die großen Parteien etwa orientieren sich primär am eigenen Machterhalt und sind bereits eng mit dem Staat verknüpft, während die großen Verbände vor allem wirtschaftliche Interessen verfolgen.

Auch die Massenmedien zählt Habermas nicht zur Zivilgesellschaft, obgleich diese – wie auch Parteien und Verbände – die politische Öffentlichkeit weitestgehend bestimmen. Sicherlich ist eine funktionsfähige Öffentlichkeit heute ohne Massenmedien, die den Status einer vierten Gewalt (neben Legislative, Exekutive und Judikative) angenommen haben, nicht zu denken. Daher kommt insbesondere den Medien die Rolle zu, das diskursive Niveau öffentlicher Diskussionen zu wahren oder gar anzuheben – zumindest aber nicht zu ruinieren. Doch dazu sind sie oft nicht in der Lage, weil sie sich um möglichst hohe Einschaltquoten bemühen müssen (FG: 455 f.). So werden ihre »Selektionsprozesse [...] zur Quelle einer neuen Sorte von Macht«.

Vor allem das Fernsehen konzentriert sich nach Habermas auf »Themen [...], die bereits für die Medienöffentlichkeit produziert« und entsprechend der »von den Publizisten wahrgenommenen Rezeptionsbedingungen« gestaltet wurden. Deswegen finden sich dort kaum »Meinungen, die aus dem ›ausgewogenen‹, d.h. zentristisch eingeschränkten und wenig flexiblen Meinungsspektrum der großen elektronischen Medien herausfallen« (FG: 455).

Gleichwohl fordert Habermas – auch wenn dies unrealistisch anmuten mag – von den Massenmedien, dass sie ihre Macht nicht missbrauchen, sondern ihr Publikum kritisch über die zentralen politischen Probleme und sozialen Missstände sowie deren Ursachen aufklären. Hierbei sollen sie in unabhängiger Weise ein möglichst bereites Spektrum an Meinungen zu Wort kommen lassen (FG: 457 f.). Sie sollen dafür sorgen, dass der informierte Austausch von Argumenten in der Öffentlichkeit nicht zum Erliegen kommt, sollen sich im besten Fall zum Sprachrohr der zivilgesellschaftlichen Akteure machen.

Aufgrund ihrer Bedeutung als Impulsgeber muss die Öffentlichkeit grundrechtlich geschützt werden (FG: 445). Ansonsten soll sie aber keinen Zugangs- und Verfahrensregeln unterworfen sein, weil jede Reglementierung dazu führen könnte, dass relevante Beiträge unterdrückt werden (FG: 436, 442). Die Öffentlichkeit soll den Subjekten die Möglichkeit geben, all jene Erfahrungen von Leid und Ungerechtigkeit zur Sprache zu bringen, denen sie in ihrem Alltag ausgesetzt sind. Nur so können diese Probleme ins allgemeine Bewusstsein treten. So bildet sich in der Öffentlichkeit kommunikative Macht. Aber es kann nicht gewährleistet werden, dass ›die‹ öffentliche Meinung allgemein zustimmungsfähig ist, dass es sich also um legitime Macht handelt. Aus diesem Grund kann die Öffentlichkeit neue Problemlagen identifizieren und thematisieren, aber eben keine verbindlichen

Entscheidungen treffen. Weil prozedurale Regeln fehlen, kann ja nicht sichergestellt werden, dass alle Personen gleichermaßen Gehör finden und an der Erzeugung der öffentlichen Meinung mitwirken können (FG: 449 f.). Viele Gruppen vermögen ihre Interessen noch nicht oder zumindest nicht in der gebotenen Eloquenz zu formulieren; einige sind durch Protest auf den Straßen sichtbar, andere nicht. Vor allem aber verfügen einige, insbesondere wirtschaftlich starke Gruppen, über einen effektiveren Zugang zu den oder größeren Einfluss auf die Parteien und Massenmedien, also über soziale Macht.

Dies zeigt, dass weder Öffentlichkeit und Zivilgesellschaft auf der einen Seite noch politisches System auf der anderen Seite allein ausreichen. Beide müssen sich ergänzen, um zu legitimen politischen Entscheidungen zu gelangen. So gilt für Habermas: »Im prozeduralistischen Rechtsparadigma wird die politische Öffentlichkeit nicht nur als Vorhof des parlamentarischen Komplexes vorgestellt, sondern als die impulsgebende Peripherie, die das politische Zentrum *einschließt*.« (FG 533)

(b) *Das politische System*: Das politische Zentrum ist deshalb ›eingeschlossen‹, weil das Parlament den eigentlichen Ort der demokratischen Entscheidungsfindung bildet – aber die zuvor in der Öffentlichkeit geäußerten Gründe berücksichtigen muss. Das Verfahren der allgemeinen, freien und gleichen Wahl gewährleistet, dass einer jeden Bürgerin und einem jeden Bürger der gleiche Einfluss auf die politische Zusammensetzung der legislativen Versammlung zukommt. Zudem lassen sich hier – anders als in der zivilgesellschaftlich basierten Öffentlichkeit – prozedurale Standards etablieren. Wahl- und Verfahrensregeln innerhalb des Parlaments und seiner Ausschüsse fungieren als solche »Schleusen« (FG: 398, 430) oder – eher noch – Filter, die Verzerrungen des allgemeinen Willens verhindern sollen. Weitere Schleusen bzw. Filter bestehen dort, wo die Öffentlichkeit oder

Einzelpersonen auf die staatliche Verwaltung oder die Gerichte einwirken. Weil das Parlament Teil der politischen Öffentlichkeit ist, sollte es sich von allen Gründen positiv irritieren lassen, die in den öffentlichen Diskussionen geäußert werden. Gerade hier soll sich ja die ›kommunikative Macht‹ des *demos* (griechisch für Volk) bündeln. Aber das Parlament darf keinesfalls durch die soziale Macht partikularer Gruppen programmiert werden – und auch nicht durch die lautesten Stimmen in der (Medien-)Öffentlichkeit.

Angesichts des Wiedererstarkens religiöser Argumente in der öffentlichen Auseinandersetzung hat Habermas in jüngerer Zeit etwa dafür argumentiert, dass die zivilgesellschaftlich verankerte, aber informelle Öffentlichkeit für alle Meinungen offenstehen sollte. Dagegen dürfen im institutionalisierten Kernbereich des politischen Systems solche Positionen kein Gehör finden, von denen von vornherein klar ist, dass sie nicht allgemein zustimmungsfähig sind. So mögen religiöse Menschen in der Öffentlichkeit dazu tendieren, ihre Erfahrungen der Ungerechtigkeit oder der Unzufriedenheit mit Bezug auf Gott zum Ausdruck zu bringen. Um diese Menschen nicht verstummen zu lassen, sollen sie dies auch weiterhin tun können. Aber weil nicht alle Menschen an Gott glauben, muss dieses Anliegen erst in eine weltliche Sprache übersetzt werden, um dann zu klären, ob es für alle zustimmungsfähig ist. Insofern besteht hier ein »institutionelle[r] Übersetzungsvorbehalt«« (NR: 136). Im besten Falle wird das jeweilige Problem bereits in der Öffentlichkeit aus einer religiösen in eine weltliche Sprache übersetzt. Spätestens aber muss das dort geschehen, wo diese Meinungen in politische Macht, also in kollektiv bindende Entscheidungen einfließen. So dürfen laut Habermas Aussagen über den sündigen Charakter dieses oder jenes Lebensstils nicht im parlamentarischen Raum vorgetragen werden und müssen gegebenenfalls aus Protokollen getilgt werden.

Nachdem die Argumente aus der Öffentlichkeit all diese Schleusen passiert haben, in denen sie auf ihre allgemeine Zustimmungsfähigkeit hin überprüft werden, sollen sie die Parlamentarier dazu bewegen, legitime Gesetze zu beschließen. Diese Gesetze (auch in Bezug auf die Verfassung der Wirtschaft) geben dann im besten Fall der staatlichen Verwaltung vor, wie sie zu agieren hat: Die kommunikative Macht bestimmt die administrative Macht. Damit wäre die Kolonialisierung der Lebenswelt durch die Systeme aufgehalten (vgl. Kap 3.1), und die Lebenswelt hätte die Systeme unter demokratische Kontrolle gebracht: »Über die Kanäle allgemeiner Wahlen und spezieller Beteiligungsformen setzen sich öffentliche Meinungen in eine kommunikative Macht um, die den Gesetzgeber autorisiert und eine steuernde Verwaltung legitimiert.« (FG: 533)

Allerdings lässt sich die Rechtsetzung heute nicht mehr auf die Parlamente (bzw. auf die von Habermas geforderten Plebiszite, also Volksabstimmungen) beschränken. Aufgrund wachsender Staatsaufgaben (FG: 519) kommt es zu einer Materialisierung des Rechts – und damit zu seiner zunehmenden Unbestimmtheit. Das führt zu immer größeren Ermessensspielräumen für die Akteure in der Verwaltung und der Justiz. Die staatliche Bürokratie übernimmt nicht mehr nur Aufgaben der Rechtsdurchsetzung, sondern auch solche der Rechtsanwendung und gar der Rechtserzeugung. Gleiches gilt für die Gerichte: Auch sie wenden Recht nicht nur an, sondern schreiben es fort. Weil durch diese Entwicklungen die demokratisch *erzeugte* Legitimität des Rechts verloren zu gehen droht, sollte das Parlament Habermas zufolge seine Kompetenzen nutzen und entscheiden, welche Instanzen jeweils mit welcher Sorte von Gründen die Legitimität von Rechtsetzung und -anwendung sichern sollten.

Wenn daher Verwaltungen und Gerichte Recht nicht nur vollziehen bzw. anwenden, sondern zugleich fortbilden müssen, sollten auch diese in dem Sinne ›demokratisiert‹ werden, dass sie in ihrer Entscheidungsfindung die Beteiligung der Betroffenen vorsehen. Vor allem sind es »die Entscheidungsabläufe einer nach wie vor an Effizienzgesichtspunkten orientierten Verwaltung«, in die »mit Hilfe von prozeduralem Recht *Legitimationsfilter* eingebaut werden« müssen (FG: 531). Elemente von Begründungs- und Anwendungsdiskursen könnten durch die »Entscheidungsteilhabe von Betroffenen, die Aktivierung von Ombudsleuten, gerichtsanaloge Verfahren, Anhörungen« institutionalisiert, die Gewährleistung des individuellen Rechtsschutzes durch »die Ausweitung des Gesetzesvorbehalts, die Dynamisierung des Grundrechtsschutzes, kollektive Rechtsschutzformen usw.« gewährleistet werden (FG: 531). Und dort, wo die Judikative sich nicht auf Anwendungsdiskurse beschränken kann, fordert die Theorie deliberativer Demokratie die Erweiterung um Elemente von Begründungsdiskursen: »Die zusätzliche Legitimationsbürde könnte durch Rechtfertigungszwänge vor einem erweiterten justizkritischen Forum abgegolten werden. Dazu bedürfte es der Institutionalisierung einer Rechtsöffentlichkeit, die über die bestehende Expertenkultur hinausreicht und hinreichend sensibel ist, um problematische Grundsatzentscheidungen zum Fokus öffentlicher Kontroversen zu machen.« (FG: 530)

Damit sieht Habermas eine Alternative zum problematischen, weil gegenüber dem Selbstverständnis der Bürger unsensiblen Sozialrecht. Anders noch als in der *Theorie des kommunikativen Handelns* sollen die Betroffenen die Möglichkeit erhalten, nicht nur demokratisch auf der Eingabeseite, sondern eben auch auf der Ausgabeseite des politischen Prozesses auf Entscheidungen einzuwirken. Genau das soll das prozedurale Recht ermöglichen. In der *Theorie des kommunikativen Handelns* hat Habermas das Sozialrecht noch als einziges Mittel angesehen, um autonomiegefährdenden Ungleichheiten zu begegnen. Doch das Sozialrecht sollte unweigerlich zu einer Kolonialisierung der Lebenswelt führen, weil es, wie Habermas annimmt, die Leistungsempfänger notwendigerweise kategorisiere, und Ämter in der Rechtsausübung deswegen für die individuellen Bedürfnisse und Lebenslagen ihrer Klienten taub bleiben müssten. Auch in seinen neueren Schriften sieht er noch diese Gefahr und illustriert sie an der Gleichstellungspolitik, etwa für Frauen. Diese führt oftmals zu Nachteilen für die gleichzustellenden Gruppen, weil ihre besondere Perspektive innerhalb der staatlichen Verwaltung nicht zur Sprache kommt (FG: 500 ff.; EA: 244 ff., 303 ff.). Diesen paternalistischen Effekten kann aber vorgebeugt werden, wie Habermas nun glaubt, wenn man mittels prozeduralen Rechts den Betroffenen Mitsprachemöglichkeiten einräumt. Dies soll auf der ›Ausgabeseite‹ des politischen Prozesses ermöglicht werden – also dort, wo Justiz und Verwaltung unter heutigen Bedingungen unausweichlich rechtsfortbildend wirken, das heißt: auch legislativ tätig werden. Hier sollen deliberative Arenen und Beteiligungsmöglichkeiten für die Betroffenen geschaffen werden. Der Grundgedanke ist mithin: Prozedurales Recht ermöglicht deliberative Politik, und diese vermag die Kolonialisierung der Lebenswelt zu verhindern.

Vor diesem Hintergrund ist Habermas auch skeptisch gegenüber der heutigen Rolle der Verfassungsgerichte, insbesondere des deutschen Bundesverfassungsgerichts. Dieses nimmt für sich ja immer wieder in Anspruch, demokratisch beschlossene Gesetze im Rahmen des Normenkontrollverfahrens auf seine Übereinstimmung mit dem Grundgesetz zu überprüfen. Dabei kann es nicht nur Gesetze als grundgesetzwidrig verwerfen, sondern unterbreitet oftmals inhaltliche Vorschläge, wie das Gesetz verändert werden sollte, um akzeptabel zu sein. Das geht Habermas zu weit. Er will das Verfassungsgericht auf die eher »restriktive Rolle« festgelegt sehen, über die Legitimität der Verfahren zu wachen, innerhalb derer Recht demokratisch erzeugt wird (FG: 529 f.).

Allerdings mag sich manch einer die Frage stellen, ob das von Habermas entworfene Modell einer deliberativen Politik nicht doch zu unrealistisch ist – selbst wenn man mögliche Reformen berücksichtigt. Tatsächlich gesteht Habermas, belehrt durch Befunde über das Verwaltungshandeln in Massendemokratien, zu, dass die meisten Gesetze nicht durch Impulse aus der Öffentlichkeit angestoßen werden, sondern von der Bürokratie. Er übernimmt hier (FG: 429 ff.) die ursprünglich von Luhmann (1981) eingeführte Unterscheidung zwischen dem »offizielle[n] Machtkreislauf«, den Habermas theoretisch für den legitimen hält, und jenem entgegengesetzt verlaufenden, in der Realität beobachtbaren »Gegenkreislauf informaler Macht« (Luhmann 2000: 258), bei dem die Gesetze aus dem politischen System selbst kommen. Die Begrifflichkeit ist etwas irritierend, aber der offizielle Machtkreislauf ist insofern ›offiziell‹, als er dem demokratischen Selbstverständnis entspricht. Dieses geht ja immer noch davon aus, dass die Gesellschaft auf sich selbst einwirkt bzw. einwirken sollte. In der Begrifflichkeit von Habermas beschreibt dieser Kreislauf, wie die im öffentlichen Raum erzeugte kommunikative Macht – durch Schleusen, die die Vernünftigkeit der Entscheidung kontrollieren sollen – in administrative Macht verwandelt wird, mittels welcher die Verwaltung die Gesetze der Legislative realisiert.

Der politische Alltag soll hingegen dem »Gegenkreislauf« folgen, weil der »offizielle« Machtkreislauf zu stark idealisiert ist, als dass ihm »der normale, jedenfalls in westlichen Demokratien eingespielte Betrieb genügen könnte« (FG: 432). Dieser Routinebetrieb, der seine Impulse vor allem aus der staatlichen Verwaltung empfängt, stellt aber Habermas zufolge nicht von Haus aus ein Problem dar, weil er dazu beiträgt, viele Details der komplexen Wirklichkeit effektiv zu bearbeiten und damit die Öffentlichkeit und das Parlament entlastet (FG: 432). Entscheidend sei allein, dass der Gegenkreislauf in Konfliktfällen vom offiziellen überlagert werden kann, dass also die Bürger in wichtigen Fragen doch noch Einfluss auf das politische System ausüben können.

Und dafür sollen die Chancen gar nicht schlecht stehen. Denn in Konfliktfällen entstehe ein Krisenbewusstsein, das von »erhöhte[r] öffentliche[r] Aufmerksamkeit« und einer »intensivierte[n] Suche nach Lösungen« begleitet wird – mit der Folge, dass die öffentliche Meinung hinreichend Druck auf das politische System ausübt, um sich, getragen von zivilgesellschaftlichen Dramatisierungsstrategien, politisch zur Geltung zu bringen (FG: 433). Die administrative Macht muss sich dieser Hypothese zufolge nicht verselbständigen, sondern kann hieran von einer aufmerksamen Öffentlichkeit immer wieder gehindert werden.

(c) *Argumente im politischen Prozess*: Betreffen die bisherigen Überlegungen eher die Frage, wie die demokratische Willensbildung und Entscheidungsfindung institutionell organisiert wird, so mahnt Habermas zudem an, genauer darauf zu achten, welche Art von Gründen in der Öffentlichkeit und im Parlament vorgebracht wird. Das gesetzliche Verbot von Mord lässt sich allein unter Bezug auf moralische Argumente rechtfertigen, also strikt unparteiliche Gründe, die die Interessen aller gleichmäßig berücksichtigen. Aber dies gilt beileibe nicht für alle kollektiv zu entscheidenden Fragen. Moralische Gründe definieren sicherlich den Rahmen des Zulässigen: Unmoralische Gesetze müssen auf alle Fälle verhindert werden, etwa Gesetze, die den Mord an bestimmten Personen(gruppen) erlauben. Demokratische Entscheidungen müssen jedoch auf eine größere Menge von Argumenten zurückgreifen können.

Zum einen fällt es schwer, von öffentlichen Gütern ohne Bezug auf gemeinsame oder gemeinsam zu erzeugende Werte, also ohne Rekurs auf das Gemeinwohl zu sprechen. Ob es sich um das Gesundheitssystem, den öffentlichen Nahverkehr, die Kulturförderung oder die architektonische Gestaltung öffentlicher Plätze handelt – stets geht es um die Frage, welche politischen Optionen von den Bürgerinnen und Bürgern als wertvoller angesehen werden. Aus diesem Grund spricht Habermas auch von ›ethisch-politischen‹ Diskursen.

Zum anderen gehen Rechtsnormen, anders als moralische Gebote, stets »zurück auf Beschlüsse eines lokalen Gesetzgebers [und] erstrecken sich innerhalb eines geographisch bestimmten Staatsgebiets auf ein sozial abgegrenztes Kollektiv von Staatsangehörigen [...]. Deshalb ist jede Rechtsordnung *auch* der Ausdruck einer partikularen Lebensform, nicht nur eine Spiegelung des universellen Gehalts der Grundrechte.« (EA: 253) Gleichwohl besteht bei solch ethisch-politischen Entscheidungen stets die Gefahr einer Diskriminierung kultureller Minderheiten. Aus diesem Grund muss sich ein jeder Staat um ethische Neutralität zumindest in dem Sinne bemühen, dass seine Gesetze als faire Ausgestaltung des Systems der Rechte für alle seine Bürgerinnen und Bürger zustimmungsfähig sind. Auch müssen stets pragmatische Gründe berücksichtigt werden; etwa welcher von zwei alternativen Vorschlägen für den Ausbau des öffentlichen Nahverkehrs kostengünstiger umzusetzen ist.

Das komplexe Geflecht sowohl informeller als auch formeller Diskursarenen und Beratungsforen soll daher für alle Sorten von Gründen empfindlich sein: für pragmatische der zweckangemessenen Mittelwahl, ethische der Selbstverständigung und moralische der Gerechtigkeit. Letztere begründen zudem Verhandlungsregeln, die einen fairen Ausgleich konkurrierender, nicht-verallgemeinerungsfähiger Interessen durch Kompromisse ermöglichen. Aber auch hier gilt, dass Kompromisse nur dann legitim sind, wenn sie einerseits nicht zu unmoralischen Ergebnissen führen und zweitens nicht aufgrund des Drohpotenzials der mächtigeren Seite erpresst wurden.

Für alle Diskurse ist es dabei wichtig, diese verschiedenen Sorten von Gründen voneinander zu unterscheiden und ihre Hierarchie zu beachten. Denn sollten moralische Gründe eine bestimmte Entscheidung gebieten, erledigen sich die übrigen Überlegungen von allein. Nur wenn die Moral nichts gebietet – wohl aber erlaubt –, können die Bürgerinnen und Bürger ethisch-politische Diskurse führen. An dieser Stelle kommt es allerdings immer wieder zu Konflikten: Handelt es sich bei einem bestimmten Problem um ein moralisches der Gerechtigkeit oder ›nur‹ um ein ethisches des (gemeinsamen) guten Lebens? Ein gutes Beispiel ist die Debatte um die Rechtmäßigkeit des Schwangerschaftsabbruchs. Hier ist die Natur des Problems umstritten, weil der moralische Status des Fötus jeweils anders bestimmt wird. Oder: Sind Fragen der Gesundheits- und Asylpolitik moralische oder ethische Fragen? Schließlich geht es hier sowohl um vitale Interessen von kranken bzw. verfolgten Menschen als auch um die Frage, wie solidarisch sich eine Gesellschaft verstehen will (weitere Beispiele in FG: 204). Aber viele Fälle sind dann so strittig doch nicht: Ob man eher Karten für die Oper oder für das Fußballstadion subventioniert, ist eine eindeutig ethische Frage. Und wer gegen den Lärm von Minaretten wettert, aber Kirchenglocken liebt, fällt ein ethisches Urteil, das durch moralische Gründe der Gleichberechtigung übertrumpft werden sollte (vgl. Iser 2003: 97 f.). Wichtig ist für Habermas jedoch vor allem, dass diese Argumentationsebenen (Was ist gerecht? Was ist für uns gut? Was ist für uns klug?) nicht – wie es oftmals im politischen Tagesgeschäft geschieht – durcheinandergebracht werden. Moralische Argumente dürfen nicht durch ethische oder pragmatische Gründe übertrumpft, ethische Überlegungen sollten nicht durch pragmatische ersetzt werden. Daher müssen die am politischen Prozess Beteiligten zumindest versuchen, diese Geltungsansprüche voneinander zu unterscheiden.

4.3 Deliberative Demokratie jenseits des Nationalstaats

Die genannten Reformvorschläge zielen noch auf ein Modell deliberativer Demokratie, das die nationalstaatliche Einbettung von Recht und Politik voraussetzt. Gerade der Nationalstaat gerät im Zuge von Globalisierungs- und Denationalisierungsprozessen jedoch zunehmend unter Druck. Deswegen hat Habermas sich mittlerweile verstärkt den Konsequenzen zugewandt, die sich aus der ›postnationalen Konstellation‹ für die Konzeption deliberativer Demokratie ergeben. Er sieht vor allem zwei Aufgaben, die letztlich nur auf globaler Ebene im Sinne einer »Weltinnenpolitik« (PN: 96) gelöst werden können: die politische Zähmung eines entfesselten globalen Kapitalismus (a) sowie die globale Sicherung der Menschenrechte und des Friedens (b). Hierfür schlägt Habermas eine institutionelle Lösung auf verschiedenen Ebenen des globalen politischen Systems vor (c).

(a) *Die Zähmung des globalen Kapitalismus*: Die erste Herausforderung stellt die ökonomische Globalisierung dar. Weil sich das tendenziell ortlos gewordene Kapital jenen Standort zu suchen vermag, der ihm die günstigsten Bedingungen gewährt, können weltweit operierende Konzerne die Nationalstaaten ›erpressen‹. Auf diese Weise aber wird mit der Handlungsfähigkeit eine »Erfolgsvoraussetzun[g]« (PN: 97) des Nationalstaats unterminiert. Dieser war zunächst in der Lage, die Effektivität politischen Handelns sowie Rechtssicherheit zu verbürgen, da er die hierfür erforderlichen Ressourcen in Form von Steuern abzuschöpfen vermochte. Aber die Liberalisierung der Finanzmärkte und die zunehmende Kapitalmobilität zwingen den Staat, die Unternehmensbelastungen zu senken, was die Steuereinnahmen dramatisch verringert. So schwindet die staatliche Kapazität, gerechtigkeitsrelevante Umverteilungen vorzunehmen oder gar ein arbeitsunabhängiges Grundeinkommen einzuführen (PN: 106 f.; ZÜ: 112 ff.).

Nun ist aber die Demokratie im Rahmen des Nationalstaats nicht zuletzt durch sozialstaatliche Leistungen stabilisiert worden. »Um eine Quelle von Solidarität zu bleiben, muß der Staatsbürgerstatus einen Gebrauchswert behalten und sich auch in der Münze sozialer, ökologischer und kultureller Rechte *auszahlen*.« (PN: 118) Wenn sich demokratische Verfahren aber von der Gewährleistung von Minima sozialer Gerechtigkeit entkoppeln, dann drohen Legitimationskrisen, die sich heute bereits in politischer Apathie und Protestwahl manifestieren. Damit geraten die einzelnen Nationalstaaten in ein fatales *race to the bottom*, das der Vorstellung eines Primats demokratischer Politik über die Wirtschaft endgültig Hohn spricht.

(b) *Die globale Sicherung der Menschenrechte und des Friedens*: Die zweite Herausforderung für eine zukünftige Weltinnenpolitik sieht Habermas im Schutz der Menschenrechte und der Verhinderung von Kriegen. Der Krieg gefährdet ja in ultimativer Weise alle Freiheitsrechte (und nicht nur diese). Allerdings können die beiden Ziele des Menschenrechtsschutzes und der Kriegsvermeidung, die Habermas als Aufgaben der UNO begreift, auch miteinander in Konflikt geraten. Habermas hat dieses Problem an der Rolle der NATO im Kosovo-Krieg des Jahres 1999 thematisiert. Damals griff die NATO ohne UNO-Mandat Serbien an, weil sie davon ausging, die serbische Regierung würde sich schwerer Menschenrechtsverletzungen an den Albanern in der sezessionswilligen Provinz Kosovo schuldig machen. Hatte sich die NATO illegitimerweise die moralische Deutungshoheit angeeignet? Damit ist ein generelles Problem berührt: Was passiert, wenn keine angemessenen Institutionen zur Regelung trans- und supranationaler Probleme existieren – oder diese falsche Entscheidungen treffen? Vor allem Carl Schmitt (1950) ist der Gewährsmann all jener, die in einer unmittelbaren Moralisierung der Politik eine große Gefahr erblicken. Die direkte Anwendung des binären moralischen Codes ›richtig oder falsch‹ auf den politischen Bereich sei gefährlich, weil sie dazu verleite, den politischen Gegner als Feind der Menschheit, als Bösen, als zu Vernichtenden zu stigmatisieren – mit der enthemmenden Folge einer gewaltsamen Eskalation politischer Konflikte. Gerade der nicht-institutionelle Charakter der Moral bedingt, dass für sie keine Instanz existiert, die legitimerweise das Recht der letztgültigen Interpretation beanspruchen könnte. Im Falle einer direkten Orientierung der Politik an der Moral besteht deswegen bei abweichenden Deutungen die Gefahr, dass sich lediglich die Partei durchsetzt, die über die größte Macht verfügt.

Im Fall des Kosovo-Konflikts sieht Habermas – bei aller Ambivalenz – allerdings keine falsche Moralisierung des Völkerrechts am Werk. Der Vorwurf, die Politik werde moralisiert, treffe gerade nicht auf eine Menschenrechtspolitik zu, die sich die Verrechtlichung der internationalen Beziehungen zum Ziel gesetzt hat und *insofern* »angesichts des unterinstitutionalisierten Weltbürgerrechts zum bloßen Vorgriff auf einen künftigen kosmopolitischen Zustand, den sie zugleich befördern will, genötigt« ist (ZÜ: 35). Zudem zählen für Habermas die Menschenrechte aufgrund ihrer Struktur, obgleich in ihrem Gehalt allein mit moralischen Gründen gerechtfertigt, nicht zur Moral, sondern zum Recht: Dementsprechend muss erst noch die (globale) politische Ordnung geschaffen werden, die sie demokratisch interpretiert und effektiv durchsetzt (ZÜ: 37). Durch die Orientierung am Ziel eines weltbürgerlichen Rechtszustands fallen Recht und Moral hier zwar nicht zusammen, aber »solange die Menschenrechte auf globaler Ebene vergleichsweise schwach institutionalisiert sind, kann sich die Grenze zwischen Recht und Moral [...] verwischen« (ZÜ: 35).

Ansonsten müsse man einer »moralischen Entdifferenzierung des Rechts« jedoch vorbeugen. Nur dies garantiere »den Angeklagten, auch in den heute relevanten Fällen von Kriegsverbrechen und Verbrechen gegen die Menschlichkeit, vollen Rechtsschutz, also Schutz vor einer unvermittelt durchschlagenden moralischen Diskriminierung« (EA: 226). Die Probleme einer solchen Moralisierung der Politik haben sich in den darauffolgenden Jahren deutlich gezeigt, insbesondere im Zusammenhang mit der Sicherheitsdoktrin der US-amerikanischen Bush-Administration, dem Konzept der Präventivschläge sowie der Konzeption einer gewaltsamen globalen Durchsetzung der liberalen Demokratie.

(c) *Habermas' institutioneller Vorschlag*: Bewältigt werden können beide Herausforderungen, die Zähmung des globalen Kapitalismus und der Schutz der Menschenrechte, Habermas zufolge allein durch die Schaffung und Stärkung supranationaler Institutionen. Diese kosmopolitische Position beschreibt Habermas als ›Weltinnenpolitik ohne Weltregierung‹, deren Zuständigkeit in »einer reaktiven Sicherheits- und Menschenrechtspolitik sowie einer vorbeugenden Umweltpolitik« (PN: 161) bestünde. Mittlerweile hat Habermas dafür ein Drei-Ebenen-Modell entwickelt. Eine supranationale Organisation wie die UNO ist demnach auf der obersten Ebene nur für die Aufgaben der Friedenssicherung und der Menschenrechtspolitik zuständig (1). Auf der mittleren Ebene schwebt Habermas ein Forum von kontinentalen Regimen wie der EU vor (etwa NR: 336 f.; GP: 445), die sich der Probleme der Weltwirtschaft und der Ökologie annehmen (2). Auf der untersten Ebene schließlich wären diese kontinentalen Regimes bzw. die jeweiligen Nationalstaaten für alle verbleibenden Probleme zuständig (3).

(1) Was die oberste Ebene betrifft, so müsste eine supranationale Organisation wie die UNO mindestens so ausgebaut werden, dass die klassischen drei Gewalten auch auf globaler Ebene institutionalisiert werden könnten. Erstens müsste der Status von Weltbürgern geschaffen werden, die im legislativen, also gesetz-

gebenden Zweig nicht nur über ihre nationalen Regierungen vertreten wären. Zweitens müsste das Weltbürgerrecht, das auch
nationales Recht übertrumpft, von einem internationalen Straf-
gerichtshof angewandt werden. Und drittens müsste die Exekutive umfangreichere Kompetenzen und Implementationsmöglich-
keiten haben als der heutige Sicherheitsrat.

Weil Habermas skeptisch ist, ob auf der Basis gemeinsamen
Menschseins eine hinreichend starke Solidarität entstehen könne,
hält er einen Weltstaat zunächst nicht für möglich. Zudem müsse
jeder Reformvorschlag die gegenwärtige Ausgangslage einer Pluralität historisch entwickelter Nationalstaaten berücksichtigen.
Konsequenterweise sollte die UNO laut Habermas nur für die
Aufgaben der Friedenssicherung und der Menschenrechtspolitik zuständig sein.

(2) Das Problem einer Zähmung des globalen Kapitalismus
soll hingegen auf der mittleren Ebene durch ein Forum konti-
nentaler Regimes gelingen. Habermas zufolge müssen »[a]uf der
mittleren, der *transnationalen Ebene* [...] die großen global hand-
lungsfähigen Aktoren die schwierigen Probleme einer nicht nur
koordinierenden, sondern gestaltenden Weltinnenpolitik, insbesondere die Probleme der Weltwirtschaft und der Ökologie, im
Rahmen von ständigen Konferenzen und Verhandlungssystemen
bearbeiten« (GW: 134).

Allerdings ist erstaunlich, dass Habermas bei diesen zentralen
politischen Mechanismen, die zu einer Bändigung (aber keineswegs Beseitigung) des globalen Kapitalismus führen sollen, lediglich auf die »Kompromissbildung zwischen domestizierten
Großmächten« (GW: 135) verweist. Nun stellen Kompromisse
für Habermas eigentlich erst dann eine legitime Lösungsstrate-
gie dar, wenn die betreffende Frage weder moralisch verallge-
meinerungsfähig noch ethisch auflösbar ist und eine Lösung für
alle Betroffenen besser ist als gar keine. Daher bleibt dieser mög-

lichst realistisch gehaltene Vorschlag, der die Politik angesichts einer globalisierten Ökonomie wieder in eine regulierende Position bringen soll, auch für Habermas unbefriedigend (ZVE: 94 f.). Denn eine derartige Weltinnenpolitik, die zentrale normative Fragen Kompromissen überantwortet, lässt gerade keine vernünftigen Ergebnisse vermuten. Vielmehr dürften sich hier einseitig die partikularen Interessen der wohlhabenden Nationen bzw. kontinentalen Regimes durchsetzen. Daher hofft Habermas darauf, dass »das konstruktiv veränderte Selbstverständnis von staatlichen Aktoren, die in ihrer Souveränität eingeschränkt und an konsentierte Mitgliedschaftsnormen gebunden sind, den bis heute im internationalen Verkehr vorherrschenden, wesentlich auf Macht und Einfluss basierten *Modus* des Aushandelns *zwischenstaatlicher* Interessenkompromisse nicht unberührt lassen kann« (GW: 134). So muss sich die Politik auch auf dieser Ebene an Kriterien der demokratischen Legitimität messen lassen.

Gerade das Modell deliberativer Demokratie soll dabei zeigen können, inwiefern es die demokratische Legitimität von Entscheidungen erhöht, wenn etwa NGOs in überstaatliche Verhandlungssysteme einbezogen werden, selbst wenn diese selbst nicht formell demokratisch legitimiert sind. Die Theorie deliberativer Demokratie verschiebt ja den normativen Kern der Demokratie »von der konkreten Verkörperung des souveränen Willens in Personen und Wahlakten, Körperschaften und Voten zu den prozeduralen Anforderungen an Kommunikations- und Entscheidungsprozesse« (PN: 166). Deswegen fordert diese Theorie auch auf der globalen Ebene zunächst, dass möglichst alle Subjekte Zugang haben zu jenen deliberativ zu gestaltenden Foren, in welche die Organe eingebettet sind, die sodann die (kollektiv bindenden) Beschlüsse fassen. Die Einbeziehung von NGOs ist hierfür ein erster wichtiger, wenn auch keineswegs hinreichender Schritt.

Allerdings ist sich Habermas bewusst, dass eine globale Öffentlichkeit nicht einfach dem Modell der nationalstaatlichen Öffentlichkeit nachgebildet sein kann. Bereits im europäischen Kontext hält er es angesichts der Vielfalt an nationalen Kulturen und vor allem Sprachen mittlerweile für ausreichend, und letztlich gar vielversprechender, wenn die nationalen Öffentlichkeiten sich füreinander öffnen, also über die wichtigsten Diskussionen in den anderen Staaten – und die dort vorgebrachten Argumente – informiert sind. Eine wichtige Rolle für solch eine »*Transnationalisierung* der bestehenden nationalen Öffentlichkeiten« misst Habermas insbesondere der »Qualitätspresse« zu. Diese könnte »ihre ökonomisch bedrohte Existenz unter anderem dadurch retten, dass sie auf diesem transnationalen Wege eine Pfadfinderrolle für die fällige Kapazitätserweiterung der nationalen Öffentlichkeiten übernimmt. Sie müsste die europäischen Themen nicht nur als solche präsent machen und behandeln, sondern zugleich über die politischen Stellungsnahmen und Kontroversen, die dieselben Themen in *den anderen* Mitgliedstaaten auslösen, informieren.« (AE: 191) Entsprechend würde auch eine sich herausbildende ›Weltinnenpolitik‹ im besten Fall dazu beitragen, dass gemeinsame Probleme auch als solche wahrgenommen werden (GP: 436 ff.). Wenn folglich in den nationalen Öffentlichkeiten zugleich ein Bewusstsein darüber herrschte, welche Argumente in den anderen Staaten vorgebracht und für überzeugend erachtet werden, wäre ein erster Schritt getan auf dem Weg zu einer globalen Öffentlichkeit. Allerdings müssen komplementär dazu globale Institutionen geschaffen werden, die mittels rationalisierender Schleusen diese globale kommunikative Macht in administrative Ergebnisse gießen könnte.

(3) Auf einer dritten Ebene siedelt Habermas die ›internen‹ Belange der Nationalstaaten und der einzelnen kontinentalen Regimes an. Den fortgeschrittensten Versuch eines kontinentalen

Regimes stellt heute die Europäische Union dar. Um die politische Handlungsfähigkeit überhaupt wieder erhöhen zu können, muss die EU jedoch in einer spezifischen Art und Weise verstanden werden. Dass sie nicht schon in der Verwirklichung des freien Marktes aufgehen kann, ergibt sich bereits aus der Problemstellung einer politischen Einhegung der deregulierten und flexibilisierten Ökonomie. Doch selbst in dem glücklichen und zunehmend unwahrscheinlicher werdenden Fall, dass die Konstruktion stabiler politischer Handlunsgfähigkeit auf supranationaler Ebene ohne Absenkung von Freihheitsstandards gelingen sollte, können kontinentale Regimes wie die EU nur die Außengrenzen des Standortwettbewerbs verschieben, selbst mit harmonisierter Unternehmensbesteuerung und gemeinsamem Wirtschaftsrecht. »Die Schaffung größerer politischer Einheiten ändert jedoch nichts am Modus der Standortkonkurrenz als solcher, d.h. am Muster defensiver Allianzen gegen den Rest der Welt.« (PN: 156) Deswegen bedarf es Habermas zufolge des vorgeschlagenen Drei-Ebenen-Modells als eines institutionellen Rahmens. Erst dieser würde es der Menschheit ermöglichen, das Projekt der Moderne gegen die neuen globalen Gefährdungen zu verteidigen.

5. Kritische Einwände

Die Auffassung der Moderne als einer (wenn auch problembehafteten) Fortschrittsgeschichte befindet sich heute in der Defensive. Gerade im akademischen Bereich sind mittlerweile die Anhänger einer Konzeption rar, die im Sinne des von Habermas verteidigten Projekts der Moderne auf der Einlösung unabgegoltener Vernunftpotenziale bestehen. Das kündigte sich bereits vor 25 Jahren an, als Habermas unter dem Titel *Der philosophische Diskurs der Moderne* seine Auseinandersetzung mit der Postmoderne veröffentlichte und der Streit um die angemessene Deutung der Moderne im Zentrum intellektueller Aufmerksamkeit stand. Schon damals betonten postmoderne Autoren wie Jean-François Lyotard und Michel Foucault die dunklen und katastrophischen Seiten der Moderne und brachten ein Misstrauen gegenüber der Vorstellung zum Ausdruck, der Modernisierungsprozess sei ein Prozess fortschreitender Aufklärung. Diese Skepsis scheint heute Allgemeingut geworden zu sein. Hat nicht jeder gesellschaftliche Wandel gleichermaßen Vor- und Nachteile (Luhmann 1987: 139)? Und verallgemeinert das Projekt der Moderne nicht westliche Wertstandards und leugnet in eurozentrischer Weise die gleichrangige Modernität anderer Gesellschaften (vgl. Eisenstadt 2000)?

Trotz dieser grundsätzlichen Vorbehalte wird Habermas' Werk auch heute lebhaft diskutiert. Seine älteren Veröffentlichungen sind Klassiker, neue Publikationen können sich überwältigender Aufmerksamkeit sicher sein. Der folgende Überblick über die wichtigsten Einwände orientiert sich an der Gliederung der vorangegangenen Kapitel. Zunächst geht es um die theoretischen Grundlagen (5.1), sodann um die unterschiedlichen Aspekte des kritischen Potenzials seiner Theorie (5.2) und schließlich um seine Auffassung des politischen Prozesses, also seine Konzeptionen von Recht, Öffentlichkeit und Demokratie (5.3).

5.1 Kritik der Theorie

Gegen die Grundlagen der Theorie von Habermas sind auf allen Ebenen Einwände vorgebracht worden: Die Kritik spannt sich von den (a) rationalitäts- über die (b) handlungs- bis zu den (c) gesellschaftstheoretischen Überlegungen.

(a) *Rationalitätstheorie*: Insbesondere die Rationalitätstheorie, die ja das Kernstück der Habermas'schen Theorie bildet, ist immer wieder angezweifelt worden. Die zentralen Einwände teilen die Annahme, dass sich die gesuchten normativen Fundamente in der Sprache nicht auffinden lassen. In dieser Auseinandersetzung, die mitunter einen ausgesprochen technischen Charakter aufweist und die in die Verästelungen der Bedeutungstheorie und der Sprachphilosophie hineinführt, geht es also um nichts Geringeres als um die Frage, ob Habermas' Verteidigung des Projekts der Moderne auf festem Grund steht.

Die sprachphilosophischen Einwände laufen auf die These hinaus, dass der Begründungsversuch misslingt, weil Habermas die Sprache falsch versteht (1). Auf moralphilosophischer Ebene lautet das zentrale Argument, dass sich aus Rationalitätsverpflichtungen noch keine moralischen Verpflichtungen ergeben (2).

(1) *Sprachphilosophische Einwände*: Selbst wenn der Gebrauch der Sprache für die menschliche Lebensform notwendig ist, zielen nicht alle Äußerungen auf Verständigung. Die Einwände richten sich gegen die beiden Thesen vom Vorrang der wörtlichen

Sprachverwendung (i) und des verständigungsorientierten Sprachgebrauchs (ii).

(i) *Die wörtliche Bedeutung von Äußerungen als Standardform*: Habermas bezeichnet es als *Standardform* von Sprechhandlungen, wenn die wörtliche Bedeutung einer Äußerung und das vom Sprecher Gemeinte übereinstimmen (TKH I: 441 ff.; PDM: 228 ff.). Davon zu unterscheiden sind ironische Äußerungen, Witze und weitere Formen des ›Spielens mit der Sprache‹. Hierbei handelt es sich nach Habermas um beabsichtigte Abweichungen von der wörtlichen Bedeutung der Rede. Deswegen könne solcherlei Abweichung nur hervorbringen und verstehen, wer die Standardform schon beherrscht. Diese Auffassung ist insbesondere von Jacques Derrida (2001) und Donald Davidson (1986) bestritten worden: Die Bedeutung von Äußerungen hänge vollständig vom jeweiligen Kontext ab; eine Standardform existiere folglich gar nicht. Auch Richard Rorty (1994; 2000) glaubt nicht, dass mit Sprechakten notwendigerweise universelle Geltungsansprüche erhoben werden. All diese Kritiken bezweifeln, dass sich allgemeine Sprachstrukturen, deren normative Gehalte der formalpragmatische Ansatz zu rekonstruieren beansprucht, überhaupt identifizieren lassen.

(ii) *Der verständigungsorientierte Sprachgebrauch als Originalmodus*: Zudem wird Sprache offensichtlich nicht ausschließlich verständigungsorientiert verwendet. Der Räuber, der fordert, man solle ihm das Geld aus der Kasse aushändigen, gibt seinem Gegenüber lediglich etwas zu verstehen. Ein Geltungsanspruch auf die Richtigkeit dieser Forderung, der bestritten werden könnte, ist hier nicht im Spiel. Solch ein erfolgsorientierter Sprachgebrauch beruht laut Habermas aber ebenfalls parasitär auf dem verständigungsorientierten, der deshalb den *Originalmodus* des Sprachgebrauchs darstelle. Ursprünglich verteidigt Habermas diese These mit den Mitteln der Sprechakttheorie: Er unterscheidet hierfür lokutionäre, illokutionäre und perlokutionäre Akte. Diese Begriffe bezeichnen verschiedene Handlungen, die mit einer Äußerung zugleich vollzogen werden. Der lokutionäre Akt besteht in der Äußerung von etwas, im ›Was‹ der Äußerung. Der illokutionäre Akt besteht in dem ›Wie‹ der Äußerung und spezifiziert folglich, ob der geäußerte Satz als Feststellung, Aufforderung oder Ankündigung zu verstehen ist. Eben dieser illokutionäre Bestandteil von Sprechhandlungen ist für Habermas zentral, denn in ihm wurzeln die Verpflichtungen von Sprechern und Hörern. Unabhängig von diesen Verpflichtungen, die jeweils erhobenen Geltungsansprüche gegebenenfalls zu begründen (Sprecher) bzw. sie mangels entgegenstehender Gründe zu akzeptieren (Hörer), können Sprechhandlungen auch weitere, sogenannte perlokutionäre Effekte zeitigen, zum Beispiel den Hörer zu einer Handlung motivieren, ihn erfreuen oder verärgern.

Ursprünglich grenzt Habermas (TKH I: 369 ff., v.a. 388-395; vgl. ND: 63-149) Perlokutionen als eine besondere Klasse von Sprechakten ab: Perlokutionen seien für den erfolgsorientierten Sprachgebrauch konstitutiv, nicht aber für den verständigungsorientierten. Dabei hat Habermas Perlokutionen allerdings ausschließlich im Sinne von Täuschungen verstanden. Erinnern wir uns an das Beispiel des Betrügers (vgl. Kap. 2.2): Er sagt, seine Frau müsse ins Krankenhaus (lokutionärer Akt). Das tut er im Modus einer Behauptung (illokutionärer Akt). Mit diesem illokutionären Akt erhebt er Geltungsansprüche auf die Wahrheit, Richtigkeit und Wahrhaftigkeit seiner Äußerung. Weil wir ihm glauben, also annehmen, dass er die Geltungsansprüche auch einlösen könnte (illokutionäre Bindungswirkung), geben wir ihm unser Geld (perlokutionärer Effekt). Allein auf Letzteres hatte es der Betrüger abgesehen; aber das Ganze funktioniert nur, weil wir seinen Sprechakt fälschlicherweise als verständigungsorientiert interpretieren. Mit dieser Deutung wollte Habermas begründen, warum der erfolgsorientierte gegenüber dem verständigungs-orientierten Sprachgebrauch parasitär ist: Getäuscht werden kann nur, wer von falschen Voraussetzungen ausgeht. Doch diese Begründung ist zu eng: Nicht bei jedem erfolgsorientierten Sprachgebrauch handelt es sich um eine Täuschung. Das verdeutlicht bereits die erwähnte Aufforderung des Räubers: Dieser täuscht ja gar nichts vor. Zudem ist kritisiert worden, dass sich auch Äußerungen verstehen lassen, die – wie im Fall des Räubers – offenkundig nicht auf Verständigung zielen. Bezweifelt wird also der Zusammenhang von Verstehen (der Bedeutung einer Äußerung) und Verständigung (über die Wahrheit, Richtigkeit und Wahrhaftigkeit der Äußerung), den die formalpragmatische Analyse aufzeigen sollte (u.a. Skjei 1985; Tugendhat 1985; Cooke 1994; Lafont 1999; Heath 2001).

Den Versuch, den verständigungs- vom erfolgsorientierten Sprachgebrauch anhand der Unterscheidung von Illokutionen und Perlokutionen abzugrenzen, hat Habermas deshalb aufgegeben. Zudem unterscheidet er mittlerweile zwischen einem einverständnisorientierten und einem (lediglich) verständnisorientierten Sprachgebrauch (WR: 102 ff.). Mit dem letzteren Typus wird Habermas nun dem Umstand gerecht, dass es Sprechhandlungen gibt, die gelingen können, ohne dass ein Richtigkeitsanspruch im Spiel ist. Eine Aufforderung etwa wird verstanden und ist erfolgreich, wenn der Hörer versteht, welche ›aktorrelativen‹, also nur für ihn selbst überzeugenden Gründe der Sprecher hat. Weil der Hörer solche Gründe nicht selbst akzeptieren muss, stellt sich die Frage, ob Rechfertigungsverpflichtungen in Bezug auf die normative Richtigkeit von Interaktionen und gesellschaftlichen Strukturen tatsächlich unhintergehbar sind.

Zumindest bleibt der erfolgsorientierte Sprachgebrauch, in dem ein Hörer – wie im Fall des Opfers eines Raubüberfalls – dem Willen des Sprechers allein aufgrund möglicher Sanktionen entspricht, laut Habermas in folgendem Sinne vom verständigungsorientierten Sprachgebrauch abhängig: Der erfolgsorientierte Sprachgebrauch »zehrt [...] parasitär von einem Sprachverständnis, das performativ in Zusammenhängen kommunikativen Handelns erworben werden muß. Nur die Teilnahme an lebensweltlich eingebetteten Praktiken öffnet das Tor zum semantischen Reichtum der Sprache.« (STUD II: 20 f.) So macht etwa die erwähnte Aufforderung des Räubers nur dann Sinn, wenn man voraussetzt, dass jemand eine Aufforderung, die er akzeptiert, auch ausführt. Diesen Zusammenhang des Verstehens einer Äußerung mit resultierenden Handlungsverpflichtungen erlernt man nach Habermas allein in Kontexten kommunikativer Sprachverwendung (vgl. aber ENT: 401 Anm. 58).

(2) *Moralphilosophische Einwände*: Habermas' Diskurstheorie hat auch moralphilosophische Einwände provoziert. Auf einer grundlegenden Ebene ist dabei der rekonstruktive Ansatz selbst in Zweifel gezogen worden. So hat Herbert Schnädelbach (1986) argumentiert, dass sich auf dem Wege einer falliblen, also fehlbaren Rekonstruktion gesellschaftlicher Strukturen keine unbedingten normativen Grundlagen gewinnen lassen. Aus diesem Grund verteidigt Karl-Otto Apel (Apel 1973a; 1973b; Kuhlmann 1985) eine Variante der Diskursethik, die für bestimmte philosophische Grundannahmen einen letztbegründeten und eben nicht falliblen Status beansprucht, was wiederum Habermas nicht überzeugt (MKH: 104 ff.).

Auf einer anderen, inhaltlichen Ebene sieht sich die Diskursethik dem wiederholt erhobenen Einwand gegenüber, die moralischen Gehalte der Herrschaftsfreiheit und der Einbeziehung aller würden in die Analyse lediglich eingeschmuggelt (u.a. Benhabib 1986; 1992: 32; Cooke 1994: 31 f.; White 2004: 318). Das lässt sich an einem Beispiel verdeutlichen: Ist die Behauptung wirklich ›performativ selbstwidersprüchlich‹, nur jene würden zum Diskurs zugelassen, die Relevantes beizutragen haben? So meint Albrecht Wellmer: »Es ist eine Forderung der Rationalität, auch die Argumente meines Feindes anzuerkennen, wenn sie gut sind; es ist eine Forderung der Moral, auch diejenigen zu Wort kommen zu lassen, die noch nicht gut argumentieren können. Überspitzt gesagt: Rationalitäts-Verpflichtungen beziehen sich auf Argumente ohne Ansehen der Person; moralische Verpflichtungen beziehen sich auf Personen ohne Ansehen ihrer Argumente.« (Wellmer 1986: 108)

Die Kommunikationsvoraussetzungen besagen Wellmer zufolge nur, dass wir nach den besten Argumenten zu suchen haben. Wir dürfen dann niemanden ausschließen, weil prinzipiell jeder gute Argumente vorbringen könnte, und nicht, weil wir jede Person als gleichberechtigte anzuerkennen haben. Ansonsten wäre die zu beweisende Achtung gegenüber allen nämlich bereits vorausgesetzt. Nicht leugnen lässt sich, dass kein kompetenter Argumentationsteilnehmer vom Diskurs ausgeschlossen werden darf. Aber wer zählt als kompetent? Sind dies in moralischen Fragen wirklich alle gleichermaßen? Oder etwa in einer Theokratie nur die Schriftgelehrten? Wellmer zufolge sind Moral und Dialog nur deshalb so eng miteinander verwoben, weil sich vor dem bereits akzeptierten Hintergrund einer universalistischen Moral die Maxime der Dialogverweigerung nicht verallgemeinern lässt (ebd.: 124). Zu einer modernen Moral gleicher Achtung gehört, dass inhaltlich die Interessen eines jeden gleichermaßen berücksichtigt werden. Aber diese Festlegung verdankt sich nicht den Präsuppositionen des verständigungsorientierten Handelns, sondern einem modernen Verständnis dessen, was es heißt, moralische Normen zu begründen (auch Tugendhat 1993: 174 f.). Somit scheint es, dass jenes inklusive Verständnis der Moral, das Habermas aus der bloßen Sprachverwendung gewinnen will, bereits vorausgesetzt wird.

Gegenüber diesem Einwand hat Habermas mittlerweile zugestanden, dass die allgemeinen Präsuppositionen der verständigungsorientierten Rede allein nicht ausreichen. Vielmehr müssten sich diese tatsächlich mit einem schwachen Verständnis dessen verbinden, was moralische Begründungen leisten sollen. Sie sollen Dissense angesichts von Handlungskonflikten auflösen (ED: 133). Dies folgt für Habermas bereits soziologisch aus der solidaritätsstiftenden Aufgabe des kommunikativen Handelns. An dieser Stelle fließen durchaus »gewisse modernitätstheoretische Annahmen« ein (EA: 63; Rehg 1994: 65 ff.).

Dass wir alle Subjekte als gleichberechtigte Teilnehmer innerhalb eines praktischen Diskurses anerkennen müssen, bedeutet zudem nicht, dass sich diese Gleichberechtigung auch auf die Handlungsnormen erstreckt, die *außerhalb* des Diskurses im Alltag gelten – und auf die sich die Subjekte im Diskurs erst einigen müssen. Deswegen unterscheidet Habermas mittlerweile klarer zwischen »dem ›Muß‹ einer schwachen transzendentalen Nötigung, die sich auf Diskurse bezieht, und dem präskriptiven ›Muß‹ einer Handlungsregel als Ergebnis eines solchen Diskurses (ED: 191, auch 133 f.; EA: 62 f.). Auch er begreift nun die Verpflichtungen, die sich aus der Sprache ergeben, lediglich als Rationalitätsverpflichtungen. Gleichwohl verliert seine Theorie hierdurch einiges an normativer Attraktivität. Denn tatsächlich sind mit den Stichworten der Einbeziehung, der Gleichberechtigung, der Aufrichtigkeit und der Zwanglosigkeit moralische Intuitionen benannt, die sich darauf beziehen, wie wir alltäglich miteinander umgehen sollten.

(b) *Handlungstheorie*: Hervorzuheben sind zwei Einwände gegen Habermas' Handlungstheorie. Zurückgewiesen worden ist insbesondere seine These, das strategische Handeln sei vom kommunikativen lediglich abgeleitet (1). Zudem wird die Auffassung, kommunikatives und strategisches Handeln ließen sich überhaupt klar unterscheiden, nur von wenigen geteilt (2).

(1) *Vorrang des kommunikativen vor dem strategischen Handeln*: Während kommunikative Handlungen rational motiviert sind, die Akteure also aus Überzeugung kooperieren, kommen strategische Handlungen allein aufgrund erwarteter Vor- bzw. Nachteile zustande und sind in diesem Sinne rein empirisch motiviert. Wer strategisch handelt, erhebt folglich keine Geltungsansprüche, geht also gar keine Verpflichtung gegenüber seinem Interaktionspartner ein. Die Unterscheidung der beiden Handlungstypen scheint somit darauf hinauszulaufen, dass Menschen in vielen Fällen jene gegenseitigen Begründungsverpflichtungen gar nicht eingehen, die nach Habermas das unhintergehbare normative Fundament des Projekts der Moderne darstellen.

Heißt das, dass sich Akteure, die strategisch handeln, damit gegen Kritik immunisieren? Wenn nicht seine gesamte Theorie scheitern soll, muss Habermas diese Konsequenz strikt vermeiden. Deswegen argumentiert er, dass das strategische Handeln vom kommunikativen nur abgeleitet ist und ›parasitär‹ von diesem zehrt. Aber ist diese Abhängigkeit vom kommunikativen Handeln für alle Formen strategischen Handelns, insbesondere auch für einfache Aufforderungen bzw. Imperative überzeugend? Eben das soll die oben diskutierte These zeigen, der zufolge der verständigungsorientierte Sprachgebrauch den Originalmodus der Sprachverwendung darstellt, während der erfolgsorientierte Sprachgebrauch davon nur abgeleitet ist. Entsprechend resultiert aus der erwähnten Unterscheidung zwischen einem einverständnisorientierten und einem (lediglich) verständnisorientierten Sprachgebrauch, mit der Habermas auf die anhaltende Kritik an der Originalmodusthese reagiert hat, eine parallele handlungstheoretische Differenzierung: Heute unterscheidet Habermas (neben dem strategischen Handeln) zwischen einem stark und einem schwach kommunikativen Handeln (WR 102 ff.). In Letzterem werden nur die Geltungsansprüche auf Wahrheit und Wahrhaftigkeit, nicht aber derjenige auf Richtigkeit erhoben. Gegenwärtig ist damit unklar, wie Habermas begründen will, dass der Richtigkeitsanspruch unhintergehbar ist, Gesellschaftsmitglieder also nicht umhinkönnen, die Verpflichtung einzugehen, all ihre sozialen Beziehungen notfalls rechtfertigen zu müssen.

Allerdings muss dieses Problem die gesellschaftstheoretische Absicht nicht berühren, die Habermas mit der Unterscheidung der beiden Handlungstypen verfolgt. Diese bezieht sich auf die Frage, ob Zwang bzw. die Interessen egozentrisch eingestellter Akteure für die Hervorbringung sozialer Ordnung hinreichen oder ob die Stabilität von Gesellschaften nicht doch auf den Legitimitätsglauben ihrer Mitglieder angewiesen ist. Habermas nimmt Letzteres an, wobei seine Analyse der Strukturen sprachlicher Verständigung den kritischen Sinn hat, ein begründetes Einverständnis von einer bloß faktischen, möglicherweise verzerrten Zustimmung zu unterscheiden. Deswegen hält er auch gegen Vorschläge aus der Disziplin der Internationalen Beziehungen, in denen seine Handlungstypologie für die Unterscheidung der beiden Verhandlungsmodi des *arguing* und des *bargaining* fruchtbar gemacht worden ist, daran fest, dass das normenregulierte Handeln als Grenzfall des kommunikativen Handelns zu begreifen ist und nicht als eigenständiger Typus unterschieden werden sollte (GP: 423 f.).

(2) *Unterscheidung von kommunikativem und strategischem Handeln*: Kommunikatives und strategisches Handeln stellen nach Habermas zwei unterschiedliche Handlungstypen dar. Jedes soziale Handeln ist entweder kommunikativ oder strategisch. Diese klare Trennung bezweifeln, wenn auch nicht in direkter Auseinandersetzung mit Habermas, in unterschiedlicher Weise Michel Foucault und Pierre Bourdieu. Ihnen zufolge sind alle Sprechakte immer schon von Macht durchwirkt. Menschen sind in ihren Wünschen und Handlungszielen derart durch ihre Sozialisa-

tion (und folglich durch die Gesellschaft) geprägt, dass sie überhaupt nicht umhinkönnen, sogar dann in einem gewissen Grade strategisch zu agieren, wenn sie selbst davon ausgehen, rein verständigungsorientiert zu handeln. Beide Autoren gehen davon aus, dass das, was Subjekte wollen, und das, was sie tun, die Art und Weise, wie sie sich äußern, und sogar das, was sie denken können, notwendigerweise begrenzt und durch Machtverhältnisse geprägt ist (vgl. Iser 2008: 68 ff.; Strecker 2012: 55 ff.). So setzen sich Akteure, die mit den jeweiligen Handlungskontexten gut vertraut sind, in besonderem Maße durch, auch und gerade ohne den Anschein zu erwecken, sich in irgendeiner Weise strategisch zu verhalten. Menschen neigen zu Rationalisierungen, halten ihr Tun allzu schnell selbst für verständigungsorientiert. Und auch was Subjekte überzeugt, d.h., was sie als guten Grund anerkennen, ist durch Machtverhältnisse beeinflusst (vgl. Strecker 2012: 283 ff.). Wenn aber das eigene Selbstverhältnis bzw. der eigene Habitus immer schon ein Produkt von Macht und Herrschaft ist, können auch die eigenen Argumente, so gut sie einem auch vorkommen mögen, nicht mehr als Träger »zwanglose[n] Zwang[s]« (VB: 137), also einer rationalen im Gegensatz zu einer empirischen Motivation verstanden werden.

Die Unterscheidung von strategischem und kommunikativem Handeln ist sogar bei Habermas selbst alles andere als eindeutig. Was ist konkret damit gemeint, dass im kommunikativen Handeln »*alle* Beteiligten ihre individuellen Handlungspläne aufeinander abstimmen und daher ihre illokutionären Ziele *vorbehaltlos* verfolgen« (TKH I: 395), während diese illokutionären Ziele, also der Wunsch, den anderen zu überzeugen, im strategischen Handeln »nur noch als Bedingungen für perlokutionäre Erfolge relevant« (WR: 128) sind, also dafür, das zu erreichen, was man erreichen will? Bei welchen Interaktionen handelt es sich dieser Charakterisierung zufolge überhaupt um strategisches Handeln?

Nicht bei Befehlen, so Habermas (WR: 123) – denn Befehle funktionieren nur, sofern ihre Adressaten die Weisungskompetenz des Befehlsgebers akzeptieren. Doch wie lässt sich das mit der Behauptung vereinbaren, in den systemisch integrierten Bereichen, also auch der Verwaltung, würde tendenziell strategisch gehandelt (ENT: 383)? Auch einfache, nichtautorisierte Aufforderungen stellen nach Habermas keinen eindeutigen Fall strategischen Handelns dar (ND: 134 f.). Eindeutig ist die Klassifizierung nur bei den erwähnten Fällen des Betrugs oder Raubüberfalls. Die Unterscheidung zwischen den beiden Handlungstypen ist also weniger trennscharf, als von Habermas behauptet – und zwar nicht erst seit der Einführung des schwach kommunikativen Handelns.

Diese Schwierigkeiten haben nicht zuletzt mit Unklarheiten des Habermas'schen Versuchs zu tun, die Handlungsbegriffe konsequent aus Interaktionsstrukturen zu entwickeln. Klärungsbedarf besteht hier in Bezug auf die Frage, wie sich das Kriterium der zwei verschiedenen Mechanismen der Handlungskoordination (Einverständnis vs. empirischer Einfluss) zu dem weiteren Kriterium verhält, das Habermas auch anführt, nämlich dem der (entweder verständigungs- oder erfolgsorientierten) Einstellungen der Akteure.

(c) *Gesellschaftstheorie*: Die Einwände gegen Habermas' Gesellschaftstheorie sind ebenfalls vielfältig. So ist geltend gemacht worden, dass Habermas' Modifikation des Lebensweltkonzepts nicht mit der von ihm gleichwohl beibehaltenen phänomenologischen Auffassung vereinbar ist, die die Lebenswelt als den Sinnhorizont von Subjekten versteht (Waldenfels 1985: 94 ff.). Zudem erscheinen Habermas' Thesen zur gesellschaftlichen Entwicklungsdynamik manchem noch zu materialistisch: Klassisch marxistisch bewerte er die Bedeutung funktionaler Probleme der materiellen Reproduktion über und soziale Kämpfe unter (Honneth 1986a:

295 ff.). Auch die Konzeption der Entwicklungslogik ist massiv kritisiert worden. Philosophisch wird bezweifelt, dass sich Fortschrittskriterien überhaupt begründen lassen (hierzu ausführlich Iser 2008: 108 ff.). Empirisch wird moniert, Habermas stütze sich auf das Kohlberg'sche Stufenmodell, welches nur die psychologische Entwicklung von Männern in westlichen Industriegesellschaften berücksichtige und insofern keineswegs universelle Geltung beanspruchen könne (Gilligan 1982).

Schließlich ist bezweifelt worden, dass die Verknüpfung von Handlungs- und Systemtheorie gelingt bzw. überhaupt gelingen kann (Dietz 1993; Schwinn 2006). Diese Verknüpfung verdankt sich bei Habermas nicht zuletzt einem Erbe des westlichen Marxismus. Dieser zeichnet sich dadurch aus, dass er die Gesellschaftsmitglieder, ohne sie dabei zu bevormunden, über soziale Missstände aufklären will, die ihnen selbst nicht bewusst sind (vgl. Strecker 2012): Habermas dient die Systemtheorie also vor allem dazu, aus der Perspektive des sozialwissenschaftlichen Beobachters Hypothesen über undurchschaute Machtverhältnisse zu formulieren. Nur der Bruch mit der Teilnehmerperspektive erlaubt, den Schleier der Verdinglichung zu lüften. Doch die objektivierende Beobachterperspektive steht unter dem Vorbehalt der Bestätigung durch die Gesellschaftsmitglieder, deren Perspektive vorrangig bleibt: Die Diagnosen des Gesellschaftskritikers über verdinglichte und vermachtete Sozialverhältnisse verwandeln sich erst dann aus Hypothesen in gültige Beschreibungen, wenn sie die Gesellschaftsmitglieder überzeugen. In keiner Konzeption ist dieser Perspektivendualismus konsequenter zum zentralen Konstruktionsprinzip der Gesellschaftstheorie gemacht worden als im Werk von Habermas.

Doch eben dieser Perspektivendualismus spielt im gegenwärtigen Spektrum gesellschaftstheoretischer Ansätze keine entscheidende Rolle. Am einen Ende stehen hier Konzeptionen, die die

Beobachterperspektive totalisieren: Exemplarisch ist das bei Luhmann (1997) der Fall, dem die Alltagssprache und die Perspektive der Akteure für eine angemessene Beschreibung der Gesellschaft hoffnungslos unterkomplex erscheinen. Diese Vereinfachungen ließen sich nur durch ein neues, konsequent aus der Beobachterperspektive entwickeltes Vokabular überwinden. Solche Theorien wirken schnell steril, weil sie praktische Fragen, die sich Gesellschaftsmitglieder unweigerlich stellen, nicht beantworten, ja nicht einmal konzeptualisieren können. Am anderen Ende des Spektrums stehen Ansätze, die allein die Teilnehmerperspektive berücksichtigen wollen, wie etwa die anerkennungstheoretische Reformulierung der Kritischen Theorie durch Axel Honneth. Bei ihnen bleibt offen, wie jene Verdinglichungsphänomene erfasst werden sollen, die sich aus der Verselbständigung sozialer Prozesse ergeben, sich also ›hinter dem Rücken‹ der Betroffenen vollziehen – und die traditionell im Fokus der Kritischen Theorie stehen (hierzu Fraser/Honneth 2003: 69 ff., 183, 246, 286 ff.; Iser 2008: 238 ff.).

Zwischen diesen Extremen steht die Konzeption von Pierre Bourdieu (1987). Auch Bourdieu geht von der Unterscheidung von Teilnehmer- und Beobachterperspektive aus; und seine Konzeption zielt ebenfalls darauf, undurchschaute Machtverhältnisse aufzudecken. Statt jedoch die beiden Perspektiven auseinanderzuhalten und sich um deren Vermittlung zu bemühen, lässt seine ›Praxeologie‹ beide Perspektiven ineinander fallen – mit der Folge, dass sie keiner von beiden gerecht wird (vgl. Strecker 2012: 55 ff.). Einerseits entwertet er mit wissenssoziologischen Argumenten die Erkenntnisse des sozialwissenschaftlichen Beobachters. Dieser ist immer schon Teilnehmer an sozialen Kämpfen. Andererseits sollen die Teilnehmer einsehen, dass sie es statt mit normativen Auseinandersetzungen, die zumindest implizit auf Überzeugungen und Argumenten beruhen, stets und unaufhebbar mit Kämpfen um Macht zu tun haben. Ihnen steht damit nur eine objektivierende Perspektive zur Verfügung, und sie verlieren die Möglichkeit, soziale oder politische Ordnungen als moralisch besser oder schlechter zu bewerten (vgl. Iser 2008: 78 f.). Für eine Gesellschaftstheorie in kritischer Absicht stellt folglich die Konzeption von Habermas immer noch den aussichtsreichsten Anknüpfungspunkt dar.

5.2 Kritik der Kritik

Die Theorie von Habermas zielt auf Gesellschaftskritik. Entsprechend konzentriert sich ein großer Teil der Einwände auf ihr kritisches Potenzial – letztlich sei sie zu ›unkritisch‹. In Bezug auf die Dimension der verdrängten Verständigung richten sich die Vorwürfe gegen die These einer Kolonialisierung der Lebenswelt (a). Hinsichtlich der verzerrten Verständigung wird behauptet, Habermas gehe von einem zu harmonistischen Verständnis der Gesellschaft aus (b). Und schließlich erlaube seine Theorie nur eine viel zu formale und inhaltsleere Kritik (c).

(a) *Mediatisierung, Kolonialisierung und der Friedensschluss mit dem Kapitalismus*: Kein Aspekt der Habermas'schen Theoriebildung hat erbittertere Kritik auf sich gezogen als seine Aneignung der Systemtheorie. Dahinter steht die Annahme, dass mit der Systemtheorie keine Gesellschaftskritik zu machen sei. Das ist insofern ein überraschender Einwand, als auch der Marx'sche Ansatz Handlungs- und Systemtheorie in ähnlicher Weise kombiniert wie die *Theorie des kommunikativen Handelns* (Brunkhorst 1983), die Gesellschaften ganz allgemein als »*systemisch stabilisierte* Handlungszusammenhänge *sozial integrierter Gruppen*« (TKH II: 228) definiert.

Habermas unterscheidet die beiden Theoriesprachen in Bezug auf moderne Gesellschaften aber nicht nur analytisch, sondern ordnet sie ›essentialistisch‹ (ENT: 383) verschiedenen Gesellschaftsbereichen zu. Schon die analytische Unterscheidung, die damit begründet wird, dass die Aspekte symbolischer Reproduktion genauer aus handlungstheoretischer Perspektive und die Aspekte materieller Reproduktion besser aus systemtheoretischer Perspektive erfasst werden können, ist bestritten worden: Eine differenziertere Handlungstheorie könne durchaus erklären, wie sich die nicht-intendierten Nebenfolgen des Handelns vernetzen und soziale Strukturen verselbständigen (Joas 1986). Als eigentlicher Verrat an der Tradition der Kritischen Theorie wurde jedoch angesehen, dass Habermas die Marx'sche Perspektive einer Überwindung des Staates (z.B. durch eine Rätedemokratie), insbesondere aber der kapitalistischen Ökonomie (etwa durch eine Planwirtschaft) aufgegeben hat. Der Kern des Anstoßes besteht also in der Annahme, dass die systemische Integration von Staat und Wirtschaft, die Habermas als Bereiche »normfreier Sozialität« (TKH II: 455) bezeichnet, nicht nur effizient, sondern auch unproblematisch sein soll (McCarthy 1986).

Zwingt das systemtheoretische Instrumentarium Habermas also zu einem übermäßig harmonistischen Verständnis der Sphäre der materiellen Reproduktion und lässt damit ein Sensorium gerade für diejenigen Krisentendenzen vermissen, die den Fokus der Marx'schen Analyse ausmachen (Berger 1986)? Tatsächlich ist bezweifelt worden, dass der strukturelle Zwang zu objektivierenden Einstellungen, der von den entsprachlichten Kommunikationsmedien ausgeht und den Habermas als Technisierung der Lebenswelt versteht, erst dann problematisch sein soll, wenn die Lebenswelt ›kolonialisiert‹ wird.

Liegt das Problem nicht bereits in der Ausdifferenzierung von Staat und Markt aus der Lebenswelt, die Habermas als (unproblematische) ›Mediatisierung‹ der Lebenswelt bezeichnet? Die essentialistische Zuordnung der materiellen und der symbolischen Reproduktion zu jeweils einem gesellschaftlichen Bereich (einerseits den Systemen, andererseits der Lebenswelt) halten viele für unplausibel (etwa Fraser 1989). Die Privatsphäre ist keineswegs frei von Aspekten der materiellen Reproduktion; und erst recht bleiben ökonomische und staatliche Handlungskontexte der symbolischen Reproduktion nicht äußerlich. Kaum etwas dürfte in Gesellschaften unseres Typs die Sinnorientierungen, Solidaritäten und Identitäten der Individuen stärker prägen als ihr beruflicher Kontext. Im Gegensatz zu gesellschaftlichen Bereichen lassen sich die materielle und die symbolische Reproduktion nur analytisch trennen. Wenn dem aber so ist, muss man bereits die ›Mediatisierung‹ kritischer beurteilen, als Habermas dies tut. Dann nämlich überzeugt die substanzielle These nicht, dass die Herausbildung der Institutionen von Markt und Staat im Prinzip unproblematisch sei, das Eindringen von Geld und administrativer Macht in Privatsphäre und Öffentlichkeit dagegen zwingend pathologische Folgen hervorbringe (Kneer 1990).

Doch auch unabhängig von Habermas' unplausiblen substanziellen Annahmen (wie der, dass die sozialstaatliche Verrechtlichung, nicht aber die Institutionalisierung der Lohnarbeiterrolle die symbolische Reproduktion der Gesellschaft beeinträchtige), ist die Kolonialisierungsthese, mit der Habermas die Auffassung verteidigen will, dass der Modernisierungsprozess nicht zwangsläufig pathologisch verlaufen müsse, von Wert. Kolonialisierungsphänomene stehen im Zentrum von Habermas' Aufmerksamkeit und insbesondere der *Theorie des kommunikativen Handelns*, weil es sich dabei um einen spezifischen Typus gesellschaftlicher Probleme handelt. Der Grund dafür, dass Habermas illegitime Formen sozialer Macht (zum Beispiel patriarchale Familienstrukturen) nicht näher thematisiert, besteht darin, dass er annimmt, diese Art verzerrter Kommunikation könne von den Betroffenen selbst problematisiert werden. Eben das soll für den Fall der Kolonialisierung nicht zutreffen. Denn die entsprachlichten Medien ›Geld‹ und ›Macht‹ verzerren Kommunikation nicht nur, sondern verdrängen sie ganz und verunmöglichen damit von vornherein jeden Versuch, strittige Aspekte diskursiv zu klären (Iser 2008: 137 ff.; Strecker 2012: 179 ff.). Deswegen bedarf die Kritik der Kolonialisierungsphänomene, die folglich nicht Kritik des strategischen Handelns oder der instrumentellen Rationalität, sondern Kritik der funktionalistischen Vernunft ist, einer gesellschaftstheoretisch angeleiteten Analyse.

(b) *Der Vorwurf der Machtblindheit gegenüber Verzerrungen in Privatsphäre und Öffentlichkeit*: Habermas' mehrdeutige Unterscheidung zwischen System und Lebenswelt hat ihm auch den Vorwurf eingebracht, er habe ein zu idealisiertes Verständnis der Lebenswelt. Dieses hebe Kommunikation, Verständigung und Konsens hervor, blende Dissens, Macht und Gewalt dagegen aus (Honneth 1986a). Konkretisiert worden ist dieser Einwand insbesondere von feministischen Autorinnen. So betont Nancy Fraser (1989), die System/Lebenswelt-Unterscheidung verschleiere die unbezahlte Arbeit, die innerhalb der Familie traditionell von Frauen, z.B. in Gestalt der Kindererziehung, geleistet werde. Dagegen will sie die Mechanismen identifizieren, auf denen patriarchale Herrschaft sowohl in der Familie als auch in der offiziellen Ökonomie beruht. Hierfür müssen neben der formellen administrativen noch weitere Formen von Macht analysiert werden (Cohen 1995).

Diese Kritiken übersehen jedoch, dass Habermas (ENT: 371; FG: 432) mit der Berücksichtigung der ›sozialen Macht‹, die auf ungleicher Ressourcenausstattung beruht, über solch ein Konzept verfügt; auch wenn er es erst in späteren Schriften eingehender ausgearbeitet hat. Er geht sogar davon aus, dass Phänomene der Herrschaft und der Unterdrückung sowohl in lebensweltlichen wie auch in systemisch verfassten Kontexten eher den Regelfall darstellen (vgl. Kap. 3.2). Die *Theorie des kommunikativen Handelns* widmet solch repressiven Strukturen deswegen kaum Aufmerksamkeit, weil Habermas die Kritik anderer Aspekte moderner Gesellschaften wichtiger erscheint: Während verzerrte Kommunikation, wie soeben erläutert, von den Betroffenen im Prinzip selbst durchschaut und kritisiert werden kann, soll eben dies im Fall verdrängter Kommunikation (von Habermas verwirrenderweise manchmal als ›systematisch verzerrte Kommunikation‹ bezeichnet) nicht möglich sein. Hier bedarf es der Aufklärung durch den theoretisch geschulten Gesellschaftskritiker. Die Kolonialisierung stellt also nur eine besonders perfide Form der Vermachtung dar, gilt Habermas aber keineswegs als die einzige kritikwürdige Form der Macht in einem Meer aus Harmonie und Konsens (vgl. unten Kap. 5.3 die Kritik an seinem Konzept der Öffentlichkeit).

(c) *Eine Demokratisierung der Moralphilosophie?* Habermas ist immer wieder vorgeworfen worden, seine Diskursethik sei viel zu formal: Weil diese allein noch die Bedingungen analysiert, unter denen die Betroffenen ihre normativen Probleme selbst klären können, ›demokratisiere‹ sie die Moralphilosophie so stark, dass sie bei der Frage, welche moralischen Urteile vorzugswürdig seien, keine (inhaltliche) Orientierung mehr geben könne. Vor diesem Hintergrund hat Rainer Forst versucht, die Diskursethik anzureichern. Im Anschluss an Thomas M. Scanlon schlägt er die Kriterien der Reziprozität und der Allgemeinheit vor (Forst 2007: 15, 33 f., 82, 306). Auf dieser Grundlage argumentiert er, dass solch fundamentale und abstrakte Handlungsnormen wie »Töte oder schädige keinen anderen« nicht plausiblerweise mit Gründen zurückgewiesen werden könnten. Bei aller Notwendigkeit, individuelle Besonderheiten in einem Gespräch durch einen Rollentausch zur Geltung zu bringen (Benhabib 1992; Young 1990: 99 ff.), dürften einige grundlegende Normen von allen als legitim angesehen werden (auch Wellmer 1986: 129 f.). Nur spezifischere Normen sowie Fragen der Normkollision und der Normanwendung bedürfen dann realer Diskurse (zu Letzteren Günther 1988: 255 ff.).

Habermas wiederum hält John Rawls – sowie der gesamten neueren Gerechtigkeitstheorie – vor, den realen Diskursen der Gesellschaftsmitglieder inhaltlich zu stark vorzugreifen. Rawls kehrt den Spieß allerdings um. Er glaubt, dass Habermas auf einer anderen Ebene viel zu ambitioniert ist, weil dieser die Diskursethik mit einer umfassenden Theorie der Rationalität begründen will (vgl. Kap. 2.2). Rawls ist überzeugt, dass solch eine Begründung in Zeiten des Pluralismus nicht mehr allgemein zustimmungsfähig ist. Sie sei zu »umfassend« – und mache sich damit in unnötigem Maße philosophisch angreifbar (Rawls 1995: 201). In extremer Zuspitzung formuliert diesen Vorwurf Richard Rorty: Man solle eine liberale, alle Subjekte einbeziehende Theorie verteidigen, ohne dafür irgendwelche universellen Ansprüche auf normative Richtigkeit aufzustellen. Vielmehr müsse man einsehen, dass man diese Auffassungen nun einmal aufgrund kontingenter – also nicht notwendiger – Umstände, etwa des Aufwachsens in einer liberalen Kultur, habe (Rorty 1989: 109).

Auf einer anderen Ebene liegen die Einwände derjenigen, die glauben, dass Habermas – ebenso wie Rawls – einen Fehler begeht, wenn er dem Gerechten einen klaren Vorrang vor dem Guten zuspricht. So genau ließen sich diese ohnehin nicht unterscheiden, weil man überhaupt nicht wissen könne, was die Gerechtigkeit fordert, wenn man nicht anzugeben vermag, was ein menschliches Leben (für alle gleichermaßen) gut macht. Kommunitaristische Theoretiker etwa teilen (allen sonstigen Unterschieden zum Trotz) grundsätzlich den Ansatz, Gerechtigkeitsprinzipien nicht abstrakt zu postulieren, sondern aus bereits vorhandenen Werten zu gewinnen, seien es die Bedeutungen von Gütern (Walzer 1992) bzw. Praktiken (MacIntyre 1987) einer spezifischen Gesellschaft oder das Selbstverständnis der Moderne als solcher (Taylor 1996). Ohne Berücksichtigung des Guten käme man folglich nur zu sehr dünnen Bestimmungen, die als kritischer Maßstab auch deswegen unbrauchbar wären, weil sie die Menschen nicht hinreichend motivieren (Walzer 1990).

Diesem Pfad der Kritik folgt bis zu einem gewissen Punkt auch die Reformulierung der Kritischen Theorie durch Axel Honneth. Dieser geht von der sozialpsychologischen These aus, dass nicht primär verzerrte Verständigungsverhältnisse, sondern identitätsbedrohende Missachtungserfahrungen gesellschaftlichen Widerstand auslösen. Diese Kritik der Anerkennungsverhältnisse soll auch inhaltlich informativer ausfallen als jene der Verständigungsverhältnisse. Als normative Folie dient ihr nämlich eine Konzeption des gelingenden, durch Anerkennung sicheren Selbstverhältnisses, eine ›formale Theorie des guten Lebens‹ in der Moderne (vgl. Honneth 2001: 21). Damit greift Honneth auf einen Gedanken zurück, der bereits bei Habermas eine wichtige Rolle spielt: nämlich dass wir bei der Ausbildung eines gelingenden Selbstverhältnisses auf die Anerkennung anderer (und letztlich der Gesellschaft als Ganzer) angewiesen sind. Honneth rückt jedoch die Lebensweltkomponente der Persönlichkeit in den Mittelpunkt der Kritischen Theorie. Zudem sollen sich aus den drei Anerkennungsdimensionen der Liebe, des Rechts und der Solidarität bzw. Leistung (Honneth 1992) materiale Gerechtigkeitsprinzipien ergeben – und nicht nur prozedurale Standards (zum Verhältnis von Habermas und Honneth umfassend Iser 2008).

5.3 Kritik der Politik

Auch gegen Habermas' Konzeption des demokratischen Rechtsstaats ist eine Phalanx von Einwänden erhoben worden. Im Folgenden konzentrieren wir uns auf die wichtigsten Probleme in Bezug auf die Verhältnisbestimmung von Menschenrechten und Demokratie (a), das Zusammenspiel von Öffentlichkeit und formellem politischen System (b) und die postnationale Politik (c).

(a) *Menschenrechte und Demokratie*: Der zentrale Einwand gegenüber Habermas' These einer ›Gleichursprünglichkeit‹ von Menschenrechten und Demokratie lautet, dass er letztlich doch das Demokratieprinzip als wichtiger erachtet und insofern die moralische Bedeutung subjektiver Rechte zu gering veranschlagt – und zwar in Bezug auf deren Inhalt sowie deren Form. Daher argumentieren die Kritiker: Erstens müssen Grundrechte besser gegen die Demokratie geschützt werden (Inhalt), und zweitens besitzt die Rechtsform einen moralischen Eigenwert (Form).

So meinen einige liberale Autoren, Menschenrechte seien primär moralische Rechte, die unabhängig von ihrer rechtlichen Kodifizierung bereits *als Rechte* existieren oder doch zumindest gelten (Larmore 1993; Höffe 1996: 155 ff.). Habermas mache stattdessen die Geltung der Menschenrechte von der *faktischen Zustimmung* des demokratischen Publikums abhängig. Freiheitsrechte dürften aber niemals zur demokratischen Verhandlungsmasse werden. Die Alternative besteht darin, bestimmte moralische Ansprüche als besonders wichtig auszuzeichnen. Dabei wird die Zustimmung der Gesellschaftsmitglieder zu den Normen, die ihr Zusammenleben regeln, als *hypothetische* konstruiert (etwa Gosepath 1998a: 212).

Das führt zu der Frage, wie dieses hypothetische Einverständnis zu verstehen ist. Auch das Modell der deliberativen Demokratie beruht ja auf Idealisierungen, eben den vernünftigen Verfahren der Rechtserzeugung. Aus diesem Grund bemüht sich Habermas um die Darstellung eines möglichst vernünftigen politischen Prozesses, weil nur so Ergebnisse erzielt werden können, die niemanden benachteiligen (vgl. Kap. 4.2). Vor allem aber tritt Habermas dem Vorwurf, er vernachlässige die Menschenrechte, mit seiner Bestimmung eines ›Systems der Rechte‹ (vgl. Kap. 4.1) entgegen. Dieses soll in seinen Grundzügen, in seiner ›ungesättigten‹ Form, gerade nicht vom politischen Prozess abhängig sein. Vielmehr gilt es für *alle* Rechtsordnungen und insofern für *alle* Menschen.

Gleichwohl sind einige Kritiker der Auffassung, Habermas unterschätze die Bedeutung subjektiver Rechte, weil er sie nur als *Ermöglichungsbedingungen* von Demokratie einführe. Demgegenüber hätten »bestimmte Grundrechte« doch »einen intrinsischen Wert«. So sei etwa »das klassische Recht auf Religionsfreiheit nicht als Ermöglichungsbedingung zu verstehen« (Gosepath 1998a: 215 f.). Allerdings erschöpft sich auch für Habermas der Wert der Rechte nicht darin, nur die demokratische Selbstgesetzgebung zu ermöglichen. Dies ist nur die eine Hälfte, dass nämlich die Demokratie ohne Rechtsstaat nicht zu haben ist. Habermas will aber zudem sagen, dass der Rechtsstaat nicht ohne Demokratie verwirklicht werden kann und dass die Gründe, die die Betroffenen für bestimmte Rechte vorbringen, eben das sind: Gründe dafür, dass diese Rechte den Betroffenen wichtig sind.

Dennoch lässt sich in Bezug auf die Kategorie sozialer Rechte durchaus gegen Habermas argumentieren, dass die gerechte Teilhabe am gesellschaftlichen Reichtum ein wichtiges Ziel ist, ganz unabhängig davon, ob und in welchem Ausmaß uns diese Güter erlauben, unsere Persönlichkeitsrechte und politischen Teilnahmerechte in Anspruch zu nehmen (Frankenberg 1996; Gosepath 1998b: 173-184). Allerdings geht auch Habermas grundsätzlich davon aus, dass Menschen bestimmte Rechte mit guten Gründen zustehen – wenn sie denn ihr Zusammenleben mit den Mitteln des positiven Rechts regeln wollen.

Angesichts dieser letzten Formulierung haben viele Kritiker gemeint, dass Habermas die Form des Rechts viel zu funktionalistisch einführt. Doch die Rechtsform, in der individuelle Ansprüche organisiert werden, ist nach Habermas keine eigenständige Wertquelle. Sie hat sich »im Verlaufe der sozialen Evolution erst herausgebildet« (FG: 142) und »ist überhaupt kein Prinzip, das sich, sei es epistemisch oder normativ, ›begründen‹ ließe« (FG: 143). Vielmehr meint er: »Eine funktionale Begründung genügt, weil es in komplexen Gesellschaften, ob nun in Asien oder in Europa, für die Integrationsleistungen des positiven Rechts offenbar kein funktionales Äquivalent gibt.« (PN: 182 f.) Allerdings ist unklar, was ›funktional‹ genau heißen soll. Habermas hält die Ergänzung durch das Recht ja aufgrund der Defizite einer postkonventionellen Moral für unumgänglich. Das kann nur bedeuten, dass das Recht (zumindest auch) moralische Ziele befördert. Und ganz generell hält Habermas die Wandlung zu einem postkonventionellen Bewusstsein, das die Trennung von Moral und Recht erforderlich macht, für einen moralischen Fortschritt.

So bringt Stefan Gosepath (1998a: 202-206, 217 Anm. 29; 1998b: 148-155) zwei Argumente vor, die einen moralischen Eigenwert der Rechtsform begründen sollen. Erstens ermögliche nur der Status der Rechtsperson dem Einzelnen, Selbstachtung auszubilden (auch Honneth 1992: 192 ff.). Und zweitens glaubt er mit Henry Shue (Shue 1980) an eine moralische Pflicht zur Positivierung, weil die Anspruchsgewährleistung nur auf diesem Wege zu garantieren sei. Ein drittes, sehr ähnliches Argument von Rainer Forst besagt, dass dem Recht eine wichtige moralische Funktion zukommt, insofern es »als Schutzhülle persönlich-ethische Autonomie *ermöglicht*« (Forst 1994: 113, auch 430 f.). Letztlich teilt

Habermas diese Auffassungen. Was er verhindern will, ist, dass das Recht der Moral untergeordnet wird, weil er fürchtet, damit werde auch die Bedeutung der Demokratie geleugnet.

(b) *Das Zusammenspiel von Öffentlichkeit und politischem System*: Habermas' Hoffnungen liegen primär auf der politischen Öffentlichkeit. Hierfür ist er immer wieder als naiv kritisiert worden. Er beachte nicht hinreichend, dass auch die Öffentlichkeit durch Macht und Hegemonien geprägt ist, wobei mit ›Hegemonie‹ das Vorherrschen einer bestimmten Weise gemeint ist, Dinge (auf unzureichende Art) wahrzunehmen. Hegemonien entstehen dort, wo sich spezifische Herrschaftsverhältnisse verfestigen. Damit greifen die Kritiker auf den grundlegenden Einwand zurück, verständigungs- und erfolgsorientierte Aspekte ließen sich nicht so fein säuberlich trennen, wie Habermas dies nahelegt.

Oftmals wird in diesem Zusammenhang Antonio Gramsci zitiert, der ein gänzlich anderes, sehr viel ›dunkleres‹ Bild der Öffentlichkeit zeichnet. Demnach bestimmen die Interessen der Kapitalisten zwar die herrschende Ideologie; sie müssen aber auch die Ansprüche der Unterdrückten – wenn auch nur partiell und in verstellter Form – berücksichtigen. Nur so lässt sich ein offener Konflikt vermeiden (Gramsci 1929 ff.: 1561). Folglich sind es nicht primär die staatlichen (Zwangs-)Gesetze und Institutionen, die kritisiert werden müssen; problematisch ist vor allem die Meinung der Öffentlichkeit, denn diese begründet die (zumindest teilweise als legitim erachtete) Hegemonie. Diese Hegemonie ist laut Gramsci nur in dem Sinne »gepanzert«, als die wenigen zur Konformität gezwungen werden müssen, die sich der öffentlichen Meinung zu entziehen vermögen (ebd.: 783). Daher müssen sich die Anstrengungen des Ideologiekritikers vor allem auf die kritische Analyse und politische Beeinflussung der Diskurse innerhalb der Öffentlichkeit richten, anstatt diese naiv als Ausdruck verständigungsorientierter Einstellungen zu idealisieren.

Auch Habermas will Defizite der Öffentlichkeit erkennen, bemüht sich aber zuerst um eine normative Vorstellung davon, wie es idealiter in der Öffentlichkeit zugehen sollte. Erst vor diesem Hintergrund sollen sich die Defizite als Defizite beschreiben lassen. Die Rede von ›Konsens‹ schließt die kritische Analyse von (manifesten und latenten) Konflikten ja nicht aus. Allerdings zielt die Kritik wohl tiefer. Sie rührt aus der Befürchtung, dass die Konzentration auf ein – ohnehin illusorisches Ideal – nur davon ablenkt, sich den wirklichen Problemen von Macht und Herrschaft zu stellen.

Die Kritik an Habermas' zu positiver Darstellung des politischen Prozesses entzündet sich aber auch an der Beschreibung der Schleusen, die in das politische System hineinführen. So wird oftmals eingewandt, bei Habermas werde der Aspekt der Rationalität gegenüber dem der Partizipation allzu sehr betont (besonders eindringlich Buchstein/Jörke 2003; dagegen GP: 433 ff.). Rainer Schmalz-Bruns etwa hat »mit einer gewissen Ernüchterung« festgestellt, dass »Habermas das demokratische Prinzip der Volkssouveränität so durch mehrere, hintereinander gelegte Filter hindurchführt, an denen fast alle auf Selbstorganisation und Selbstregierung hin ausgelegten Aspekte der Idee der Demokratie hängenbleiben, daß er am Ende den Anspruch einer demokratischen Gestaltung von Politik in die institutionellen Bahnen einer liberalen, repräsentativen Demokratie zurückführt« (Schmalz-Bruns 1995: 115 f.; vgl. Dryzek 2000: 21-27; Scheuerman 1999).

Habermas würde dem sicherlich widersprechen. Zudem steht er Vorschlägen, die eine effektive demokratische Partizipation ermöglichen sollen, prinzipiell positiv gegenüber. Hierzu gehören *erstens* spezifische, aber relativ isolierte institutionelle Revisionen. Besondere Aufmerksamkeit hat der Vorschlag eines *Deliberation Day* gefunden, den Bruce Ackerman und James Fishkin (2004) bis in die kleinsten organisatorischen Details für die USA ausgearbeitet haben. Diese Idee geht auf ein Instrument zurück, dessen Ausgestaltung, Studium und Erprobung Fishkin (u.a. Fishkin/Luskin/Jowell 2000) seit Jahren vorantreibt, nämlich den *deliberative poll*. Der Grundgedanke ist, die Rationalität der Präferenzen, die in Wahlen und Abstimmungen zum Ausdruck kommen, dadurch zu erhöhen, dass eine repräsentativ ausgewählte Gruppe von Bürgern einige Zeit sowohl untereinander als auch mit den politischen Kandidaten über die relevanten Sachfragen diskutiert. Dieser Prozess soll, etwa über das Fernsehen, ebenso öffentlich gemacht werden wie das resultierende Meinungsbild.

Radikaler sind *zweitens* Vorschläge, die deliberative Partizipation durch Reformen des liberaldemokratischen Institutionensystems verstetigen wollen. Prominentestes Beispiel hierfür sind Forderungen, bislang unterdrückten sozialen Gruppen durch institutionelle Garantien Gehör zu sichern. Hier kann man sich auf die Einführung von Quoten beschränken, um Frauen oder auch ethnischen Minderheiten Zugang zum Zentrum des politischen Systems zu verschaffen, z.B. durch Berücksichtigung bei der Kandidatenaufstellung oder durch eine entsprechende Zuschneidung von Wahlkreisen (Phillips 1995). Oder man kann durch ein umfassenderes Spektrum an Maßnahmen (z.B. Ansprüche auf Unterstützung der Gruppenorganisation, Publizitäts- und Anhörungsrechte, Vetopositionen) eine Pluralisierung der Öffentlichkeit im Ganzen anstreben (z.B. Young 1990: Kap. 4). Schließlich kann der von Habermas vorgeschlagene Funktionswandel des Parlaments (vgl. Kap. 4.2) durch die Einrichtung von »Foren und Verfahren der ›konstitutionellen‹ Dauerreflexion« (Schmalz-Bruns 1995: 188) ausgeweitet werden, wie sie insbesondere im Bereich der Umweltpolitik (z.B. in Form von Mediationsverfahren und in der Technikfolgenabschätzung) schon entstanden sind. Wie bereits bei der neokorporatistischen Einbindung von Arbeit und Kapital in staatlich moderierte Verhandlungssysteme stellt sich bei dieser »Perspektive einer weitergehenden Vergesellschaftung des Staates« (ebd.: 161) allerdings die Frage, ob solche Demokratisierungsbemühungen nicht letztlich dem Gegenteil Vorschub leisten, nämlich einer Verstaatlichung der Gesellschaft. Aus diesem Grund setzen aktivistische Demokratiekonzeptionen den verregelten Verfahren demokratischer Partizipation die anarchische Kraft sozialer Bewegungen entgegen (Young 2001).

(c) *Die postnationale Politik*: Habermas' Vorstellung, eine europäische Identität könne sich auch ohne gemeinsame nationale Identität im Sinne eines Verfassungspatriotismus entwickeln, ist von konservativer Seite immer wieder kritisiert worden. Allerdings glaubte auch Habermas zunächst, global seien die Differenzen zu groß, um eine gemeinsame politische Identität auszubilden (PN: 161 ff.). Diese Auffassung hat er jedoch mittlerweile geändert (GP: 441). Gleichwohl war diese These mit dafür verantwortlich, dass Habermas die Aufgaben institutioneller politischer Akteure auf der supranationalen Ebene, also der obersten Ebene seines Drei-Ebenen-Modells (vgl. Kap. 4.3), sehr minimalistisch als Sicherung des Friedens und der Menschenrechte begreift. Hier solle man sich auf negative Pflichten, also solche der Unterlassung konzentrieren. Angesichts solcher (Minimal-)Standards könne sich die UNO eher mit juristischen denn mit politischen Fragen befassen (GP: 454).

Dies wird von jenen bestritten, die die Frage, welche Menschenrechte fundamental sind und was als deren Verletzung gelten sollte, bereits als politisch zu verhandelnde – und zutiefst umstrittene – Frage begreifen (Scheuerman 2008: 144 f.). Die These der Gleichursprünglichkeit von Demokratie und Menschenrechten (vgl. Kap. 4.1) besagt ja in der Tat, jedes Recht müsse in demokratischen Prozessen erst konkretisiert werden. Wie also sollte man sich auf der supranationalen Ebene schlicht auf eine Liste konkreter Rechte einigen können, ohne den Weltbürgern demokratische Mitsprache zu erlauben? Andere finden, dass angesichts der erschreckenden globalen Armut soziale Menschenrechte zumindest die Subsistenz, also das Überleben sichern sollten und diese Probleme nicht auf der transnationalen Ebene verhandelt werden dürfen. Allerdings machen sie in Habermas' Schriften auch eine Ambivalenz aus: Er schwanke zwischen einer realistischen oder minimalistischen Position auf der einen und einer anspruchsvolleren Konzeption, die die UNO auch für Fragen der globalen Umverteilung zuständig erklärt, auf der anderen Seite (Lafont 2008; vgl. GP: 450 f.).

In Bezug auf die mittlere Ebene ist Habermas denn auch immer wieder vorgeworfen worden, er unterschätze die Gefahr der Benachteiligung der Schwächeren durch die Stärkeren. Dem versucht er mittlerweile dadurch entgegenzutreten, dass er der UNO-Generalversammlung als globalem Gesetzgeber zutraut, »Gerechtigkeitsparameter« fortlaufend anzupassen, die den transnationalen Verhandlungen als Richtschnur dienen sollen (GP: 455). Aber warum wird diese Aufgabe dann nicht gleich der UNO zugewiesen? Habermas meint, die Gerechtigkeitsprinzipien lägen auf einer so hohen Abstraktionsstufe, dass sie politisch auf der mittleren Ebene konkretisiert werden müssen.

Schließlich ist Habermas dafür kritisiert worden, dass er die globale Politik – im Gegensatz zu der in *Faktizität und Geltung* entwickelten Konzeption – von direkter demokratischer Autorschaft entkopple. Diese komme erst auf der nationalen Ebene voll zum Zuge. Tatsächlich scheint sich Habermas damit zufriedenzugeben, dass die Bürger nur vermittels ihrer Nationalstaaten (bzw. kontinentalen Regimes) Einfluss auf die ›Weltinnenpolitik‹ gewinnen (GP: 447 f.). Gerade in diesem Punkt ist manch einem die Kritische Theorie nicht kritisch und nicht radikal genug. Sicherlich will Habermas kein Bild einer kosmopolitischen Politik entwerfen, das von Beginn an unrealistisch erscheint (vgl.

dagegen Held 2003). Doch setzt auch er darauf, dass sich die Lernprozesse, die die Moderne ermöglicht hat, fortsetzen werden und sich die nationale zur globalen Solidarität erweitert.

In all den skizzierten Einwänden kommt zum Ausdruck, dass das Werk von Habermas noch keineswegs zum Abschluss gekommen ist. Auch künftig werden die Ideale der Herrschaftsfreiheit und der Einbeziehung aller Individuen mit der Schwierigkeit ihrer Realisierung in der Praxis konfrontiert sein. So dürfte die hier dargestellte Theorie – zusammen mit all den kritischen Stimmen, die sie provoziert hat – auch weiterhin Impulse für all diejenigen bereithalten, die die Moderne über ihre Defizite aufklären und für die Einlösung ihrer Versprechen von Selbstbewusstsein, Selbstbestimmung und Selbstverwirklichung eintreten wollen.

Danksagung

Danken möchten wir vor allem unseren ersten Lesern, insbesondere Anja Karnein, die das gesamte Manuskript durchgesehen und kritisch kommentiert hat. Einzelne Teile haben zudem gelesen Robin Celikates, Hans-Georg Iser, Martin Saar und Albrecht von Lucke. Auch ihre Anmerkungen waren für uns äußerst hilfreich. Zudem danken wir den Studenten in Berlin, Frankfurt und Jena für ihre kritischen Rückfragen in unseren Seminaren zu Habermas' Theorie. Für Hilfe bei der Endkorrektur danken wir Sigrid Engelhardt, Jens Beljan, Robert Dietrich und André Stiegler. Steffen Herrmann gilt unser Dank für seine Geduld und sein umsichtiges Lektorat. Ein Dank ganz besonderer Art gebührt schließlich Anja sowie Christine und Hannah.

Siglen

Wenn nicht anders angegeben, sind alle Texte von Jürgen Habermas erschienen Frankfurt/M.: Suhrkamp und ab 2010 Berlin: Suhrkamp.

AE   *Ach, Europa. Kleine politische Schriften XI*, 2008.

AEF   *Arbeit – Erkenntnis – Fortschritt. Aufsätze 1954-1970*, Amsterdam: de Munter 1970.

AG   *Das Absolute und die Geschichte: Von der Zwiespältigkeit in Schellings Denken*, 1954 (Dissertationsschrift, unveröffentlicht).

AS   *Eine Art Schadensabwicklung. Kleine Politische Schriften VI*, 1987.

BE   »Die Bewährung Europas«, in: *Blätter für deutsche und internationale Politik* 12 (2006), Berlin, 1453-1456.

DNR   *Die nachholende Revolution. Kleine politische Schriften VII*, 1990.

EA   *Die Einbeziehung des Anderen. Studien zur politischen Theorie*, 1996.

ED   *Erläuterungen zur Diskursethik*, 1991.

EI   *Erkenntnis und Interesse* (1968), 2. Aufl. mit Nachwort 1973.

ENT   »Entgegnung«, in: Honneth, Axel/Joas, Hans (Hg.): *Kommunikatives Handeln. Beiträge zu Jürgen Habermas' › Theorie des kommunikativen Handelns‹*, 1986, 327-405.

FG   *Faktizität und Geltung. Beiträge zur Diskurstheorie des Rechts und des demokratischen Rechtsstaats*, 1992.

GP   »Kommunikative Rationalität und grenzüberschreitende Politik«, in: Niesen, Peter/Herborth, Benjamin (Hg.): *Anarchie der kommunikativen Freiheit. Jürgen Habermas und die Theorie der internationalen Politik*, 2007, 406-459.

GW   *Der gespaltene Westen. Kleine politische Schriften X*, 2004.

KK   *Kultur und Kritik. Verstreute Aufsätze*, 1973.

KPS   *Kleine Politische Schriften (I-IV)*, 1981.

LS   *Legitimationsprobleme im Spätkapitalismus*, 1971.

LSW   *Zur Logik der Sozialwissenschaften* (1970), 5., erw. Aufl. 1982.

MKH   *Moralbewußtsein und kommunikatives Handeln*, 1983.

NBR   *Die Normalität einer Berliner Republik. Kleine politische Schriften VIII*, 1995.

ND   *Nachmetaphysisches Denken. Philosophische Aufsätze*, 1988.

ND II   *Nachmetaphysisches Denken II. Aufsätze und Repliken*, 2012.

NR   *Zwischen Naturalismus und Religion. Philosophische Aufsätze*, 2005.

NU   *Die Neue Unübersichtlichkeit. Kleine Politische Schriften V*, 1985.

PDM   *Der philosophische Diskurs der Moderne. Zwölf Vorlesungen*, 1985.

PN   *Die postnationale Konstellation. Politische Essays*, 1998.

PPP   *Philosophisch-politische Profile* (1971), 3., erw. Aufl., 1998.

REP   »Replik auf Einwände«, in: *Deutsche Zeitschrift für Philosophie* 50/2 (2002), Berlin, 283–298.

RHM   *Zur Rekonstruktion des Historischen Materialismus*, 1976.

SÖ   *Strukturwandel der Öffentlichkeit. Untersuchungen zu einer Kategorie der bürgerlichen Gesellschaft* (1961), Neuaufl. mit Vorwort 1990.

ST   *Im Sog der Technokratie. Kleine Politische Schriften XII*, 2013.

STUD II *Philosophische Texte: Studienausgabe in fünf Bänden*, Bd. 2, 2009.

TK   *Texte und Kontexte*, 1991.

TKH I   *Theorie des kommunikativen Handelns. Band I. Handlungsrationalität und gesellschaftliche Rationalisierung*, 1981.

TKH II   *Theorie des kommunikativen Handelns. Band II. Zur Kritik der funktionalistischen Vernunft*, 1981.

TP   *Theorie und Praxis. Sozialphilosophische Studien* (1963), 4., erw. Aufl., 1971.

TWI   *Technik und Wissenschaft als Ideologie*, 1968.

VB   »Vorbereitende Bemerkungen zu einer Theorie der kommunikativen Kompetenz (Vorlage für Zwecke einer Seminardiskussion)«, in: ders./Luhmann, Niklas: *Theorie der Gesellschaft oder Sozialtechnologie – Was leistet die Systemforschung?*, 1971, 101-141.

VE   *Vorstudien und Ergänzungen zur Theorie des kommunikativen Handelns*, 1984.

VZ   *Vergangenheit als Zukunft*, München: Piper 1993.

WR   *Wahrheit und Rechtfertigung. Philosophische Aufsätze*, 1999.

ZD   *Zeitdiagnosen. Zwölf Essays 1980-2001*, 2003.

ZN   *Die Zukunft der menschlichen Natur. Auf dem Weg zu einer liberalen Eugenik?*, 2001.

ZÜ   *Zeit der Übergänge. Kleine politische Schriften IX*, 2001.

ZVE   *Zur Verfassung Europas. Ein Essay*, 2001.

Literatur

Ackerman, Bruce/Fishkin, James S. (2004): *Deliberation Day*, New Haven: Yale UP.

Apel, Karl-Otto (1973a): *Transformation der Philosophie. Band I. Sprachanalytik, Semiotik, Hermeneutik*, Frankfurt/M.: Suhrkamp.

– (1973b): *Transformation der Philosophie. Band II. Das Apriori der Kommunikationsgemeinschaft*, Frankfurt/M.: Suhrkamp.

Benhabib, Seyla (1986): *Kritik, Norm und Utopie*, Frankfurt/M.: Fischer 1992.

– (1992): *Situating the Self. Gender, Community and Postmodernism in Contemporary Ethics*, New York: Routledge.

Berger, Johannes (1986): »Die Versprachlichung des Sakralen und die Entsprachlichung der Ökonomie«, in: Honneth, Axel/Joas, Hans (Hg.): *Kommunikatives Handeln. Beiträge zu Jürgen Habermas' ›Theorie des kommunikativen Handelns‹*, Frankfurt/M.: Suhrkamp, 255-277.

Bourdieu, Pierre (1980): *Sozialer Sinn*, Frankfurt/M.: Suhrkamp 1987.

Brunkhorst, Hauke (1983): »Paradigmakern und Theoriendynamik der Kritischen Theorie der Gesellschaft«, in: *Soziale Welt* 34, 22-56.

Buchanan, Allen/Brock, Dan W./Daniels, Norman/Wikler, Daniel (2000): *From Chance to Choice. Genetics and Justice*, Cambridge: UP.

Buchstein, Hubertus/Jörke, Dirk (2003): »Das Unbehagen an der Demokratietheorie«, in: *Leviathan* 31, 470-495.

Cohen, Jean L. (1995): »Critical Social Theory and Feminist Critiques: The Debate with Jürgen Habermas«, in: Meehan, Johanna (Hg.): *Feminists Read Habermas. Gendering the Subject of Discourse*, London: Routledge, 57-90.

Cooke, Maeve (1994): *Language and Reason. A Study of Habermas' Pragmatics*, Cambridge/Mass.: MIT.

Davidson, Donald (1986): »A Nice Derangement of Epitaphs«, in: LePore, Ernest (Hg.): *Truth and Interpretation. Perspectives on the Philosophy of Donald Davidson*, Oxford: Blackwell, 433-446.

Derrida, Jacques (2001): *Limited Inc.*, Wien: Passagen.

Dietz, Simone (1993): *Lebenswelt und System. Widerstreitende Ansätze in der Gesellschaftstheorie von Jürgen Habermas*, Würzburg: Königshausen & Neumann.

Dryzek, John S. (2000): *Deliberative Democracy and Beyond. Liberals, Critics, Contestations*, Oxford: UP.

Eisenstadt, Shmuel N. (2000): »Multiple Modernities«, in: *Daedalus* 129, 1-29.

Fishkin, James S./Luskin, Robert C./Jowell, Roger (2000): »Deliberative Polling and Public Consultation«, in: *Parliamentary Affairs* 53, 657-666.

Forst, Rainer (1994): *Kontexte der Gerechtigkeit. Politische Philosophie jenseits von Liberalismus und Kommunitarismus*, Frankfurt/M.: Suhrkamp.

– (2007): *Das Recht auf Rechtfertigung. Elemente einer konstruktivistischen Theorie der Gerechtigkeit*, Frankfurt/M.: Suhrkamp.

Frankenberg, Günter (1996): »Why Care? The Trouble with Social Rights«, in: *Cardozo Law Review* 17, 1365-1390.

Fraser, Nancy (1989): *Widerspenstige Praktiken. Macht, Diskurs, Geschlecht*, Frankfurt/M.: Suhrkamp 1994.

Fraser, Nancy/Honneth, Axel (2003): *Umverteilung oder Anerkennung? Eine politisch-philosophische Kontroverse*, Frankfurt/M.: Suhrkamp.

Funken, Michael (Hg.) (2008): *Über Habermas. Gespräche mit Zeitgenossen*, Darmstadt: Primus.

Gilligan, Carol (1982): *Die andere Stimme. Lebenskonflikte und Moral der Frau*, München: Piper 1995.

Gosepath, Stefan (1998a): »Das Verhältnis von Demokratie und Menschenrecht«, in: Brunkhorst, Hauke (Hg.): *Demokratischer Experimentalismus. Politik in der komplexen Gesellschaft*, Frankfurt/M.: Suhrkamp, 201-240.

– (1998b): »Zu Begründungen sozialer Menschenrechte«, in: ders./Lohmann, Georg (Hg.): *Philosophie der Menschenrechte*, Frankfurt/M.: Suhrkamp 1999, 146-187.

Gramsci, Antonio (1929 ff.): *Gefängnishefte*, hg. von Wolfgang Fritz Haug, Hamburg: Argument 1991 ff.

Günther, Klaus (1988): *Der Sinn für Angemessenheit. Anwendungsdiskurse in Moral und Recht*, Frankfurt/M.: Suhrkamp.

Heath, Joseph (2001): *Communicative Action and Rational Choice*, Cambridge/Mass.: MIT.

Held, David (2003): *Cosmopolitanism: A Defence*, Cambridge: Polity.

Höffe, Otfried (1996): *Vernunft und Recht. Bausteine zu einem interkulturellen Rechtsdiskurs*, Frankfurt/M.: Suhrkamp.

Honneth, Axel (1986a): *Kritik der Macht. Reflexionsstufen einer kritischen Gesellschaftstheorie*, Frankfurt/M.: Suhrkamp.

– (1986b): »Diskursethik und implizites Gerechtigkeitskonzept. Eine Diskussionsbetrachtung«, in: Kuhlmann, Wolfgang (Hg.): *Moralität und Sittlichkeit*, Frankfurt/M.: Suhrkamp, 183-193.

– (1992): *Kampf um Anerkennung. Zur moralischen Grammatik sozialer Konflikte*, Frankfurt/M.: Suhrkamp.

– (2000): *Das Andere der Gerechtigkeit. Aufsätze zur praktischen Philosophie*, Frankfurt/M.: Suhrkamp.

Horkheimer, Max (1937): »Traditionelle und kritische Theorie«, in: ders.: *Gesammelte Schriften*, Band 4, Frankfurt/M.: Suhrkamp 1988.

– (1947): *Zur Kritik der instrumentellen Vernunft. Aus den Vorträgen und Aufzeichnungen seit Kriegsende*, Frankfurt/M.: Fischer 1967.

Horkheimer, Max/Adorno, Theodor W. (1944): *Dialektik der Aufklärung. Philosophische Fragmente*, Frankfurt/M.: Fischer 1988.

Illouz, Eva (2006): *Gefühle in Zeiten des Kapitalismus. Adorno-Vorlesungen 2004*, Frankfurt/M.: Suhrkamp.

Iser, Mattias (2003): »Ein verfassungspatriotisches Trilemma?«, in: *Berliner Debatte Initial* 14, 92-103.

– (2008): *Empörung und Fortschritt. Grundlagen einer kritischen Theorie der Gesellschaft*, Frankfurt/M. – New York: Campus.

Iser, Mattias/Strecker, David (2002): »Zerrissen zwischen Marxismus und Liberalismus? Franz L. Neumann und der *liberal turn* der Kritischen Theorie«, in: dies. (Hg.): *Kritische Theorie der Politik. Franz L. Neumann – eine Bilanz*, Baden-Baden: Nomos, 9-38.

Joas, Hans (1986): »Die unglückliche Ehe von Hermeneutik und Funktionalismus«, in: Honneth, Axel/ders. (Hg.): *Kommunikatives Handeln. Beiträge zu Jürgen Habermas' ›Theorie des kommunikativen Handelns‹*. Frankfurt/M.: Suhrkamp, 144-176.

Kant, Immanuel (1784): »Beantwortung der Frage: Was ist Aufklärung?«, in: *Werkausgabe* XI, Frankfurt/M.: Suhrkamp 1977, 53-61.

Karnein, Anja (2013): *Zukünftige Personen. Eine Theorie des ungeborenen Lebens von der künstlichen Befruchtung bis zur genetischen Manipulation*, Berlin: Suhrkamp.

Keulartz, Jozef (1995): *Die verkehrte Welt des Jürgen Habermas*, Hamburg: Junius.

Kuhlmann, Wolfgang (1985): *Reflexive Letztbegründung. Untersuchungen zur Transzendentalpragmatik*, Freiburg: Alber.

Ladwig, Bernd (2009): *Moderne politische Theorie. Fünfzehn Vorlesungen zur Einführung*, Schwalbach/Ts.: Wochenschau.

Lafont, Cristina (1999): *The Linguistic Turn in Hermeneutic Philosophy*, Cambridge/Mass.: MIT.

– (2008): »Alternative visions of a new global order: what should cosmopolitans hope for?«, in: *Ethics & Global Politics* 1, 41-60.

Larmore, Charles (1993): »Die Wurzeln radikaler Demokratie«, in: *Deutsche Zeitschrift für Philosophie* 41, 321-327.

Luhmann, Niklas (1981): »Machtkreislauf und Recht in Demokratien«, in: ders.: *Soziologische Aufklärung, Bd. 4: Beiträge zur funktionalen Differenzierung der Gesellschaft*, Opladen: Westdeutscher Verlag 1987, 142-151.

– (1987): *Archimedes und wir. Interviews*, Berlin: Merve.

– (1997): *Die Gesellschaft der Gesellschaft*, 2 Bde., Frankfurt/M.: Suhrkamp.

– (2000): *Die Politik der Gesellschaft*, Frankfurt/M.: Suhrkamp.

MacIntyre, Alasdair (1981): *Der Verlust der Tugend. Zur moralischen Krise der Gegenwart*, Frankfurt/M. – New York: Campus 1987.

Marx, Karl (1844): »Ökonomisch-philosophische Manuskripte«, in: MEW, Ergänzungsband 1, Berlin: Dietz 1968, 465-588.

McCarthy, Thomas (1978): *Kritik der Verständigungsverhältnisse. Zur Theorie von Jürgen Habermas*, erw. Taschenbuchausgabe, Frankfurt/M.: Suhrkamp 1989.

– (1986): »Komplexität und Demokratie – die Versuchungen der Systemtheorie«, in: Honneth, Axel/Joas, Hans (Hg.): *Kommunikatives Handeln. Beiträge zu Jürgen Habermas' ›Theorie des kommunikativen Handelns‹*, Frankfurt/M.: Suhrkamp, 177-215.

Mill, John Stuart (1859): *Über die Freiheit*, Stuttgart: Reclam 1974.

Müller-Doohm, Stefan (2008): *Jürgen Habermas*, Frankfurt/M.: Suhrkamp.

Offe, Claus (1973): »›Krisen des Krisenmanagements‹: Elemente einer politischen Krisentheorie«, in: Jänicke, Martin (Hg.): *Herrschaft und Krise*, Opladen: Westdeutscher Verlag, 197-223.

Phillips, Anne (1995): *The Politics of Presence*, Oxford: Clarendon.

Ratzinger, Joseph (2005): »Was die Welt zusammenhält. Vorpolitische moralische Grundlagen eines freiheitlichen Staates«, in: Habermas, Jürgen/ders.: *Dialektik der Säkularisierung. Über Vernunft und Religion*, Freiburg: Herder, 39-60.

Rawls, John (1971): *Eine Theorie der Gerechtigkeit*, Frankfurt/M.: Suhrkamp 1975.

– (1993): *Politischer Liberalismus*, Frankfurt/M.: Suhrkamp 1998.

– (1995): »Erwiderung auf Habermas«, in: Philosophische Gesellschaft Bad Homburg/Hinsch, Wilfried (Hg.): *Zur Idee des politischen Liberalismus. John Rawls in der Diskussion*, Frankfurt/M.: Suhrkamp 1997, 196-262.

Rehg, William (1994): *Insight and Solidarity. A Study in the Discourse Ethics of Jürgen Habermas*, Berkeley: University of California Press.

Rorty, Richard (1989): *Kontingenz, Ironie und Solidarität*, Frankfurt/M.: Suhrkamp 1992.

– (1994): »Sind Aussagen universelle Geltungsansprüche?«, in: *Deutsche Zeitschrift für Philosophie* 42, 975-988.

– (1998): »Habermas, Derrida und die Aufgaben der Philosophie«, in: ders.: *Philosophie & die Zukunft. Essays*, Frankfurt/M.: Fischer 2000, 26-53.

Rousseau, Jean-Jacques (1762): *Vom Gesellschaftsvertrag oder Die Grundsätze des Staatsrechts*, Stuttgart: Reclam 1986.

Scheuerman, William E. (1999): »Between Radicalism and Resignation. Democratic Theory in Habermas's Between Facts and Norms«, in: Rasmussen, David M./Swindal, James (Hg.): *Jürgen Habermas*, Vol. 2, London/Thousand Oaks/New Delhi: Sage 2002, 271-292.

– (2008): »Global Governance without Global Government? Habermas on Postnational Democracy«, in: *Political Theory* 36, 133-151.

Schmalz-Bruns, Rainer (1995): *Reflexive Demokratie. Die demokratische Transformation moderner Politik*, Baden-Baden: Nomos.

Schmitt, Carl (1950): *Der Nomos der Erde im Völkerrecht des Jus Publicum Europaeum*, Berlin: Duncker & Humblot.

Schnädelbach, Herbert (1986): »Transformationen der Kritischen Theorie«, in: Honneth, Axel/Joas, Hans (Hg.): *Kommunikatives Handeln. Beiträge zu Jürgen Habermas' ›Theorie des kommunikativen Handelns‹*, Frankfurt/M.: Suhrkamp, 15-34.

Schwinn, Thomas (2006): »Lassen sich Handlungs- und Systemtheorie verknüpfen? Max Weber, Talcott Parsons und Niklas Luhmann«, in: Licht-

blau, Klaus (Hg.): *Max Webers ›Grundbegriffe‹. Kategorien der kultur-
und sozialwissenschaftlichen Forschung*, Wiesbaden: VS, 91-111.

Sellars, Wilfrid (1956): *Empiricism and the Philosophy of Mind*, hg. von Robert Brandom, Cambridge, Mass.: Harvard UP 1997.

Shue, Henry (1980): *Basic Rights. Subsistence, Affluence, and U.S. Foreign
Policy*, Princeton: UP.

Skjei, Erling (1985): »A Comment on Performative, Subject, and Propo-
sition in Habermas's Theory of Communication«, in: *Inquiry* 28, 87-
105.

Strecker, David (2009): »Warum deliberative Demokratie?«, in: Schaal,
Gary S. (Hg.): *Das Staatsverständnis von Jürgen Habermas*, Baden-Baden:
Nomos, 59-80.

– (2012): *Logik der Macht. Zum Ort der Kritik zwischen Theorie und Praxis*,
Weilerswist: Velbrück.

Taylor, Charles (1992): *Quellen des Selbst. Die Entstehung der neuzeitlichen
Identität*, Frankfurt/M.: Suhrkamp 1996.

Tugendhat, Ernst (1985): »Habermas on Communicative Action«, in: See-
baß, Gottfried/Tuomela, Raimo (Hg.): *Social Action*, Dordrecht: D.
Reidel, 179-186.

– (1993): *Vorlesungen über Ethik*, Frankfurt/M.: Suhrkamp.

von Lucke, Albrecht (2008): *Die gefährdete Republik: Von Bonn nach Berlin 1949 – 1989 – 2009*, Berlin: Wagenbach.

Waldenfels, Bernhard (1985): *In den Netzen der Lebenswelt*, Frankfurt/M.:
Suhrkamp.

Walzer, Michael (1983): *Sphären der Gerechtigkeit. Ein Plädoyer für Pluralität und Gleichheit*, Frankfurt/M. – New York: Campus 1992.

– (1987): *Kritik und Gemeinsinn*, Hamburg: Rotbuch 1990.

Wehler, Hans-Ulrich (2003): *Deutsche Gesellschaftsgeschichte. Vierter Band:
1914-1949*, München: C.H. Beck.

Wellmer, Albrecht (1986): *Ethik und Dialog. Elemente des moralischen Ur-
teils bei Kant und in der Diskursethik*, Frankfurt/M.: Suhrkamp.

White, Stephen K. (1988): *The Recent Work of Jürgen Habermas. Reason,
Justice and Modernity*, Cambridge: UP.

– (2004): »The very idea of a critical social science: a pragmatist turn«, in:
Rush, Fred (Hg.): *The Cambridge Companion to Critical Theory*, Cambridge: UP, 310-335.

Wiggershaus, Rolf (1986): *Die Frankfurter Schule. Geschichte – Theoretische Entwicklung – Politische Bedeutung*, München/Wien: Hanser.

– (2004): *Jürgen Habermas*, Reinbek b. Hamburg: Rowohlt.

Young, Iris Marion (1990): *Justice and the Politics of Difference*, Princeton: UP.

– (2001): »Activist Challenges to Deliberative Democracy«, in: *Political Theory* 29, 670-690.

Personen- und Sachregister

Zeittafel

18.6.1929	Geburt in Düsseldorf
1949	Abitur in Gummersbach
1949-1954	Studium in Göttingen, Zürich und Bonn (Philosophie, Geschichte, Psychologie, Deutsche Literatur, Ökonomie)
1954	Promotion in Philosophie an der Universität Bonn bei Erich Rothacker (*Das Absolute in der Geschichte. Von der Zwiespältigkeit in Schellings Denken*)
1954-1956	Freier Journalist und (Assistenten-)Stipendium der Deutschen Forschungsgemeinschaft (DFG)
1955	Heirat mit Ute Wesselhoeft (Kinder: Tilman 1956, Rebekka 1959, Judith 1967)
1956-1959	Forschungsassistent am Institut für Sozialforschung (IfS) in Frankfurt am Main
1957-1959	Mitarbeit an der IfS-Studie *Student und Politik*, die 1961 außerhalb der Institutsreihe veröffentlicht wird
1959-1961	Habilitationsstipendium der DFG
1961	Habilitation in Politikwissenschaft an der Universität Marburg bei Wolfgang Abendroth (*Strukturwandel der Öffentlichkeit. Untersuchungen zu einer Kategorie der bürgerlichen Gesellschaft*)
1961-1964	Noch vor Ende des Habilitationsverfahrens Berufung auf eine außerordentliche Professur für Philosophie an der Universität Heidelberg, vor allem auf Betreiben Hans-Georg Gadamers
1964-1971	Ordentlicher Professor für Philosophie und Soziologie an der Universität Frankfurt am Main
1965	Erste Reise in die USA
1971-1980	Kodirektor des Max-Planck-Instituts zur Erforschung der Lebensbedingungen der wissenschaftlich-technischen Welt in Starnberg

1973	Die Universität München verweigert Habermas eine Honorarprofessur
1975-1982	Honorarprofessor für Philosophie an der Universität Frankfurt am Main
1980-1981	Direktor am Max-Planck-Institut für Sozialwissenschaften in Starnberg
1983-1994	Professor für Philosophie an der Universität Frankfurt am Main
2001	Friedenspreis des Deutschen Buchhandels
2004	Kyoto-Preis
2005	Holberg-Preis
2013	Erasmuspreis
2015	Kluge-Preis

Mattias Iser ist Associate Professor of Philosophy an der Binghamton University (SUNY) in den USA. Zuvor hat er politische Theorie und Philosophie in Berlin, Frankfurt, Graz, Moskau und New York gelehrt. Veröffentlichungen u.a.: *Empörung und Fortschritt. Grundlagen einer kritischen Theorie der Gesellschaft*, Frankfurt/M. – New York: Campus 2008 (ausgezeichnet mit dem Dissertationspreis 2009 der Deutschen Vereinigung für Politikwissenschaft, eine überarbeitete englische Übersetzung erscheint 2017 bei Oxford University Press, New York); *Politische Theorie. 25 umkämpfte Begriffe zur Einführung*, Wiesbaden: VS 2010 (hg. mit Gerhard Göhler und Ina Kerner); »Recognition«, Stanford Encyclopedia of Philosophy 2013, [http://plato.stanford.edu/entries/recognition/].

David Strecker ist Junior Fellow am Max-Weber-Kolleg in Erfurt. Zuvor war er Gastprofessor für kritische Gesellschaftstheorie an der Goethe-Universität Frankfurt/M. und hat in Jena und Berlin Soziologie und Politikwissenschaft gelehrt. Veröffentlichungen u.a.: *Handbuch der Soziologie*, Konstanz: UVK (UTB) 2014 (hg. zus. m. Jörn Lamla, Henning Laux und Hartmut Rosa); *Soziologische Theorien*, 2. Aufl., Konstanz: UVK (UTB basics) 2013 (mit Hartmut Rosa und Andrea Kottmann); *Logik der Macht*, Weilerswist: Velbrück 2012.